宗教概念あるいは宗教学の死

磯前順一――［著］

東京大学出版会

THE DEATH OF THE CONCEPT OF
RELIGION AND OF RELIGIOUS STUDIES
Jun'ichi ISOMAE
University of Tokyo Press, 2012
ISBN 978-4-13-010409-8

はじめに　宗教的想像力への跳躍

宗教研究は国内外ともに、宗教概念論と呼ばれる議論によって、新しい研究段階に突入した。海外でいえば、タラル・アサド『宗教の系譜――キリスト教とイスラムにおける権力の根拠と訓練』（一九九三年）、日本でいえば拙著『近代日本の宗教言説とその系譜――宗教・国家・神道』（二〇〇三年）が代表的な仕事といえよう。そこでは、宗教学が従来その議論の前提としてきた宗教概念が、西洋キリスト教のプロテスタンティズム――個人の内面を中心としたビリーフ（概念化された教義）中心主義を特徴とする――にもとづくものにすぎず、非西洋社会では勿論のこと、西洋社会でもカトリックを中心とする地域にはしっくり当てはまる概念ではないことが明らかにされてきた。さらに言えば、現在プロテスタンティズムが支配的な地域においても、中世以前には異なる信仰形態が主流を占めていたのであり、近代においてもその底流に存在する民間信仰とは大きな齟齬を有してきたといえる。

しかし、その一方で、プロテスタンティズムを主流とする地域にかぎらず、西洋化の支配下に置かれてきた今日の世界は、確実にそのようなプロテスタンティズム的な宗教の概念的理解を通して、それとは異なる自らの身体実践的な宗教世界をかなり抑圧するかたちで言語化してきた。その点で、宗教研究において宗教概念論が登場した一九九〇年代以降、いかにしてそのような概念的な宗教理解から、みずからの身体実践の世界を解き放っていくのか。あるいは、そのような概念的世界と身体的実践の世界がどのような接合関係を有してきたのかをより深く理解しようとする試みが行なわれはじめたといえよう。そのなかで、従来のプロテスタンティズム的な宗教理解を普遍視する立場はその影響力を完全に失効させられたのである。その意味で、左の柄谷行人の文学の終焉をめぐる発言は、宗教概念に関する現在の議論状況にも当てはまるものであろう。

> 同時代あるいはそれ以後の文学者と異なって、彼らは文学の永遠を信じていなかった。私は文学と縁を切ったと述べた。しかし、漱石の序文を読みなおしたとき、私は少なくとも「近代文学の終り」について考える義務がある、と考え直したのである。……私が話したいのは、近代において文学が特殊な意味を与えられていて、だからこそ特殊な重要性、特殊な価値があったということ、そして、それがもう無くなってしまったということなのです。これは、……端的な事実です（傍点は磯前）[1]。

本書は、拙著『近代日本の宗教言説とその系譜』に続く試みとして、「第II部」において、このような宗教概念論の方法を、近代の日本宗教学・日本宗教史・日本仏教学の歴史へと敷衍した。前著で、明治期の東京大学宗教学研究室の歴史に対して集中的に試みられた言説分析をより広範な学問領域へと、明治から現代にわたるより長期に及ぶ時期において考察を試みたのである。とくに、論文「〈日本の宗教学〉再考――学説史から学問史へ」では、まさしく宗教学的な言説が戦後日本社会のなかでどのように役割を終えていったのかを考えることで、日本の近代社会において宗教学およびそれによって彫琢された宗教概念が果たした役割が何であったかを明らかにしようとした。

しかし、本書の特色は、前著よりも広範な言説分析の試みであるというだけにとどまるものではない。宗教概念をめぐる議論は、現在では宗教学者のみならず、人類学・歴史学・社会学などの多様な分野における宗教研究者たちに広く認知されるようになったため、たんに非西洋社会におけるプロテスタンティズム的な宗教概念の移植を指摘するだけでは、新たな生産的な議論を生みださない行き詰った状態に近づきつつある。問題は、そのようなプロテスタンティズム的な理解に同化された私たちが、どのようにして認識論的かつ身体実践的にその規制力を脱却し、新たな宗教的あるいは非宗教的な主体を再形成していくという課題に応えていくかということにある。英語圏での研究状況に即して言うならば、増澤知子の『世界宗教の発明――あるいはいかにしてヨーロッパの普遍主義は多元主義的な言語のもとで保存されてきたのか』（二〇〇五年）、およびヘント・デ・ブリースの編著『宗教――概念を超えて』（二〇〇八年）などの試みは、プロテスタンティズム的な宗教理解を批判した後に、再度、新たな宗教理解を普遍的なものとして打ち立てようとする「宗教の回帰」現象を代表するものと言えるであろう。

しかし、一方でその宗教の回帰現象は、素朴にかつてのプロテスタンティズム的な宗教の復権、あるいは近代以前の宗教の復権と誤解され、イスラーム世界やアメリカのキリスト教世界などにみられる原理主義を肯定する動きへと流れ込む危険性をも有している。そのような反動的な宗教の回帰現象に呑み込まれることなく、新たな宗教的あるいは非宗教的な主体をどのように再構築していくか。単にプロテスタンティズムを批判するだけでなく、その批判から新しい発話行為と身体実践の交差点をどのように打ち立てていくか。今こそ、宗教を媒介とした生産的な語りが望まれているのである。むろん、そのためには、宗教学というプロテスタンティズムを前提とした旧弊的な宗教理解だけを視野に置いたのでは、十分なものとはなりえないことはもはや自明のことである。その意味で、次の佐々木中による宗教概念の批判は、われわれが宗教という言葉に対してどのような距離をとったらよいのかを的確に示すものとなっていよう。

> 宗教か世俗化か、という二分法は廃棄されなくてはなりません。宗教だからだめだ、神学だからだめだ、などと。……逆に言えば、宗教だから「いい」ということも成立しません。宗教の可能性や宗教による癒しなどを口にす

る人はいまだに絶えませんが、そうした考え方がいかに危険な罠かおわかりでしょう。かといって自分だけが決定的に宗教を脱しているのだという競争に入れこむことも、ほとんどそれ自体が「狂信的」なことです。……宗教か宗教でないかなど、まったくどうでもいいことです。そんなことは金輪際問題ではありません。宗教という概念も、世俗化という概念も捨ててしまわなくてはならない。それは思考の罠であり、ものを見えなくする煙幕に過ぎないのです（傍点は磯前）[2]。

そう、たとえいかに非西洋的な装いのもとに語り直してみたところで、プロテスタンティズムの残滓にほかならない宗教という言葉に、私たちが今もなお続く世俗主義を超える新たな意味あいを与えることは困難であろう。宗教という言葉はまさに〈宗教／世俗〉の二分法のもとに、非宗教的な公共領域に密通する私的領域としての刻印を押された言葉にほかならないからである。どれほど、その言葉に〈宗教／世俗〉の二分法を超える意味合いを与えようとしてみたところで、その言葉を操る私たち自身が近代世俗主義の内部で暮らしている以上、その言葉のもつ意味は根本的な変化を遂げることはないだろう。『国家神道と日本人』（二〇一〇年）で、プロテスタンティズム的な宗教概念を批判しつつも、宗教という言葉の普遍性にいまだ拘泥する島薗進の議論が、本人の懸命の努力にもかかわらず、どうしても近代主義者による延命策を思わせてしまうのもそのあたりの問題とは無縁ではあるまい。

もし、私たちが宗教をめぐる議論から新たな可能性を導き出したいと本当に願うのであれば、宗教概念を前提とする宗教学および宗教学者のアイデンティティの存続などという矮小なことを一切望むことなく、一度は宗教という概念さらには宗教学の徹底した死という事態を受け入れなければならない。その結果として、宗教という言葉が消滅してしまうのか、あるいは蘇生するのかは、主体の脱構築という過程に身を委ねる者にとっては、もはや瑣末なことでしかない。宗教という言葉の脱構築を謳いながらも、その言葉の存続をあらかじめ措定している論者というのは、間違いなく彼らがその概念を前提としたうえでしか生き長らえることのできない宗教学者だからである。先の佐々木中の言葉は、そのあたりの微妙な振る舞いを捉えようとしたものとして理解されるべきであろう。もちろん、それは宗教だけでなく、彼が賭けようとする文学という概念にも例外なく当てはまるものでもあるわけだが。

宗教という言葉が存続することができるか否かという結果はともあれ、私たちが宗教という概念の脱構築を真に望むのであれば、すくなくともその学問が宗教学の内部だけに立てこもるかたちをとることは許されまい。少なくとも、歴史学や人類学あるいは社会学をはじめとして、仏教学や神学などの諸領域の宗教研究を新たに読み直していく領域横断的な研究へと再編されていくべきであろう。そのような研究を、宗教概念の純粋性を前提とする宗教学と区別するために、宗教研究と呼ぶことも可能であろう。しかし、ここでいう宗教研究とは、今日の日本近代仏教史研究が端的に示すように、宗教に関する研究を既存の歴史学や社会学といった学問制度に還元するものであってもならない。なぜならば、当然のように、歴史学や社会学もまた、それが通俗的な研究であるかぎりにおいてではあるが、歴史や社会という概念をあらゆる社会現象が還元される独立変数として実体化させてしまうからである。

その意味でいま宗教研究に望まれているのは学際的研究ではなく、脱領域的な研究なのである。「学際的 inter-disciplinary」という言葉が、既存の学問固有の境界線を自明のものとして認めたうえで、その境界線を侵犯しないかたちでの協働を模索するものであるのに対して、「脱領域的 trans-disciplinary」という言葉のもとでは、そのような既存の学問の枠組みを脱臼させていく動きが推奨されている。ただし、それは自分の専門分野を放棄するようなアマチュアリズムが奨励されるということではない。それぞれが自分の研究活動がよって立つ専門的な知識に十分通暁していることで、かえってその知の枠組みのもつ制約に対して自覚的になることができ、そこから脱領域的な新しい学問の語り口が再構築されていくということなのだ。それゆえに、みずからの認識の純粋性を説く宗教学者や、その語りの真理を力説する神学者といった偏狭な自意識をもつ者は、脱領域的な研究への寄与をさまたげる障害物として宗教研究から払拭されていくことになる。

本書の「第I部」もまた、このような脱領域的な研究を日本の研究諸分野とのあいだだけでなく、アメリカやヨーロッパの諸分野の動向を視野に収めることで、それらの研究も批判的に吟味しつつ、新しい宗教研究の語りを模索する試みに従事するものである。本書が刊行されることで、宗教概念論以降の研究のあり方を明確に提示できる宗教研究が日本にも出現し、国内外の研究動向が同時代的にどのような関係にあるものなのか、トランスナショナルな研究状況を日本の読者たちと共有する契機を与えるものとなり得ればと考えている。とくに、今日の宗教研究の分野において北米の宗教研究の現状を批判的に咀嚼した論文「宗教概念論を超えて——ポストモダニズム・ポストコロニアル批評・ポスト世俗主義」は、宗教研究が一九八〇年代以降主流をなしてきたポストモダン・ポストコロニアリズム・ポスト世俗主義を批判的かつ積極的に受容するためにどのような点に留意したらよいのかを明示したものとして、日本のみならず欧米のアカデミズムにも一石を投じるものとなっているはずである。

さらに、日本の宗教研究にとっては言及を避けることのできない、神道および天皇制への考察を含む点も本書独自の特色をなす。この「第III部」では、公共領域と重なるかたちで成立していく近代神道と神道学、および国民の主体形成の根拠としての天皇制が宗教概念の定着過程と関連づけられて論じられ、日本の近代社会を論じるうえで宗教研究が重要な役割をはたすことが明らかにされていく。そこにおいては、西洋から移植された〈宗教／世俗〉という二分法自体が日本の社会に適したかたちで分節化させられていくという、その変容のあり方が問題にされる。さらには、キリスト教の司牧制度と呼応するようにして、それを日本に適応させるかたちで天皇制が近代に再編成されていく過程が考察される。神道および天皇制の近代化の過程を通して、いわゆる土着化の過程が、超歴史的な文化基層論には陥ることなく論じられていくのである。

そして、拙著『近代日本の宗教言説とその系譜』が刊行されたのは二〇〇三年であり、いまではその叙述の国民国家的な枠組みのもつ限界は明らかである。とくにポストコロニアル批評が広く共有されるべき研究の視座となった現状では、日本にとってポストコロニアルあるいはコロニアルな議論を確証していく場である東アジアとの関わりを無視することはできない。補論では、西洋との関係のなかで日本に定着していった宗教概念が今度は東アジア——本書では植民地期朝鮮の例に触れる——にどのように移植されていったのか、大雑把ながら日本の宗教学者や宗教哲学者におけるアジア支配の言説を通して、その見通しを提示しようと試みた。

このように日本の近代社会を西洋との対抗関係のみならず、アジアへの植民地化過程の両面から捉えるとき、西洋に対してはアジアとして表象されてきた日本が、一方でアジアに対しては西洋の代理人として機能してきたその二重的性質が明らかにされていく。ガヤトリ・チャクラヴォルティ・スピヴァクが今日のポストコロニアリズムがおもに大英帝国とインドの相互関係という、南アジア型とでも呼ぶべき歴史をもとに作りあげられてきた議論であることを指摘して久しいが(3)、潜在的に被植民者に転落し得るがゆえに植民者たろうとしてきた日本帝国の歴史をアジアとの相互関係のなかから掘り起こすことで、新たなポストコロニアル的な宗教研究がこれから可能になっていくことであろう。

今日も依然として、宗教というものを政治的文脈に左右されることのない非政治的な純粋性として描きたいという強い欲望が、宗教学者には見られる。しかし、その欲望そのものが、政治の脱政治化とでも呼ぶべきイデオロギーの産物にほかならないのである。私たちは、自分たちの信ずる行為が自分とその信仰対象との、「わたし」と「あなた」だけという一・二人称関係の閉じた輪のなかで完結するとは決して言えない状況のなかに置かれている。否、「わたし」と「あなた」という関係そのものが、すでに他者という存在を不可欠に含んだ非対称的な関係であらざるを得ない。あるいは、信仰を「わたし」個人の内的な問題に過ぎないと言い募ったところで、その「わたし」という存在が無数に「わたし」と「あなた」の不協和音をなす関係に分裂していくのだ。そうである以上、他者との政治的な関係を含まない同質的な調和の行為として宗教を一面的に捉えることは不可能である。ここでいう不協和音のなかで、それを出発点として議論をおこない、意見の調整をしていくのが、タラル・アサドがいうように政治という過程なのだ。[4]それにもかかわらず同質的な調和性のもとに世界を捉えることの危険性を、作家の村上春樹は一連の殺人事件を起こした宗教教団の内面的な世界観に見出し、次のように厳しい批判を加えている。

> 個人としての麻原彰晃が、組織としてのオウム真理教が、多くの若者に対してなしたのは、彼らの物語の輪を完全に閉じてしまうことだった。厚いドアに鍵をかけ、そのカギを窓の外に捨ててしまうことだった。「本当の自分とは何か？」[5]という問いかけ自体のもたらす閉鎖性を、ひとまわり大きい、より強固な閉鎖性に置き換えるだけのことだった。

その危険性をはっきりと認めたうえで、村上はオウム真理教が作り出した世界も、まぎれもなく私たちの現実の一部をなすものであること、自分たちがそのような醜悪な世界観と無縁の存在ではないことを、自己の痛みとともに引き受けて生きていく覚悟が必要であると説く。

> たぶんそのような意味あいにおいて、我々は好むと好まざるとにかかわらず、この社会に存在するいくつもの「閉鎖系」を自らの一部として受け入れていかなくてはならないのかもしれない。もちろん犯罪は犯罪として裁かれるべきだし、教団は自らの行為の責任を引き受けなくてはならない。しかし犯罪事件は実行犯の何人かを絞首刑に処しただけで、我々の社会が内側から受けた傷は果たして癒されるのだろうか？　おそらく癒されることはないし、またそんなに簡単に癒されてはならないだろう。我々はこれからもずっとその痛みを、自分の痛みと

して引き受け、感じ続けていかなくてはならない（傍点は磯前(6)）。

このような精神の暗部を自らの一部として引き受けること。自分を美化してくれることのない他者をこの世から抹殺してしまいたい内なる暴力的衝動が存在することをみとめること。そこから、宗教をめぐる語りもまた始まらなくてはならないはずである。これまでの宗教学が脱政治化という政治性を内に秘めた欲望として隠し持っていたとするならば、むしろ私たちは逆に宗教を通して現れ出るみずからの暴力性に正面から対峙するところから始めなければならないだろう。オウム事件以降に、宗教概念および宗教学の普遍性を声高に謳う宗教学者たちに欠けていたのは、そのような暗部を自分たち自身の問題として引き受ける覚悟であった。しかし、まさしくそこに、オウム以降の宗教研究の担うべき学問的責任が存在する。ただし、宗教の政治性を認めるということは、宗教を通して語られる人間という存在に可能性がないということを意味するものではない。むしろ、現実の醜さを認めたところにおいて、はじめてその現実に回収され切らない希望も現われ出るものなのである。書家の石川九楊は、「世界は廃墟、関係は拒絶、個は絶望から出発する以外になく、そこにのみ無限の希望がある」として、次のように述べている。

世界はすでに廃墟なのだ。美しいものなど何もなく、守るべきものなどひとつもない。おそれ、おののき、たじろぐ必要はない。生きるとは、ただ廃墟に石を積むだけのことにすぎないと解釈した私は、私でも生きられる、生きてもいいという希望が湧いた（傍点は磯前）。

たしかに、そこに宗教的想像力が跳躍する契機がまぎれもなく存在しているのだ。

(1) 柄谷行人『近代文学の終り――柄谷行人の現在』(インスクリプト、二〇〇五年、三二―三六頁)。
(2) 佐々木中『切りとれ、あの祈る手を――「本」と「革命」をめぐる五つの夜話』(河出書房新社、二〇一〇年、一六三頁)。
(3) Gayatori Chakravorty Spivak, *Other Asias*, Malden, Oxford and Victoria: Blackwell Publishing, 2008, pp. 251-252.
(4) タラル・アサド「我が父、ムハンマド・アサド――宗教と政治のあいだで」二〇一一年(磯前順一・苅田真司訳『みすず』五九八号、二〇一一年)。
(5) 村上春樹『村上春樹雑文集』(新潮社、二〇一一年、二五頁)。
(6) 同右書、二一七頁。

宗教概念あるいは宗教学の死／目次

I　宗教研究の突破口

I章　宗教を語りなおすために
宗教研究とポストコロニアル状況

知恵が深まれば悩みも深まり
知識が増せば痛みも増す。
——コヘレトの言葉

「宗教研究」のヴィジョン

「宗教学 religious studies」と呼ばれる学問が西洋世界に姿を現わしてきたのは、エリック・シャープが鋭く指摘するように[1]、西洋世界の精神的支柱であるキリスト教が、自然科学の台頭による世俗化にさらされると同時に、植民地の拡大に伴う他宗教との遭遇によってみずからの信仰世界の位置づけを問いなおさざるをえなくなった状況下においてであった。なかでも啓蒙主義的な傾向をもつ知識人たちは、キリスト教という一宗教を暗黙裡の真理として自明視することに困難さを感じるようになり、科学的理性あるいは他宗教との関係性からみずからの信仰世界の意味を説明しなおす必要性を強く感じるようになる。そのなかで生じた説明の言説が、特定宗教の教義や実践を自明視することなく、諸宗教の比較を通じて「宗教」総体の視点から、何らかの科学的合理性に立脚した説明をおこないうるとした宗教学という学問であった。それは、あらゆる宗教伝統に対して不偏不党の立場である客観的中立性を謳い文句とするものであり、事実、キリスト教をはじめとする個別宗教が唱える排他的真理性の主張を中和することにおいて、これまでに少なからざる役割を果たしてきたといえる。

しかし、今日では、欧米さらには日本においても、宗教学およびそれが依拠するところの宗教概念が帯びざるをえない西洋中心主義や本質主義、あるいは宗教学のもつ超越的認識欲求がつよく批判されるに至り、もはや旧弊的な宗教学の枠の内部にとどまるかたちでは今日的状況に応答しうる宗教の研究を行ないえないことが明白となってきた。いわゆる宗教概念論と呼ばれるところのこれらの言説批判は、宗教概念および宗教学のもつ認識の超越的欲求が、その言説に支えられた論者の立場を特定の政治的文脈から遊離させ、ある種の、神のごとき認識の透明性や超越性を帯びたものであるという虚偽意識を成り立たせる傾向にあることを暴露してきたといえる。つまり、個別宗教の主張する真理の唯一性のもつ傲岸さを批判するかたちで登場してきた宗教学、あるいはそこに擁されてきた宗教概念もまた、自己の認識のもつ超越性を唯一のものと信じる点では、みずからが批判してきた個別宗教と何ら変わらない地平に立つものであったということになる。

このようないわゆる宗教概念論は、西洋社会の内部では、キリスト教中心主義的な宗教観の残滓に対する批判となりうるものであるし、学問一般に対しては、それが依然として陥りがちな認識の客観性信仰を戒めるといった役割をある程度果たしてきた。そして、非西洋社会においては、そのような宗教概念や宗教学といった西洋的言説と同化することでみずからの立場を非西洋社会内部で卓越化させようとしてきた土着エリートたちのオクシデンタリズム欲求、あるいは西洋社会から放たれた不可思議な異国といった眼差しをみずからの身に纏うことで、西洋社会の期待に呼応する役割を果たそうとしたセルフ・オリエンタリズム欲求、そういった二極分化の姿勢をともに批判可能とする言表として機能してきたといえる(2)。

ただし、ここでキリスト教中心主義が問題とされると言ったのは、キリスト教徒にとってキリスト教がもつリアリティが全面的に批判されるべきであるということではなく、そのリアリティが唯一の真正さと理解されたときに他宗教のリアリティを根本的に認めないという、宗教間に働く排他性が批判されなければならないためである。また、学問認識の超越性が問題とされるのは、たとえば文化批判として宗教学を再生させようとする試みが端的に示しているように、超越論的視座の獲得によって社会状況の対象化を可能としようとする営みが批判されるべきなのではなく、そのさいに言表者の主体的位置をも超越的なものとして歴史的制約から逃れさせようとするナルシシズム的姿勢が否定されるべきなのである。宗教概念論がこのような峻別を行ないえず、宗教という概念や宗教学自体を全否定しようとするのならば、今度は自分の批判的言表こそが歴史的制約を免れた超越的言説なのだと錯覚することになり、他の立場の真正さとの共存を認めない排他的性質を露呈することになろう。

つまり、宗教概念をめぐる議論をたんなる第三者的立場からの特定イデオロギーの暴露という役割に収めて事足れりとするならば、この議論そのものがアカデミズム内の、矮小な知のヘゲモニー争いのなかに回収されてしまいかねないのである。事実、このような宗教概念論が宗教学の内部では、旧来の宗教学という学的アイデンティティを守る立場をとるのか、それを拒絶するのかという、宗教学に対する信仰告白の判断材料として用いられている側面も否定はできない。しかし、日本のみならず、西洋社会においても、狭義の宗教学のもつ制度的地位はけっして大きなものであるとはいえず——もちろん制度的役割と認識論的役割は注意深く峻別されなければならないが——、神学や教学といった宗教的言説を補完する役割にとどまっているといったほうが妥当である。それは欧米の大学における神学と宗教学の関係、日本の宗門大学における仏教学と宗教学の関係性を鑑みれば、容易に理解されることであろう。つまり、宗教概念論は、その一部において、宗教学およびそれが擁する宗教概念を叩くことで台頭してきた議論であるが、そこで打倒すべき相手に措定された宗教学そのものの地位は今日も制度的には十分確立されておらず、その点で宗教概念論は敵の姿をみずから強大な相手に仕立て上げ、それを叩く仕草をすることで自分の言説の地位を称揚させてきたともいえるのだ。

私たちは宗教概念論のもつ批判的有効性を、狭い学界の内部での覇権争いに閉じこめることなく、そのイデオロギー暴露が現実の社会とどのように効果的に結びつきうるのかということを考えてゆく必要がある。そこで本書では、「宗教を語りなおす」という主題のもと、たんなる宗教概念や宗教学の批判に終始することなく、同じ宗教という語りのもとでも、西洋中心主義的な言説に蔽い尽くされきることのない非西洋的な空間——そのような非西洋性は西洋の内部にもいたるところに存在する——に対して、どのような言葉を与えていくことができるのか、そのような問題を考えてみたいのである。死や暴力や共同性など、われわれ人間は生きているかぎり、存在の不安をめぐる問題から逃げ延びることはできない。そのような問題群を考え、対峙していくことが宗教的な営みだと捉えれば、私たちは宗教という言葉を葬り去ることで、別の自由な言説空間にたどり着くことを夢想するのではなく、ジャック・デリダがその論文「信仰と知」で試みたように(3)、宗教という固有名のもとで、その言葉に回収されない過剰さや余白といったものを「宗教研究 study of religion」として思考していくべきであろう。

そこで構想されるべき宗教研究とは、もちろん、狭い意味での「宗教学 religious studies」だけではなく、人類学、哲学、歴史学、社会学、さらには神学や仏教学などの分野から、既存の言説を越境し異種混淆を推し進めるものとなろう。このように人類学や社会学あるいは歴史学など、さまざまな分野からの自由な討議を行なうことのできる宗教の研究のあり方を、狭義の宗教学と区別するために、ここではその可能性とともに、広義の宗教研究として呼び表わしておきたいのである。ただし、それは旧来の宗教学が駄目になったのだから、かわりに人類学や歴史学といった別の既存の学問に乗り換えればよいといった二者択一的な発想とは注意深く峻別されなければならない。宗教学／人類学あるいは宗教学／歴史学といった二項対立的理解そのものを拒絶するような、宗教学者から見れば人類学のように映るが、人類学者から見れば宗教学のように映る分類不能なカメレオンのごとき越境性が求められるのである。このようにしてみずからの学問のデラシネさを引き受けたときには、もはや宗教学か人類学か、といった既存の枠組みを前提とした還元主義的な議論そのものが成り立つ余地はないのである。それゆえにこそ、この宗教をめぐる新たな言説は、たとえそれが留保つきのものにすぎなかったにせよ、かつての宗教学が残した遺産、すなわち特定宗教への排他的没入の回避、および諸宗教の境界線の越境という姿勢をより発展的に継承し包摂したものへと転じていかなければばならない。一部の宗教概念論のように、すでにアイデンティティの危機に瀕する宗教学を難じれば、それで事が足りるという問題ではないのである。また、それに感情的に反撥して、「批判的」といった看板を掲げることで、制度的な宗教学の内部的閉鎖性を温存しようとする態度もまったく生産的ではない。

さらにそこで練成されていく学的言説は、一方で、現実の信仰世界に関わる者、あるいは宗教者にかぎらず、死や暴力の問題などと日常的に向き合わざるをえない実践的活動者たちなど、アカデミーの外部で社会的実践をしている非研究者の人々との対話の場にもつねに開かれていなければならない。なぜならば彼らこそが、あらゆる人間が免れることのできない死や暴力といった本源的問題を、そのような問題を抽象的な遊戯として扱いがちな研究者に対して、抜き差しならない現実として突きつける役割を果たしてくれるからである。学的知というものは日常的実践のなかに位置づけられることではじめて、みずからの発話行為のリアリティがどれほどのものであるかが確証づけられるものなのである。そこにおいてこそ、まさしく信仰と知の関係が問われなければならないのだ。冒頭に引いた旧約聖書の一書「コヘレトの言葉」にはつぎのような箴言が記されているが、はたして私たちは本当に異を唱えることができるのであろうか。

人間には災難のふりかかることが多いが、何事が起こるかを知ることはできない。
どのように起こるかも、誰が教えてくれようか。
人は……霊を押しとどめることはできない。
死の日を支配することもできない。
戦争を免れる者もない。
悪は悪を行う者を逃れさせはしない。

このような私たちを困惑させつづける実存的問題の存在に充分に眼を遣るときにこそ、新たな宗教研究のヴィジョンといったものが、既存の学問分野の枠組みに制約されることなく、今日的な状況に対応することのできる闊達さをもって姿を現わしてくるはずである。その新たな言葉はみずからの発話内容が帯びがちな認識の超越性に陶酔したものであってはならず、つねに現実の軛の前にその無力さをもって打ちひしがれる苦痛に満ちたものでなければならない。なぜならば、言葉の空虚さに喘ぎながらも、その言葉に賭ける一瞬にこそ、発話行為の有効性は、たとえそれが幽かな可能性であったにせよ、開かれるはずであるのだから。であるとすれば、それはこのような発話行為の変革が、宗教学から宗教研究への移行といったような、制度的に一挙に成し遂げられるものではなく、個々の実践者が個別的に背負うほかにない重みのなかでしか推し進めることができない類いのものであるということもおのずとあきらかになろう。

「ポストコロニアル状況」の対話

つぎに「宗教研究」とならんで、本書のひとつの視座をなす「ポストコロニアル状況」という言葉について説明をしておきたい。その理由のひとつとして、西洋と非西洋の間でとり行なわれる対話のもつ非対等性といった問題がある。既述してきた宗教学や宗教概念のもつ西洋中心主義に対する批判として、宗教研究者の国際組織である国際宗教学宗教史会議(The International Association for the History of Religions)がみずからの西洋中心主義的な出自を克服すべく、会場を西洋の外部へと移しはじめていくばくかの年月が経つ。五年に一度開かれる当会議は一九九〇年のローマ大会を最後に、一九九五年にメキシコシティ、二〇〇〇年に南アフリカのダーバン、そして二〇〇五年の東京と場を移してきた。しかし、たとえ会場を西洋の外側に設定したとしても、そのこと自体をもってして、知的枠組みとしての西洋と非西洋、あるいは植民地主義的な解釈者と情報提供者という二項対立的な枠組みが解消できたことにはならないのである。

たとえば、二〇〇〇年の南アフリカのダーバンでは、つぎのような興味深い光景が見受けられた。国際宗教学宗教史会議の会場となったホテルの中では、西洋から訪れた研究者たちが宗教概念や宗教学の西洋中心主義的なあり方を批判し、多くの聴衆を集めていた。一方、そのホテルは多くの観光客がたむろするリゾート地に建てられており、現地の人々の暮らしからは隔てられた場所にあった。アフリカの外から来た研究者たちはそのような不足感を補うように、土着民の部落と大自然を見るために、数時間をかけて都市の外へと観光ツアーに出かけていくことになる。しかし、観光客用に造られたその部落では午後五時になると、それまで裸で歩いていた土着民たちが服を着てネクタイをつけ、車を運転して都市部へと戻っていく。また、サファリを悠然と歩く動物たちもその地本来の居住者ではなく、観光客のために国外から捕獲されてきた部外者にほかならなかった。そして幸か不幸か、真なるアフリカの不在に気づいた一部の研究者たちは誠実に土着民の日常生活を捜し求めることになるのだが、彼らがたどり着いた先はダーバンの周縁部にある貧民街、すなわちリゾート地にある会場から数十分たらずのところであった。何のことはない、研究者たちの求める現実のアフリカ的なものは、自分たちの目と鼻の先にあったのであり、数時間かけて人造のアフリカを体験しに出かける必要はなかったということになる。

笑い話のようなこの話は、じつのところ、その土地の外部から来た者が、土着的なものに出会うことがいかに困難であるか、そして真正な土着さを認定することがどれほど難しいことかを物語っている。であるとすれば、西洋の外部と出会うことのない西洋の研究者が示す西洋中心主義批判の身ぶりとは、いったいどれほどのリアリティをもちうるものなのであろうか。結局のところ、それは西洋内部での知的覇権を確立するためにすぎず、非西洋は西洋にとって眺めのよい窓の外の風景でしかないという思考にいかに陥りやすいかということを示しているように思われる。

一方、ダーバンで日本の研究者が何をしていたかといえば、ホテルの外では西洋人と同様に都市の外部にアフリカ的なものを捜しに出かける一方で、ホテルのうちでは、西洋人が期待するであろう神秘的な日本というオリエンタリズム的表象をみずから演じ報告していた。しかも、その多くは、日本国内では西洋関係の研究を自分の専門と称する者であった。しかしホテルの外とは異なり、研究には狷介な宗教学者たちは、西洋人もアフリカ人も日本人の発表を積極的に聞きに来ようとしなかった。一時間半のパネル発表のあいだ、誰一人として聴衆が来ず、はじめて来たのが会議の終わりを知らせるホテルのボーイであったという嘘のような話さえある。このことは、すでに西洋側の研究者に看破されていたように、非西洋の研究者がいかに西洋の眼差しを意識してオリエンタリズム的なイメージをみずから身に纏ってしまうのか、そして国内では一転して西洋的知の体現者であろうと振る舞うのかという、その思考におけるオリエンタリズムとオクシデンタリズムの表裏一体性を露呈させるものである。日本の研究者におけるオリエンタリズム的思考の根深さは、彼らがみずから真正なる日本を演じるだけでなく、アフリカ人に対しても真正なアフリカ的なるものを表象することを求めるところに見てとれる。

くり返し言えば、西洋の外部に会場を移したからといって、西洋人と非西洋人が対話すること、あるいはそれ以上に、非西洋人と非西洋人——たとえば日本人とアフリカ人——が対話することは容易ではない。一般にポストコロニアルという言葉は、植民地の独立後もその地域が西洋の旧宗主国の文化・経済的な影響下に置かれている状態を指すものであり、文化面に関していえば、西洋的な知による世界各地の蔽い尽くしと評することもできよう。たしかに、ことに非西洋人の研究者はつねに西洋側の眼差しを意識したうえで——先の日本人研究者のように単純ではないにせよ——思考せざるをえない状況に置かれており、こうして語る研究者の発話の枠組み自体が、すでに西洋的な知の体系の内部に属していることを前提としたうえで、それに反撥したり、賛同したりしているのである。

しかし、ポストコロニアル状況をこのように捉えたとき、それが完全に否定的なものであるとは言いきれまい。たとえば、その内実はどのようなものであれ、国境を越えた国際会議の場が成立可能になったのも、英米人はもとより日本人であれ、基本的に参加者が何らかのかたちで英語という言語および宗教という概念を共有する状態に置かれているからである。それはあきらかに英語帝国主義的な状況というべきものであり、そのような共通要素の存在が各社会の固有性を変容させ均質化を推し進めていることは事実である。しかし、その一方でこのような覇権的な言語や概念の存在が、異なる社会に生まれ育った人々のあいだに対話の契機をもたらしていることも事実なのである。そして、非西洋社会に共有されることで散種した英語と西洋的知は、それぞれの地域に固有な文脈のもとで読み替えられていき、ホミ・バーバが、地域に根ざしたコスモポリタニズム（vernacular cosmopolitanism）という言葉で呼び表わしたように[4]、共通性を保持しながらも、それを各地の局所性へと繋ぎ止めていくのである。局所的な場から、たえず意味を塗り替えられていく覇権的ともいえる共通議論の輪。そのような視点から、西洋と非西洋の間に存在する対話の不平等さ、あるいは非西洋間における意思疎通の疎遠さといった構造的障害を、より肯定的なものへと置き換える試みもまた可能性を秘めたものなのではなかろうか。

本博士論文の主題である宗教研究に戻ってふたたび言いなおすとすれば、宗教という西洋に出自をもつ概念を共有しているがゆえに、われわれ参加者は宗教という固有名のもとに、意思疎通をおこなうことができるのである。ことに非西洋人の間での、たとえばアフリカ人と日本人の対話というのは、宗教という共通語がなければ成立することは困難であろう。その一方で、宗教という概念は各論者の属する文化的背景に応じて多様な形で分節化されていく。そこにわれわれは、宗教という固有名のもとで、その言葉の抱える汲み尽くしがたい意味を読み込み、考察していくのである。

それはもはや宗教や宗教学という概念のイデオロギー性を暴露すれば事足りるというものではない。あるいは西洋世界の外側に赴いて会議を開催すれば事足りるというものでもない。むろん、西洋人／非西洋人、研究者／非研究者、宗教者／非宗教者といった二項対立に最後まで拘泥する必要もない。本書のような試みこそが、そのようなポストコロニアル状況に規制されながらも、それを覆していくような異種混淆的な対話を実践する場なのである。そうであるとすれば、宗教という概念に端的に現れているような西洋的な枠組みの内部への帰属性が拭い去りがたいものであることを意識したうえで、それを内側から崩していくような自覚的な対話を、さまざまなエスニシティや諸学問の分野のあいだで、対等かつ緊張感をはらんだかたちで展開していくことが求められよう。それが現実離れした理念的なものに終わらないようにするためには、個々の発話者がみずからの立脚する場所を既存の境界線の内側に安らうことを求めず、みずからの身体を契機としてさまざまな二項対立が止揚されていく隙間（in-betweeness）を作り出していく居心地の悪さを個々に引き受けていく実践的な覚悟が必要となる(5)。

そして、何よりも研究者と非研究者とのあいだで、信仰と学知の関係が根源的に問いなおされなければなるまい。宗教研究といった宗教をめぐる学知、すなわち信仰を論ずるといった認識行為は、宗教を信じるといった営みに対してどのような意味をもちうるものなのであろうか。旧来の宗教学はややもすると信仰をドグマ的なものとして扱い、認識行為こそが客観的中立性をもたらすものだと主張しがちであったが、そのような姿勢は認識者の信仰世界を空洞化させ、絶えて止むことのない彼岸的なものに対するみずからの裡に潜む渇望から眼を背けさせる結果を招いたとも言えなくもない。そうではなく、信仰と知がたがいに補い合うものだとするならば、来るべき宗教研究は、信仰という実存的地平と向き合うことで知がどのような役割を果たしうるのか、その接合点においてみずからの存在意義を鮮明に説くことができなければ、もはや成り立つことは不可能になろう。

たとえば信仰が神と己との二者のあいだに成り立つ排他的関係であると規定するならば、知とは第三者としてしか存在しえない他者をその関係性のなかにどのように組み込んでいくかという俯瞰的関係を示唆するものであると言えなくもあるまい。であるとするならば、信仰が唱えるような己の奉ずる真理の唯一絶対性に対して、知は他者の異なる唯一絶対性をそこに持ち込むことで、その二者間の排他的な関係性に根本的な変質をもたらすものとなるはずである。たしかに知は複数の真理性を横並びにすることで、信仰のもつ絶対唯一性を摩滅させるものでもある。その意味で、これまで引用してきた「コヘレトの言葉」は知の認識力のもたらす荒涼な光景に注意をはらう点で、まさしく正鵠を得たものといえる。なぜならば認識の全体的俯瞰を志向する知は、自己の完結した真理像に閉じこもろうとする信仰世界に亀裂を生じさせ、その彼方にある現実世界の苛酷なリアリティを把握しようと欲するものだからである。

しかし、さらに「コヘレトの言葉」はその結論部に至って、知のもたらす荒涼さをあげつらうことから転じて、信仰の世界のもつ揺るぎなき絶対性が説かれることになる。

言葉が多ければ空しさも増すものだ。
人間にとって、それが何になろう。……
それらよりもなお、わが子よ、心せよ。
書物はいくら記してもきりがない。
学びすぎれば体が疲れる。
すべてに耳を傾けて得た結論。
「神を恐れ、その戒めを守れ。」
これこそ、人間のすべて。

そこで説かれる信仰世界がけっして安逸な予定調和したものではなく、知の認識力が露出させた現実の無情さと表裏一体であることはあきらかである。そこには、信仰と知の二項対立という単純な図式では片づけることのできない、現実をめぐる信仰と知の謎めいた関係が秘められているのだ。このような信仰世界の側からの問いかけに対して、私たちはどのように応答することができるのであろうか。信仰と知が二者択一的なものではないとするならば、この両者は私たち一人一人の裡においてそれぞれ固有のかたちで受肉化を引き起こすはずである。この具体的な信仰と知の交差のあり方にこそ、新たな宗教研究のもちうる信憑性というものが委ねられているではなかろうか。

学問をはじめとする言表行為の有する現実に対する批評性は、あくまでも日常をよりよく生きるために奉仕すべきものである。それは、超越的世界を描く宗教にしても宗教研究にしても、例外ではない。

(1) Eric Sharp, *Comparative Religion: A History*, London: Duckworth, 1975/1986.

(2) 宗教概念をめぐる研究史については、磯前順一「宗教概念および宗教学の成立をめぐる研究概況」(磯前順一『近代日本の宗教言説とその系譜——宗教・国家・神道』岩波書店、二〇〇三年)、ラッセル・マッカチオン「『宗教』カテゴリーをめぐる近年の議論——その批判的俯瞰」一九九五年(苅田真司・磯前順一訳、磯前・山本達也編『宗教概念の彼方へ』法藏館、二〇一一年)。

(3) ジャック・デリダ「信仰と知——理性のみの境界における『宗教』の二源泉」一九九八年(苅田真司・磯前順一訳、磯前・山本編前掲『宗教概念の彼方へ』)。

(4) ホミ・バーバ「振り返りつつ、前に進む——ヴァナキュラー・コスモポリタニズムに関する覚書」二〇〇五年(同『ナラティヴの権利——戸惑いの生へ向けて』磯前順一/ダニエル・ガリモア訳、みすず書房、二〇〇九年)。

(5) ホミ・バーバ「散種するネイション——時間、ナラティヴ、そして近代ネイションの余白」一九九四年(前掲『ナラティヴの権利』)。

2章　宗教概念論を超えて
ポストモダニズム・ポストコロニアル批評・ポスト世俗主義

1　日本宗教学の停滞

一九〇〇年の姉崎正治『宗教学概論』、一九三九年の宇野円空『宗教学』、一九六一年の岸本英夫『宗教学』。東京大学の宗教学は日本の宗教学にとって古典的ともいえる体系的な概説書を、約三〇年おきに刊行してきた。東大のみならず、日本宗教学全体の始祖にあたる姉崎の著作は、ドイツのロマン主義的な影響のもとに、宗教概念の定義をおこなったものとして、宗教を神の実在をめぐる議論から決別させ、無限なるものへの人間の意識のあらわれであると同時に、その社会的分節化の産物として規定した。オーストリアの宗教民族学の影響を受けた宇野は、人間の畏怖の感情を強調する一方で、行などの身体実践を重視した宗教の定義を試みた。そして、岸本は宗教学を解釈学的な人文学からアメリカ流の社会科学として客観化を図り、宗教を世俗化させることで文化の一部として規定するにいたった(1)。

岸本が『宗教学』を刊行した一九六一年は、京都大学の宗教哲学者、西谷啓治が『宗教とは何か』を出版した年でもある。岸本は東大の宗教学を「記述的な学問」、京大の宗教哲学を「規範的な学問」として対照的な関係のもとに捉えた。岸本によれば、東大の宗教学は始祖の姉崎以来、宗教を無限なるものへの志向性として、人間の心理的な働きの客観的な現れとして把握してきたことになる。一方で、宗教哲学は宗教を人間の営みに還元することなく、あるべき宗教の姿として主観的な記述に終始してきたことになる。おそらく、そこには宗教体験を、あくまで人間の意識の産物としてとらえるか、それとも人間の意識には還元しきれない余白のようなものと意識との往還関係としてとらえるかといった、宗教学と宗教哲学の本質的な相違が示されている。

ちなみに、京都学派の宗教論としては、その開祖である西田幾多郎による『善の研究』(一九一〇年)が想起されるが、西田はあくまで哲学の営みの一部として宗教を論じたにとどまる。宗教哲学という独自の分野を京都学派において確立したのは西谷だと理解すべきである。そして、今日、広義の宗教学という術語が用いられるときには、狭義の宗教学である東大系の宗教心理学を基盤としたものと、信仰を人間の意識に還元しきることのない京大系の宗教哲学の双方をふくむものが想定されるにいたっている。その共通性を支えるのが、キリスト教や仏教や神道といった違いを超えて、宗教という概念がひとつの固有のまとまりをもつ均質なものであり、それが社会・経済的な変動要因に基本的には左右されることのない純粋性をもったものであるという信念であった。

このように見たとき、日本における広義の宗教学は、一九〇〇年の姉崎『宗教学概論』にはじまり、一九三九年の宇野『宗教学』を挟んで、一九六一年の岸本『宗教学』および西谷『宗教とは何か』まで、徐々に宗教という言葉の意味を拡大しながら、体系的な概説書を刊行してきたことがわかる。しかし、一九八五年に刊行された上田閑照・柳川啓一編『宗教学のすすめ』が京大の宗教哲学と東大の宗教学に属する両教授による編纂でありながらも、その二つの立場を十分に関係づけたものになりえなかったように、一九六一年の岸本『宗教学』および西谷『宗教とは何か』以降、現在にいたるまで、宗教学の包括的な概説書というものは刊行されないままにきている。

このような宗教学の概説書の未刊行という事態は、戦後の日本社会における宗教学の地位の低下という事態と密接につながっている。姉崎と宇野の著作がともに戦前に執筆されたものであり、岸本にせよ西谷にせよ戦前に研究者としての地位を確立していたことを考えれば、京都学派をふくめ、宗教学という学問が戦前の社会と緊密に結びついたものであることがうかがえる。姉崎が『宗教学概論』を発表した明治三〇年代は、大日本帝国憲法によって信教の自由が明言される一方で、国家神道体制が社会に定着した時期であり、国家と宗教の関係が大いに論じられた。また、宇野が『宗教学』を刊行した一九三〇年代は日本がアジア・太平洋戦争に突入した時期であり、大東亜共栄圏の諸地域の文化的統合をめぐって宗教民族学や宗教社会学が大きな脚光を浴びた時期であった。姉崎は国家の宗教政策と、宇野は東南アジアの植民地政策と密接な関係を有していたことはよく知られている。

そして、一九四〇年および一九四一年には座談会「近代の超克」と「世界的立場と日本」が開かれ、西谷をはじめとする京都学派の哲学者が「世界史の哲学」を唱え、西洋近代の克服と、日本哲学および宗教による大東亜共栄圏の支配を訴えた(2)。一方の岸本は、むしろ敗戦直後の合衆国占領軍最高司令官総司令部（ＧＨＱ）への協力を通して、戦前の国家神道の解体および戦後の宗教政策を方向づけた人物として知られる。しかし、国家神道が解体されると同時に、それまで宗教学のもっていた日本の社会体制への批判力や、逆に国家政策に対する協調的な影響力も失われ、宗教学は政治的な動きから切り離された内省的な学問へと変容していったといえる。もちろん、それとともに宗教学は自分の過去がもつ政治への介入の事実も忘却し、他国の宗教学の政治性はしばしば議論の俎上にあげるものの、自国の学問、とくに自学閥の政治性についてはまったくと言ってよいほど口をつぐんできた。

何よりも、宗教という概念が西洋世界に対する日本の開国とともに移入された外来のものである以上、宗教概念の輸入と並行するように構築されていった国家神道体制が崩壊すると、宗教学の扱う宗教概念もまた日本の社会には必要のない余剰物となっていった。それ以降の宗教学が東大においても京大においても、日本社会から大きく注目を浴びることなく過ごしてきたことも、その点において当然のことといえる。岸本の後継者の一人である、東大の柳川啓一が一九七二年の論文「異説　宗教学序説」において、宗教学という学問がもはや体系性や固有性を保ちがたいものとして破産を宣言したことは、このような宗教学の政治・社会的領域からの退潮をしめす象徴的な出来事であった。

ここにおいて、宗教をめぐる研究は、「宗教学 religious studies」という宗教概念の純粋性を唱えるものの独占物ではなくなり、人類学や歴史学あるいは社会学や地域研究などによる宗教をめぐる複合的な研究領域として「宗教研究 study of religion」として再認識されるようになったのである。二〇〇三年から二〇〇四年にかけて刊行された『岩波講座宗教』(全一〇巻)が、東大宗教学科の教授である島薗進を中心にして企画されたものでありながらも、題名の示すとおり、宗教学という看板を掲げることなく、様々な人文学・社会科学の研究者による論文集として編纂されたことは、柳川以降の宗教研究の動向を如実に物語っている。

であるとすれば、一九六一年の岸本『宗教学』および西谷『宗教とは何か』を継承する新たな概説書は、宗教学概論ではなく、宗教研究概論として名づけられ、企画されるべきものと考えられる。しかし、その一方で『岩波講座宗教』の多様な内容が示すように、宗教学に代わる宗教研究の内容は、その学際性ゆえにあまりにも多端であり、今日の社会状況のもとで宗教をどのように論じればよいのかといった方向を求心的に打ち出すことができなくなっている。それは、宗教研究のもつ学際性(inter-disciplinary)が既成の学問分野の境界線を脱臼させる異種混淆性(hybridity)にはいたらず、むしろ各学問分野の構成原理の並立を前提とする文化多元主義的な同質性(multi-culturalistic homogeneity)の次元にとどまっているためである。

そこでは宗教を独立した主題として取りだそうとする意識が低下し、依然として宗教学の伝統的な自己意識の純粋性に求める動きが存在する一方で、その反動からか無自覚に歴史学や社会学の模倣をして社会制度論に還元しようとする動きが、相互の関係づけもないままに呉越同舟している。このような宗教をめぐる研究を取り巻く散漫な状況が、新たな宗教研究の概説書を日本の諸学問が作り出すことのできなくなっている原因のひとつにあることは明らかである。本来は、宗教概念の同一性と各学問分野の構成原理が重ね合わされることで、学際性としてではなく、新たな異種混淆的な理解へと宗教をめぐる研究は再編されていかなければならなかったのである。

そのなかで、一九九〇年代後半以降の宗教をめぐる研究の理論的関心は、宗教概念およびそれを彫琢してきた宗教学の歴史的系譜を近代日本の政治的文脈のなかに位置づけることへと向けられていった。宗教研究の体系的な再構築作業の前に、まず自らの歴史がどのようなものであったのか、たんに従来のような学説の変遷史ではなく、近代の日本社会の成立と変遷を世界史的な視点から理解するために、そして何よりもオウム真理教事件以降に急務となった宗教学者の社会的役割を吟味しなおすために、研究者は自分の学問の中核をなす「宗教概念」そのものの歴史的反省を強いられるようになる。それはイスラーム革命や九・一一テロによってイスラームを意識せざるをえなくなった西洋の宗教研究がプロテスタント中心主義的な宗教概念の自明性を批判的に検討しはじめた動向と連なるものであった。二〇〇〇年年代になってまとめられた、磯前順一『近代日本の宗教言説とその系譜——宗教・国家・神道』（二〇〇三年）および林淳・磯前順一編「特集　近代日本と宗教学——学知のナラトロジー」『季刊日本思想史』第七二号（二〇〇八年）が、その動向を集約的に示している。これらの動きを宗教概念論と呼ぶことができよう。

宗教概念論は「固有なるもの」「純粋なるもの」としての宗教概念を脱臼させ、客観・中立的立場を唱える宗教学のアイデンティティを根幹から揺るがせるものであった。それまで刊行されてきた宗教学の概説書が宗教という概念を前提として、あるいはその概念を日本社会のなかに定着させるために書かれてきたのに対して、宗教概念論がその概念の有効性を疑うがゆえに、この議論の登場によって従来の宗教概念を前提として概説書を著す試みがことごとく破綻していったのも故のないことではない。

ここにおいて、日本の宗教学は二つの相反する反応を示すことになる。ひとつはみずからの学問の歴史的制約を引き受けたうえで、宗教学および宗教を脱臼させて複合的な領域である宗教研究に開いていこうとするもの。もうひとつは、宗教学および宗教の普遍性や純粋性をいかに固持していくかというもの。この二つである(3)。前者はときとして社会還元主義的な様相を帯び、宗教が社会に占める独自の役割あるいは宗教のもつ救済的な側面を見失わせ、宗教研究を社会学や歴史学一般となんら変わらないものに還元させてしまう危険性を有する。後者は、宗教概念そのものは歴史的産物であるが、それを批判する宗教学者の反省的意識こそが純粋で超越的なものであるという、真理の病に宗教学者をふたたび陥らせてしまうことになる。ここにおいて、日本の宗教学および宗教研究は決定的に停滞するに至ってしまう。

2　北米宗教学の動向

一方で、北米大陸を中心とした英語圏の動きに目を向けると、日本の宗教学の低調な動きに反して、一九九〇年代末から二〇〇〇年代後半の一〇年間で宗教学の入門書が目についた主要なものだけでも四冊も刊行されている。まず、一九九八年にはマーク・C・テイラー編『宗教学のためのクリティカル・ターム *Critical Terms for Religious Studies*』、二〇〇〇年にはウィリー・ブラウン／ラッセル・マッカチオン編『宗教研究のガイド *Guide to the Study of Religion*』、二〇〇五年にはジョン・ヒンネル編『ラウトリッジ版コンパニオン宗教研究 *The Routledge Companion to the Study of Religion*』、そして二〇〇六年にはロバート・シーガル編『ブラックウェル版コンパニオン宗教研究 *The Blackwell Companion to the Study of Religion*』が刊行されている[4]。そのうち三冊は、宗教学ではなく、宗教研究と銘打たれているが、いずれも基本的に宗教学者からの寄稿論文で構成されているものであり、その題名どおりに受け取るよりは、もはや北米や英語圏の宗教学者がみずからを宗教学者として特定するよりも宗教研究者として定位したい欲求の現れと見るべきであろう[5]。

この四冊の本のなかでも重要なのが、アメリカ人の神学者であるテイラーが編者を務めた『宗教学のためのクリティカル・ターム』、および二人のカナダ人宗教学者であるブラウンとマッカチオンが編纂した『宗教研究のガイド』

である。両者ともに、宗教概念論に関する論文が大きな比重を占める点で、いわゆるポストモダン的な立場を前面に押し出した入門書として、それが肯定的であれ否定的な意味であれ、一定の評価を英語圏では得ている。しかし、その宗教概念論の扱い方には、これらの論文がそれぞれの本の全体的な立場を代表するものとは言いきれないものの、微妙な違いがふくまれている。

『宗教学のためのクリティカル・ターム』に収められた、ジョナサン・Z・スミス「宗教、宗教的、諸宗教」という論文は、宗教概念を研究者のナラティヴによって作り出されたとする点で、宗教概念の客観性を明快に否定する。その意味でスミスは宗教概念の本質主義的理解を否定するポストモダン的な言説論の立場をとると見られがちであるが、そこから彼がフーコーのように主体の構築論や権力の規律＝訓練論に議論を展開することはない。また、宗教概念の客観性は否定するものの、それは歴史的文脈のなかに宗教概念をおいて捉えることを勧めるためであり、はっきりとキリスト教中心主義的なイデオロギーは批判したうえで、宗教概念を自省的に用いようとする。(6)

一方、『宗教研究のガイド』の巻頭論文にあたるウィリー・ブラウン「宗教」は、宗教をデリダ的な「亡霊」として捉え、スミスと同様に宗教概念の本質論的定義に決別したうえで、その意味の決定不能性を議論の中軸に据える。しかし、それから彼は宗教を神学的な意味合いをもたない人間の言説として捉えるにとどまり、デリダの宗教論のように概念を脱構築することで得られる肯定的な意味——たとえば汲みつくすことのできない意味産出の場としてのコーラなど——までは論じてはいない。

そもそも、スミス論文を収めた『宗教学のためのクリティカル・ターム』は、編者のマーク・C・テイラーはデリダの影響のもとに脱構築的な神概念を再構築しようとしているが、(7)本全体としてはスミス論文に代表されるように、宗教概念をはじめとする、宗教学で用いられる諸概念の歴史的制約性を指摘するにとどまっている。一方で、ブラウン論文を収めた『宗教研究のガイド』は、共編者のラッセル・マッカチオンの立場に典型的に見られるように、宗教概念のもつキリスト教中心主義の批判から、その概念そのものを放棄すべきであるといった全否定的な立場をとるものも少なくない。

両書は同じ北米大陸の研究者を中心として構成されているため、一部に重複した著者の名前もみられるが、基本的には『宗教学のためのクリティカル・ターム』がアメリカ宗教学会（American Academy of Religion）の主要な研究者の力を集結したものとして、『宗教研究のガイド』が北米宗教学会（North American Association for the Study of Religion）に密接な関係をもつ研究者から構成されていると見られている。アメリカ宗教学会は元来神学をふくむ北米宗教学最大の研究組織であり、北米宗教学会はそれに対する批判意識から発足したものである。

北米宗教学会は、その中心拠点であったアメリカ合衆国のヴァーモント大学宗教学科が一九八〇年代に、ミシェル・フーコーを招聘したことに代表されるように[8]、フーコーの権力論あるいはカルチュラル・スタディーズの文化的イデオロギー批判を武器にして、宗教概念のもつキリスト教中心主義や、客観性を唱える宗教学のもつ認識論的な暴力を指摘してきた。その批判は苛烈をきわめ、宗教概念に代えて文化という言葉を用いるべきであるなどの主張に及び、北米の大学における宗教学科・講座廃止の動きへと少なからぬ影響を及ぼしてきた。むろん、宗教学者の存立基盤を突き崩しかねない彼らの主張は、おおくの宗教学者の反発を招くことになる。そこで、ポストモダン的な本質主義批判は時代の潮流からみて無視できないものの、より穏当なかたちで、たんなる宗教概念および宗教学否定に終わらないかたちで受け止めようとしたのが、アメリカ宗教学会の宗教学者たちであった。

しかし、日本の一部の宗教学者が喧伝するように両者は今でも完全な対立関係にあると捉えるべきではなく、アメリカ宗教学会のなかで宗教学と神学との分離の動きが起きたり、その会員が北米宗教学会の中心ポストを占めるなど、むしろ相補的な関係へと変化してきたと考えるべきであろう[9]。事実、相対立するように見える『宗教学のためのクリティカル・ターム』と『宗教研究のガイド』であるが、ジョナサン・Z・スミスと増澤知子は双方に執筆しており、そこからは両者がけっして排他的関係にあるのではないことが確認される。

ちなみに、上記の四冊の入門書のうち、唯一日本語として訳出されたのは『宗教学のためのクリティカル・ターム』であって、北米では並び称される『宗教研究のガイド』ではなかった。そのことは、日本の宗教学もまた宗教概念の全面的な否定ではなく、どのように宗教概念批判を肯定的に読み解いていこうとするかという関心が強かったことを示しているように見える。合衆国においては、『宗教学のためのクリティカル・ターム』と『宗教研究のガイド』が相補的な働きをなすことで、一方で宗教概念を解体させながら、それを批判的に再生させるという、まさに肯定的な脱構築の作業をある程度推し進めえた。それに対し、『宗教学のクリティカル・ターム』のみを輸入した日本の宗教学は自己否定の契機を欠き、はじめから宗教概念の純粋性を温存させようとする傾向にあった。そして、英語版の原題とはまったく異なる『宗教学必須用語22』という日本語の題名が明示するように、「クリティカル・ターム」という言葉を脱落させたこの翻訳は、その訳文の理解も含めて、宗教研究における「批判理論 critical theory」と向き合うことの意味が、北米大陸ほどには痛切な問題としては受け止められていなかったことを示している[10]。

この批判理論——本章の文脈でいえば宗教研究に対する批判的意識のもち方——が、いったい何を意味するものかということについては、日本のみならず、じつのところ北米さらには英国をふくむ英語圏でも時間の流れとともに変動している。以下、『宗教学のためのクリティカル・ターム』と『宗教研究のガイド』という二冊の本とともに、その後、商業出版社が企画した『ラウトリッジ版コンパニオン宗教研究』と『ブラックウェル版コンパニオン宗教研究』も加えて、この一五年間の、宗教研究における批判理論の意味の変化、すなわち宗教研究に対する研究視座の変遷を読み取ってみたい。その分析的読解の作業は、近年の英語圏における宗教学の動向を具体的に知ることを可能にしてくれると同時に、その限界をも明らかにしてくれることであろう。

まずなによりも、これら一九九〇年代後半にはじまる一連の宗教研究の入門書の刊行において、画期をなす出来事であったのは、プロテスタンティズム的な宗教概念の批判であった。それを如実に示す論文が、先に示した『宗教学のためのクリティカル・ターム』のスミス論文「宗教、宗教的、諸宗教」、および『宗教研究のガイド』のブラウン論文「宗教」の存在であった。それは、『宗教学のためのクリティカル・ターム』の序論において、テイラーが「しかし、もし宗教がこうした本質的な実体を有していないとしたら、どうだろうか。宗教が普遍的な現象でないとするとしたら、どうなるのだろうか[11]」と述べているとおりである。このような宗教概念の客観的普遍性を疑う両書の立場は、宗教概念論のみならず、ともに宗教体験論に関する論文も、『宗教学のためのクリティカル・ターム』ではロバート・シャーフ「体験」、『宗教研究のガイド』ではティモシー・フィッツジェラルド「体験」として収められていることからも窺える。

宗教体験論は、一九七〇年代後半からのスティーヴン・カッツらの批判を画期となすものである。ルードヴィッヒ・ヴィトゲンシュタインの言語ゲームを理論的立脚点にするこの議論は、ドイツのプロテスタント神学者であったフリードリッヒ・シュライエルマッハーの唱えるような絶対的なものへの帰依感情を、文化や歴史的な制約を超えた普遍的体験として据えることはできないとする立場にたつ。宗教体験はプロテスタンティズム的な文脈では、自己の内面を絶対的な神的存在への唯一の回路として強調するために、宗教概念の中核をなすものと見なされてきたため、それに対する歴史主義的批判は宗教概念論の先駆けとして、プロテスタンティズム的な宗教概念の普遍性を突き崩すことに成功したのであった。

シャーフの論文は、その体験の歴史的性格を、キリスト教的な宗教概念を取り込んで形成された鈴木大拙の禅体験を批判することで暴きだし、そのような宗教体験が東洋と西洋をともに含みこむ文化横断的な共通要素にはなりえないことを指摘している。また、フィッツジェラルドは、パウル・ティリッヒの「究極的関心」という概念を批判的に引き合いに出すことで、もしそこから神学的な一神教的性格を脱色することができるのであれば、宗教体験は日常世界とそれが制度化される宗教組織との往還関係のなかでいまいちど有意義なものになりえるであろうと指摘している。

しかし、いずれにせよ、シャーフが「この〔体験の〕概念が宗教的な言説のなかでどう機能しているか――ウィトゲンシュタインが言うところの『言語ゲーム』――に、注意を促そうとした[12]」と述べているように、宗教体験は超歴史的な普遍的性格ではなく、それが分節化されるところの歴史的文脈における機能へと、学問的議論の関心が移行したことは明らかである。そして、宗教体験論および宗教概念論ともに、このような超越的な主張をもつ宗教的教説の歴史的性格を看破することで――あるいは宗教概念論においてはさらにその宗教的や学問的な言説が社会制度や大学制度と結びつくことでイデオロギー的な正当化の機能を果たしていると暴露することで――、それらは宗教的言説の本質主義的な性格を批判したとしてポストモダニズム的な議論の最先端をいくと、宗教学の内部ではみなされている。そして、近年ではそれに対するさらなる批判も宗教学の内部から提起されるにいたっている。これらの議論についても後で簡単に紹介することにしたいが、ここでは歴史主義的なイデオロギー暴露がポストモダン的な議論であるという北米および英語圏における理解そのものが、それを肯定するにしろ否定するにしろ、批判理論の浅薄な理解にとどまることを指摘しておきたい。

そして、『宗教学のためのクリティカル・ターム』と『宗教研究のガイド』の内容の違いについては、宗教概念および宗教学をどのように批判するのかという戦略の違いだけでなく、『宗教研究のガイド』のみが、デイヴィット・チデスターの論文「植民地」を通して、植民地支配と宗教学の関係、さらにはポストコロニアルの問題にまで若干触れていることがあげられる。一九六〇年代にフランスでおこったジャック・デリダやミシェル・フーコーらのポストモダン思想につづいて、一九八〇年代にはエドワード・サイードやガヤトリ・チャクラヴォルティ・スピヴァク、ホミ・バーバらのポストコロニアル批評が英語圏で大きな脚光を浴びるにいたるが、宗教学もまたポストコロニアル批評に対するひとつの応答をここで試みようとしていたのである。

チデスターは合衆国のカルフォルニア大学サンタバーバラ校出身の白人であるが、ケープタウン大学に職を得て、南アフリカに住みながら、北米の宗教学との関わりを維持している研究者である。チデスターはフーコーの議論を踏まえつつ、植民地における知と権力の関係を問う。そして、西洋の宗教学の歴史とは、啓蒙主義の歴史であると同時に、植民地主義の歴史であり、西洋のメトロポリタン都市を文明の中心地になぞらえる一方で、非西洋の植民地を野蛮の周辺地として扱ってきたのだと批判する。そこには研究材料は植民地から、それを解釈する理論的枠組みはメトロポリタン都市からという、二項対立が存在しており、メトロポリタンの西洋人たちは植民地の原住民たちが宗教を有しているかいないかという学問的判断を、原住民たちの人権を認めるか否かという議論と結びつけ、宗教が存在しないと主張することで彼らから土地を簒奪してきたのだと指摘している。

チデスターの議論はあくまでも植民地時代に限定されるものであり、ポストコロニアル批評のように、植民地支配から解放された後も続くアイデンティティの混乱、すなわち純粋性を喪失した異種混淆なアイデンティティをめぐる議論にはならない。また、植民者と被植民者の政治的立場の圧倒的な格差がつねに問われるためか、異種混淆なアイデンティティに訴えることで、植民地者と被植民者の二項対立を転覆するといったポストコロニアル批評の戦略は用いられない。ここには、ポストモダン思想の受容と同様に、北米の宗教学におけるポストコロニアル批評の理解もまた浸透しがたいことが見てとれる。やはり、それは北米の宗教学がおもに植民地の支配者であった白人たちによって担われ、その支配を被ってきた植民地の被支配者の流れを汲む者たちによって本格的に推進されたものではないという問題がかかわっていると思われる。

スピヴァクは、ポストコロニアル批評は非西洋世界の土着的知識人によってではなく、西洋、とくに英語圏のコスモポリタン都市に住むディアスポラ知識人によってその議論が展開されてきたとしている[13]。しかし、それは英語文学の領域にとどまる現象であり、宗教学においては非西洋世界の土着的知識人とコスモポリタン・ディアスポラとの表象をめぐるヘゲモニーが問題化される以前に、コスモポリタン・ディアスポラさえ発話をする機会を獲得しえていないと言えよう。それは、ひとりチデスターのみの問題ではなく、後にふれる『ラウトリッジ版コンパニオン宗教研究』に収録された「オリエンタリズムと宗教研究」の筆者リチャード・キングもまた英国の白人であるというように、宗教学におけるポストコロニアル批評のもつ一般的な限界を現在のところ示していると言えよう。

そして、二〇〇〇年代後半に入ると、英国人であるジョン・ヒンネルによる編著『ラウトリッジ版コンパニオン宗教研究』(二〇〇六年)、英国の大学に勤めるアメリカ人のロバート・シーガルが編纂した『ブラックウェル版コンパニオン宗教研究』(二〇〇九年)が相次いで商業出版を中心とする企画として刊行される。ともに編者だけでなく、執筆者にもこれまでになく英国の大学教員がふくまれ、それまでの北米大陸を中心とする企画から、英国をふくむ英語圏へと拡大されている。両書に共通する変化は旧来的な叙述形式への復帰、そしてポストモダン思想への反発である。

たとえば、『宗教学のためのクリティカル・ターム』では、先に挙げた「宗教、諸宗教、宗教的」や「体験」に加え、「身体」や「信念」、「文化」あるいは「記述」といった宗教研究を分析するために人文・社会科学に共通する普遍的な術語の項目が二二にわたって立てられた。さらに、『宗教研究のガイド』では、「定義」や「分類」、「比較」、さらには「解釈」といった項目が立てられ、宗教研究における「記述」や「説明」をめぐる認識行為が主題化されていた。しかし、『ラウトリッジ版コンパニオン宗教研究』と『ブラックウェル版コンパニオン宗教研究』では、「宗教研究への鍵となるアプローチ」として「宗教人類学」「宗教社会学」「宗教心理学」「宗教現象学」「比較宗教」「宗教哲学」「神学」といった旧来的な宗教学を構成する下位分野の叙述が復活させられている。

そこに共通するのは、いずれも西洋中心主義的な宗教研究のあり方を拒絶すべきであることを唱えているものの、そのために「宗教」という概念そのものを問題化しなければならないという視点が抜け落ちていることである。とくに、『ラウトリッジ版コンパニオン宗教研究』では、「なぜ諸宗教を研究するのか」(ジョン・ヒンネル)、「歴史的視点から見た宗教研究」(エリック・シャープ)、「宗教の諸理論」(ロバート・シーガル)、「宗教学」(ドナルド・ウィーベ)といった、著名な英語圏の研究者によって、宗教学をふくむ宗教研究を研究する動機が理論的かつ歴史的に反省されていることになっているが、そこにはむしろポストモダン的な立場から宗教学を批判的に検討する立場が明確に退けられている。

振り返ってみるならば、極端にポストモダニスト的立場をとるとされている『宗教研究のガイド』にも、社会科学理論の客観性を謳うルーサー・マーチィン論文に見られるように、すでに同様の反ポストモダン的な立場を含み込んでいた。つまり、一九九〇年代に北米宗教学にポストモダン思想が流入してきた段階から、それに賛同する立場と同時に、もっとも支持的立場をとってきたと言われる北米宗教学会も含めて、ポストモダン思想に対する反発というものが北米さらにはアングロ・サクソンの英語圏全体に存在していたのである。日本では、彼らをポストモダニストの宗教学者として一括してきたが、彼らがポストモダン思想をどのようなものとして理解してきたのか、その支持と反発の行為の背後にひそむ彼らの理解のあり方自体が、先に指摘したポストコロニアル批評の限界の問題点とともに、感情的な反発を超えて、批判的な検討に処されなければならないのだ。

その点で興味深いのは、北米のポストモダン思想理解を推進する神学者テイラーによる『宗教学のためのクリティカル・ターム』をのぞくと、その他の三冊がいずれも「ポストモダニズム」あるいは「ポストモダニティ」という項目を立てていることである。それぞれの本がどのような立場をとるにせよ、英語圏では、二〇〇〇年以降はポストモダン思想に対する一定の立場表明をしなければならない状況に追い込まれている。以下、本章ではこれらの諸項目を参考にしながら、北米およびアングロ・サクソンの宗教学におけるポストモダン思想の理解のあり方というものを批判的に俯瞰しておきたい。そこからは、とくに北米におけるポストモダン理解の独自のかたちというものが見えてくるであろう。そして、彼らをポストモダニストだとして批判するにしろ、逆に支持するにしろ、宗教学に移入されたその理解の独自性を明確に把握しておかないかぎり、その支持も批判も意味を有さないことが明らかにされるはずである。

一般にポストモダン思想と言えば、ジャック・デリダとミシェル・フーコーに端を発し、ジル・ドゥルーズ、ジャン゠リュック・ナンシー、さらにはジョルジョ・アガンベンの思想に深く影響されている立場を指すものと言えよう。それは近代啓蒙主義が自明の立場としてきた、理性的な認識主体による認識対象の客観的かつ本質主義的な把握への根本的な懐疑というものが前提とされている[14]。ポストコロニアル批評にしろ、たとえば、スピヴァクとバーバはデリダ後期の肯定的な脱構築論の影響のもとでマルクスやフランツ・ファノンを読み解くことで、みずからの思想を紡ぎ出してきた。そして、サイードにせよ、フーコーの権力゠規律論をマルクス主義の立場から読み直したものといえる。あるいは、後述するポスト世俗主義を唱えるタラル・アサドもまた、ポストコロニアルの議論を批判的にとらえ返すと同時に、後期フーコーの自己のテクノロジー論を理論的支柱に置いていることは明らかである[15]。

それに対して、まず英語圏の宗教学が念頭におくのは、『グラマトロジー』（一九六七年）を中心とする前期デリダの脱構築論、および『監獄の誕生』（一九七五年）を中心とする中期フーコーの権力゠規律論までに、ほぼ限定されている。それは、リチャード・キングをはじめとする宗教学者のポストコロニアル批評の理解が、前期サイードの『オリエンタリズム』（一九七八年）による、西洋人による表象の暴力性を指摘することにとどまり、後期サイードの『文化と帝国主義』（一九九四年）における、本来性を欠如した異種混淆的なアイデンティティをとおした支配・被支配者間の上下関係の転覆行為に理解が及ばないこととほぼ並行する見解といえる[16]。

『ラウトリッジ版コンパニオン宗教研究』と『ブラックウェル版コンパニオン宗教研究』のいくつかの論文に共通してみられるのは、「宗教学」を「神学」「ポストモダニズム」「社会科学」と併置する捉え方である。まず、宗教学はキリスト教という特定宗教の信仰を自明とする立場からは分離した比較宗教的な立場をとるが、それでも「宗教の固有性 *sui generis* religion」という価値観をその中核に据える点で、疑似神学的あるいはプロテスタント中心主義的な立場から脱却していないとする。そこには、ラッセル・マッカチオンやティモシー・フィッツジェラルド、さらにはその戦略はかなり異なるがタラル・アサドらの宗教概念あるいは宗教学批判をいずれも踏まえたものになっている[17]。

しかし、そのような宗教の本質主義的な批判をおこなう立場から、あらゆる概念に本質は存在しない、客観的に記述可能な立場そのものが存在しないとする「ポストモダニズム」的な議論を展開することに対しては、彼らは強い拒否反応を示す。そこで彼らがポストモダン的な宗教学の典型的著作として批判の対象に狙いを定めるのが、『宗教学のためのクリティカル・ターム』と『宗教研究のガイド』である。そして、そのような相対主義的なポストモダンの立場に代わる学問として彼らが選択するのが、人類学や社会学を典型とする「社会科学 social science」である。ロバート・シーガルやドナルド・ウィーベがそのような立場をもっとも前面に押し出す研究者である。かれらにとってはポストモダンとは差異の戯れにすぎず、それは社会科学のもつ経験主義にもとづく客観性によって克服されなければならないものだとされる[18]。

しかし、彼らの称賛する社会科学の客観性そのものが、今日となっては、社会科学をよく知らない宗教学者による理想化にすぎない。社会科学もまたポストモダン的な影響のもとにその中立的な自然科学的モデルは崩壊し、人類学でも社会学でも研究者の記述行為が研究対象の性質を行為遂行的に描き出す主観的な解釈の域を出ないことは、もはや日本でも周知のことである[19]。そこでは、ポストコロニアル批評が問題とするような、「サバルタンは語れない」とする表象の不可能性をめぐる問題が、それまで学問の客観性を支えるとされてきた表象行為の根底に潜んでいることが明らかにされている。シーガルは宗教学が「宗教至上主義者 religionist」の学問の域を出ないのに対して、社会科学は本来的に「世俗の学問」であるとする。しかし皮肉なことに、このような世俗的な中立性に対する信念こそ、まさにプロテスタンティズムから派生したものであると、タラル・アサドらポスト世俗主義の立場から批判を浴びるところなのである。[20]

たしかに、ポストモダン的な思考が本質主義的なロゴス中心主義を批判することは確かである。そのような理解のもとにシーガルは、増澤知子『夢の時を求めて』をデリダの、マッカチオン『宗教を作り出す』をフーコーの、それぞれ宗教学版の著作になぞらえて激しく批判する。[21] しかし、当の増澤はエリアーデらの宗教史の起源回帰的な志向性を、語りえないものを語っているとして歴史主義的な立場から批判するにとどまっている。そして、マッカチオンもまたエリアーデら宗教学者の言説が知の暴力的な権力作用にむすびついていることを暴き出しているにすぎない。

デリダの脱構築の議論についていえば、差異と同一性は反復されるものであり、起源というものは決して実体化できないものであると同時に、差異化運動を生み出す動因として志向せずにはいられない不在の根源なのである。ゆえに、増澤が、あるいは増澤を批判する反ポストモダニストたちが言うような、ポストモダニズムは根源の不在を否定し、断片化された差異を称揚する歴史主義とはまったく異なる。デリダが『法の力』でおこなったように、現前しない正義によって現前する法がたえまなく脱構築されていくように、あるいは『マルクスの亡霊』で同一性の欲求が亡霊のごとく憑依された欲求として反復されていくとされたように、差異化の運動は根源という同一性への欲求を媒介とせずには現れえないのである。

そして、マッカチオンになぞらえられるフーコーも、国家のように上から下に降りる一方通行的な権力について語っているのではない。権力とは支配される者もまたそれを望む真理への欲求であり、下から上の方向へとしても働きえる。様々なベクトルへと働く力は、抑圧的な思惟を生みだすだけでなく、それに対する抵抗を生みだす。権力とは主体を生みだす力なのだ。晩年のフーコーが『主体の解釈学』で述べるように、主体形成とは決して否定的なものにとどまるものではなく、権力の行使に対して批判的な構築のあり方も示唆するものなのである。その意味でマッカチオンは宗教学という学問の支配的な抑圧性を指摘するにとどまり、それを超えていく新たな主体構築のあり方を提示することができない。それはフーコーというよりも、マルクス主義の影響を受けたカルチュラル・スタディーズの通俗版とでも呼ぶべきものなのである。

マッカチオンほどの強い批判ではないが、先に挙げたジョナサン・Z・スミスにしろ、宗教という概念が学者によって作られた言説であることは指摘するものの、そこから主体構築と規律=訓練をめぐる権力のせめぎ合いに議論が及ぶことはない。そのように考えたときに、比較宗教学者のエリック・シャープが困惑しながらも指摘してみせたように、北米の宗教学にとってポストモダニズムもまたポストコロニアル批評と同様に、明確な定義づけがないままに、支持者も批判者もともに曖昧な理解のもとで用いてきた言葉であった(22)。おそらく、彼らがポストモダニズムという言葉から漠然といだくイメージは、決定不能性に曝された断片化された差異の戯れ、あるいは近代的な理性の拒絶といったところであるのだろう(23)。

このような同一性の契機を欠いた理解は、合衆国の英文学者フレドリック・ジェームソンが展開するポストモダニズム批判と符合するところでもある。その背後には、英国の宗教学者であるコリン・キャンベルが指摘するように、ヨーロッパの「悲観的な」ポストモダン理解とは異なる、おそらくは、それに対する反発を含めて、合衆国特有の差異を称揚する「楽天的な」ポストモダニズム理解というものが存在すると考えるべきであろう(24)。そこから、シーガルやウィーベたちのポストモダン批判も生じるのだ。アジア・太平洋戦争の敗北以来、日本は知識社会もふくめて合衆国の強い影響下に置かれてきたわけだが、この合衆国を経由したポストモダン理解に対して、否定するにしても支持するにしても、日本の宗教研究者は十分に批判的な距離をとらなければなるまい。

そして、このような北米における不十分なポストモダニズム理解を深化させる宗教研究のアンソロジーが、二〇〇八年に合衆国在住のオランダ人神学者であるヘント・デ・ヴリースによって『宗教――概念を超えて *Religion: Be-*

yond a Concept』として刊行された[25]。入門書あるいは概説書と呼ぶには、あまりにも専門的な論文を集めたこのアンソロジーは、ジャック・デリダやジャン＝リュック・ナンシー、さらにはイスラームの人類学者であるタラル・アサドの論文までを含む、ポストモダニズムおよびポスト世俗主義の本格的な議論を揃えたものとして高い評価を得ている。それは宗教学あるいは神学といった狭い枠のもとで宗教を議論することの不可能性を示すもはや象徴的な一冊といえる。副題にある「概念を超えて」とは、デリダの脱構築が示すような概念自体の自己脱臼的な働きを示すものであり、それ自体は妥当な名前といえる。しかし、このような自己脱臼が宗教のみに特権的なものであり、それゆえに宗教は他の社会的要素になり代わって唯一の普遍的な概念として機能しえるという誤解を与えるとするならば、すでにタラル・アサドが懸念を示しているように新しい西洋的な普遍主義の復活として警戒を要することになろう[26]。そのような普遍性の幻想を与えるがゆえに、この書物が「宗教の回帰」現象を代表する著作として、通俗的なポストモダン思想に疲弊した北米の宗教学者に大いなる期待を与えていることもほかならぬ事実なのである[27]。

さて、第二に新たに加えられた視点として挙げることができるのは、『ラウトリッジ版コンパニオン宗教研究』（二〇〇六年）における、リチャード・キング「オリエンタリズムと宗教研究」とシャーン・マクラーリン「移民、ディアスポラ、トランスナショナリズム——グローバル化時代の宗教と文化の変容」といったポストコロニアル研究に関する論文の存在である。宗教学におけるポストコロニアル研究のもつ問題点はすでに指摘したとおりであり、サバルタンと土着エリート、さらにはコスモポリタン・ディアスポラの関係における格差をどのように異種混淆的なアイデンティティやナラティヴのもつ両義的な力を通して転覆していくかなど、今後の研究が待たれるところである。併載されているマイケル・バーンズの論文「宗教多元主義 religious pluralism」では、いまだにジョン・ヒックの多元主義が議論の参照点として取り上げられている。しかし、各宗教伝統を均質なものとして捉えたうえでその対話を試みる多文化主義（multiculturalism）と、そのような均質なアイデンティティのあり方を異種混淆性に訴えることで根源的に脱臼させようとするポストコロニアル批評が、宗教研究においてどのように交差させられていくのか、今後の議論の行方が留意されるところである。その点において、宗教学におけるポストコロニアル批評の理解は、まだ始まったばかりといえる。

このようなポストコロニアル批評の咀嚼という点では、現在展開されている東アジアにおける宗教概念の流用過程を西洋化および植民地主義の展開と結びつけて議論する研究は、大いに注目されるであろう。[28] たとえば、同じ東アジアにおいて西洋から移入された宗教概念は、中国と朝鮮半島、そして日本で同時発生的に起きたものではない。まず日本で「宗教」という漢語がレリジョンの翻訳語として成立し、日本を媒介として中国と朝鮮半島に普及していった。中国と朝鮮半島は西洋世界による植民地化と向き合わざるをえなかったが、それだけでなく日本という西洋の代理人とも格闘しなければならない入れ子状況に置かれていたのである。そしてまた、日本も西洋に対してはアジアであるが、東アジアに対しては西洋の代理人として、二重の性格をもって振る舞っていくことになる。

そのなかで、宗教概念に連動して、仏教や神道というアジア土着の由来をもつ諸概念が成立していき、西洋的な〈宗教と世俗〉の二項対立を建前として用いつつ、一方で西洋に対する抵抗の根拠として、他方で日本帝国への同化の根拠として、諸宗教の概念は政治的文脈のなかで意味づけられていったのである。一九三九年に刊行された『宗教学』をはじめとする宗教民族学者、宇野円空の一連の著作はまさにそのような大東亜共栄圏を日本が構築していく過程において支配論理として生み出されていった歴史的史料でもあるのだ。[29] さらに、そこにプロテスタンティズム流入以前の、近世初期におけるイエズス会の活動を加えるならば、カトリシズムとプロテスタンティズムが層を織りなしていった東アジア宣教の力動的な様相がより複雑に読みとられていくことであろう。[30]

さらに南アジアに目を転じるならば、すでに英語文学の領域ではゴウリ・ヴィシュワナータンが植民地インドと宗主国英国のあいだを横断する信仰者の往来をとりあげている。ヴィシュワナータンは、ウィリアム・ジェームズのプロテスタンティズム的な改宗論に異議を呈することで、宗教を社会的な批評行為として読み解くことに成功をおさめ、高い評価を得ている[31]。サイードは社会的な異議申し立てとして批評行為は世俗の領域において達成されると主張したわけだが、ヴィシュワナータンによってそれが公共領域の宗教行為のもつ潜在能力として読み直され、西洋的な世俗主義の批判として大きな可能性をもつにいたったと言えよう。はたしてポストコロニアル批評の唱える異種混淆性のアイデンティティ形成が宗教行為とどのように結びついていくのか。宗教学という狭い枠組みを取り払ったときに、ポストコロニアル批評さらには次に述べるポスト世俗主義の立場からの新たな研究の視野が開かれていく予感は強い。

そして、第三に加えられた特徴として、『ラウトリッジ版コンパニオン宗教研究』および『ブラックウェル版コンパニオン宗教研究』における、ジュディス・フォックスとスティーヴ・ブルースによる「世俗化 secularization」の議論がある。宗教をめぐる世俗化の議論は一九六〇年代にブライアン・ウィルソンやトーマス・ルックマンらヨーロッパを中心とする宗教社会学者によって牽引されていったが、その後のイラク革命や九・一一テロによってイスラーム原理主義の問題が前面に押し出されることで、今日では過去のものとなった印象がある。しかし、一九九〇年代に入って発表された「公共宗教 public religion」をめぐるカトリック圏であるスペインの宗教社会学者、ホセ・カサノヴァの議論によって、宗教をもっぱら私的領域に限定する理解がプロテスタンティズムに由来する局地的なものであり、宗教と公共領域の関係は世界規模でみれば今もなお衰えることなく続いていると考えられるようになった[32]。

『ブラックウェル版コンパニオン宗教研究』は、このあたり宗教復興の動きに機敏に対応したものになっており、マーク・ユルゲンスマイヤー「ナショナリズムと宗教」およびヘンリー・マンソン「原理主義」といった論文も収録されている。とくに、ユルゲンスマイヤーのものは西洋世界で成立した世俗的ナショナリズムに対して、グローバル状況が生み出す宗教的ナショナリズムに着目しており、タラル・アサドらによる「世俗主義 secularism」批判——ポスト世俗主義と呼ばれる——を視野に収めたものになっている。ポスト世俗主義は、カサノヴァの公共宗教論に後続する議論であり、それまでのプロテスタンティズムやカトリックといったキリスト教世界の内部からの議論に比して、イスラーム世界と中世キリスト教をふまえた近代西洋の啓蒙主義的な世俗主義に対する批判をおこなった点で、これまでにない斬新な議論であった(33)。

しかも、アサドのポスト世俗主義は単純な宗教復興論ではなく、むしろ宗教が私的領域に限定されていくことで、公共領域の世俗化が完成していくといった〈宗教／世俗〉の共犯関係的な二分法を、すなわち世俗を批判すると同時にそこで成立した宗教概念自体をも批判している点が、旧来的な世俗化の議論とは異なるところである。ここにいたって、一九六〇年代にはじまった世俗化の議論は、ポスト世俗主義として西洋の啓蒙主義的な宗教概念そのものを脱臼させる議論へと変貌を遂げていった。ただし、アサドがマッカチオンら宗教学者の宗教概念論と一線を画しているのは、たんに宗教概念のプロテスタンティズム中心主義や宗教学の政治性を指摘するに終始するのではない点にある。

むしろ、アサドはそのようなプロテスタンティズム的な宗教言説を超えて、どのように私たちが自分たちの主体やエージェンシーを構築していくかといった点に議論の最終的な目的を有している。その点で、後期フーコーの自己のテクノロジーの流れをくむ議論をビリーフとプラクティス——概念化された意識と身体実践と言い換えることもできる——の複合体としての主体構築の観点から展開しているところがもっとも注目されるべきである(34)。ここにおいて、宗教学の宗教概念論は、キャサリン・ベルらによって展開されてきた身体実践としての「儀礼論」と接合されて、主体構築の議論として位置づけなおされていく必要がある。その点からみれば、宗教概念論の先駆をなす宗教体験論もまた、たんに歴史主義的な言語ゲーム論としてではなく、身体と意識の交差する領域へ開かれていく主体再編の場として宗教体験を位置づけなおす積極的な議論に読み替えられていく必要があるのだ。

このような後期フーコーの議論と呼応しながら、主体再編の可能性をもったポスト世俗主義の議論はいまだここに紹介した四冊の入門書には含まれていない。しかし、二〇一一年に刊行された『ケンブリッチ版コンパニオン宗教研究』には、アサドの論文「宗教とビリーフ、そして政治を考える」が収録された。ここにおいて、英語圏の宗教研究の入門書は、ようやくポスト世俗主義を含むものとして編纂されることが可能になろう。むろん、アサドがユダヤ系のサウジアラビア人として、彼もまたポストコロニアル空間が生み出したメトロポリタン・ディアスポラの一人であることは忘れてはならない。ディアスポラの人類学者である彼の声を包摂したとき、もはや宗教学は固有なものとしてのプロテスタント的な宗教概念を保持しえなくなり、その概説書もまた宗教学から宗教をめぐる研究へと変容を遂げていくのである。

ただし、すでにアサドやカサノヴァの議論はヘント・デ・ヴリースが編纂したアンソロジー『政治諸神学――ポスト世俗世界の公共宗教 *Political Theologies: Public Religions in a Post-Secular World*』(二〇〇六年)[35]および『宗教――概念を超えて』(二〇〇八年)には含まれており、この二冊の論集がイスラームを意識したうえでのユダヤ・キリスト教の流れをくむ西洋的な宗教概念およびその世俗主義的な世界の再編をもくろんだ企画として登場していることは注目に値する。そもそもヴリース自身がオランダ出身の神学者として英語圏の影響を相対化できる立場にあり、すでに述べたようにその論集の内容も、宗教学者というよりは、ポストモダンの哲学者や神学者、ポスト世俗主義の人類学者や社会学者といった多岐にわたる、文字どおり宗教研究と呼ぶにふさわしい構成をとっていることも、もはや宗教学や神学が旧来のままでは宗教に関する積極的な議論を展開しえない状況にあることを如実に物語っているのである。

3　日本宗教研究の再編

以上、一九九八年から二〇〇八年の、一〇年余りにわたる北米を中心とする英語圏の宗教学の入門書の動向をたどってきた。そこには、宗教概念論にはじまり、ポストモダニズム、ポストコロニアリズム、そしてポスト世俗主義へと、議論の主題が変遷してきたことが確認された。北米の宗教学が、これらの人文学や社会科学の議論を咀嚼することに熱心であったこと、そして今日のグローバル言語である英語で書かれていることもあり、何よりも世界の宗教研究の先端をいく立場にあったことは確かである。北米、とくにアメリカ合衆国の大学には世界各地から研究者と学生が集まり、彼らがその地において、あるいは故国にもどることで、宗教研究における議論に強い影響力を与えてきた。とくに、第二次世界大戦以降、合衆国の政治・文化的傘下におかれた、日本をはじめとする東アジア諸国ではその影響力にはきわめて強いものがあると言えるだろう。

日本の宗教学についての結論を先に言ってしまえば、それは、かろうじて宗教概念論の議論を受容したものの、その背景にあるポストモダニズムやポストコロニアリズムの議論を北米同様にきちんと咀嚼することはできなかった。まず、日本の宗教学におけるポストモダンの理解は、宗教体験論の議論を摂取するさいにヴィトゲンシュタインの言語ゲーム論として受け止められた。しかし、そこから議論はあらゆる体験は言語的に規定されるという歴史主義的理解に閉塞していったために、その歴史的規定性から逃れることができなくなる。つまり、言語に規定された宗教体験もまた身体という物質性をもったものとして分節化されたものであり、その限りにおいて言語に回収されきることのない余白をはらむことが理解できなくなってしまったのである(36)。宗教体験という無限なるものとの同一化の記述を批判すると同時に、その同一化への志向性がいかなる人間にとっても否定しがたい欲求であることを認識できなくなってしまい、そのような志向性自体の誤謬を否定できる宗教学者こそが純粋な反省意識にたどり着けるのだという、やみがたい真理欲求に憑依されてしまったのである。

そこでは、本章で問題としたような、デリダ的なポストモダンのもつ同一性と差異の反復作用のうち、同一性への欲求を人間の普遍的欲求として、むしろ差異性を生みだす積極的な契機として受け止めることができなかった。そして、フーコーのような身体化された言説のもつ物質性（materiality）の問題を、言語では規定できない余白として他者に開かれた社会性の次元のもとに理解することもできなかったのである。言い添えるならば、このような純粋意識へのやみがたい欲求は、宗教体験論のみならず、宗教概念論の論者にも起こりうることである。自らの批判的言説がどのようなかたちで社会的な宗教言説に介入するのか、自らの同一性欲求を批判的に受け止めたうえで、自分の発話のあり方を社会的位相のなかで明らかにしていくことが求められるのであろう。差異化作用はつねに同一化欲求の裏返しにほかならず、その反復運動は批判的な言説に係わる研究者も免れえない歴史的規定力として働いていることをしっかりと認識していかなければならない。

次に、日本の宗教学におけるポストコロニアル批評の理解については、その発話主体であるディアスポラの知識人に対する理解が一面的に偏ってしまった。ポストモダン的な装いを纏ってきた宗教体験論と同様に、流行の西洋思想のひとつとして遠ざけてしまう傾向が強いのである。そこには、ポストコロニアル批評が、ポストモダン的な西洋の発話形態を有するものであるというだけでなく、旧植民地国のエリートによる、その西洋的な言説形態を横領することで、いまもって続く旧宗主国と旧植民地との経済・文化的な社会格差の告発の試みであることが、彼らと日本人が同じ非西洋側に属するものであるにもかかわらず、見逃されてしまっている[37]。そのようなポストコロニアル状況に対する感覚の鈍さというものは、日本の宗教学者を、安易に西洋に一体化させるポストモダニスト的な振る舞いか、その反動として非西洋側の一員に分類させてしまう土着主義者的な振る舞いかのいずれかの、二分法的な思考に走らせてしまう。

この二分法的な思考こそが、ポストコロニアル批評がもっとも批判するところであり、植民者にしても被植民者にしても、もはや西洋か非西洋の側かといった二項対立では収まらない異種混淆性を帯びた存在にほかならないということを、日本の宗教研究者もまた自らが属する社会の今日的状況として深く認識していかなければなるまい。それは、日本の研究者がポストコロニアル批評家の多くが属する植民地社会とは異なって、帝国を作った側の末裔であり、被害者の立場にたってポストコロニアル状況を認識することが困難を極めるという立場性が関係していると思われる。たしかに、日本は一方で非西洋国として西洋近代化に巻き込まれた犠牲者でもあるが、同時に同じ非西洋諸国に対しては、西洋の代理人たる帝国の支配者として自らの立場を築いてきた歴史を認める必要があるのだ。しかし、酒井直樹が指摘するように、日本社会は戦後の合衆国の占領政策との抱合関係によって、みずからの帝国の歴史を忘却する傾向にあり、宗主国であったという観点からポストコロニアル批評を読み直すという試みはきわめて容易ならざるものとなっている(38)。

ただし、だからといって、自分たちの位置を加害者と被害者という二分法のいずれかに置くということに終始してしまってはならない。韓国人に対する「良心的」日本の知識人といったとき私たちにはそのような思考法にもとづいて謝罪する日本人の姿が容易に想起されると同時に、それに対する反発も日本人の中から生じる。最終的にはそのような二項対立を歴史が生み出した重い過去として引き受けつつも、そこから一歩踏み込んでたがいの異種混淆性をアイデンティティの共通項として認識することで、たがいに積極的に踏み込んで干渉し合うような対話の場を切り開いていくところまで辿り着かなければならない(39)。

さて、このようなポストコロニアル批評の理解しがたさというものは、日本の宗教学に限られたことではないが、ことに宗教学という学問が一九二〇年代に移入されたマルクス主義という唯物論を拒否することで独自の言説を成立させてきたことと密接な関係をもつと言えよう。ポストコロニアル批評はマルクス主義と接合させることで、ポストモダニズムに社会矛盾や社会格差の問題を持ち込んだわけだが、日本ではそういった社会的身体性の次元へと関心を向けることが、唯物論を拒否して観念論的に宗教を論じる傾向が強いがゆえに困難になってきた。やはり、ここでもポストモダンの受容と同様に、観念のもつ物質性といった問題性が見落とされてしまっているのである(40)。

最後の問題として、日本の宗教学におけるポスト世俗主義の受容の問題がある。ポストモダニズムおよびポストコロニアル批評に比べて、一見すると、宗教学ではポスト世俗主義は抵抗なく受け入れられているような印象がある[41]。それは、ポスト世俗主義の議論が、一方で啓蒙主義的な世俗主義を批判する言説として登場してきたため、一九七〇年代にトーマス・ルックマンらの世俗化議論の影響を受けてきた日本の宗教学者たちに、宗教復興を称揚する言説として受け止められたためである。そこでは、現代社会はいまだ十分には世俗化を成し遂げることのできない、宗教的なものが根強く支配する世界であるという素朴な「宗教の回帰」言説が支配的となっている。それは、日本社会の西洋化を否定したがる土着主義者の言説に好都合なだけでなく、西洋的な宗教概念との同一化を図る宗教学のポストモダニストの言説にも、宗教という、かつての普遍的な価値観の再興を謳う点で、適応可能なものとなっている。

かれらが、西洋的な宗教概念を称揚するにせよ、非西洋的な宗教概念を主張するにせよ、そこで利害が一致するのは、宗教という言葉が普遍的概念としてふたたび脚光を浴びえるものだという信念を共有しているからである。彼らにとっては、宗教概念は依然として、かつて北米の宗教学を代表した宗教学者のミルチャ・エリアーデと同様に、人間の本質をなす普遍的なものとして存在し続けなければならないものなのである。このような立場からすれば、タラル・アサドのポスト世俗主義も、アラン・バディウのポストモダニズムも、あるいはゴウリ・ヴィシュワナータンのポストコロニアリズムも、すべて宗教的なものへの回帰を謳うものとして、自己の宗教主義的な立場（religionist）を肯定する読み方へと還元されていくことになる。しかし、アサドが自分は宗教の超歴史的定義を断念するものであると明言するように、ポスト世俗主義は、世俗や理性に代わって宗教を素朴に肯定するものではなく、むしろその世俗と宗教という二項対立の共犯性を、世俗とともに宗教という概念そのものを脱臼させることで克服していくことをもくろむものなのである。

ポスト世俗主義の言説のもとにおいてこそ、近代の世俗主義社会のもとで私的領域として成立した宗教概念は否定的に脱構築されていかなければならない。日本社会についてもまた、それが西洋啓蒙主義とは異なる宗教的社会だというような単純な反理性的言説によって理解されてはならず、むしろ〈宗教＝私的領域〉と〈世俗＝公的領域〉に分かつプロテスタンティズム的な二分法そのものが成立不能なものとして脱臼されていく場として受け止められていく必要がある。日本のポスト世俗主義者は、宗教が私的領域のみならず公的領域にまで浸透しているとするが、世俗との二分法のもとに生まれた宗教という概念で日本の社会をすべて理解し尽くそうとするその願望は、やはりやみがたい人間の普遍化欲求として批判的にとらえ返されていくべきであろう。

かつて宗教学は、その成立時期に、現実の宗教集団を個別宗教へ偏ったものとしてその宗教理解の非客観性を問題化してきた。しかし、宗教学の内外から宗教概念論が登場して以降、今度はみずからの言表行為も、ステレオタイプ化された宗教至上主義者（religionist）の言説として相対化されるにいたった。何にもまして、みずからの言表行為が歴史的制約を被った言説にほかならないという事実が受け止められないときに、ポスト世俗主義は素朴な宗教復興の言説として誤認され、宗教学者によってみずからの言説の普遍化を肯定する切り札として万雷の拍手とともに迎えられてしまうのだ。(42) そこに、かつて宗教体験論がポストモダニズムを誤って咀嚼したときのように、純粋性や普遍主義の欲求にポスト世俗主義の論者が憑依されてしまう危険性が生じる。

おそらく、宗教概念の普遍性や純粋性を信奉しないという意味で、複数の研究領域からなる宗教研究者はその病に侵されることなく、宗教を研究することが可能であろう。しかし、その一方で、宗教研究者が宗教学者の抱える病を嘲笑し、みずからが客観的であると信じるとき、あるいは自らは宗教的な超越性欲求とは無縁な存在であると考えるとき、今度は自分たちが宗教という同一化欲求の存在を認め損ない、一方的な差異化の戯れに落ち込んでいく社会還元主義へと宗教研究を矮小化させていくことになろう。これからの宗教研究は、宗教概念の固有性を差異化させつつも、その同一性への志向性が作り出す対話の場を、他者の眼差しへとみずからを曝す交渉の場として捉え直していくことが必要なのである。そうすることで、差異と同一性の反復過程、あるいは観念と物質性のはざまにわれわれは身を置くことができるようになる。

そこに、宗教概念の固有性を信ずる宗教学と、それを社会的要素に還元しようとする宗教研究といった二項対立を脱臼させていく可能性もまたはらまれている。そのうえで、みずからの言表行為を宗教学と名乗ろうが、宗教研究と名乗ろうが、それはどちらでもよいことである。なぜならば、そのとき口にする言葉はすでに脱臼させられてしまい、当初の真正さや純粋さは失われているからである。

おわりに

本章の論述によって、宗教学から宗教研究へと深まる、宗教をめぐる議論の展開を読者は確認することができたであろうか。日本の宗教学において、入門書的な概説書が機能しなくなってから約半世紀が過ぎたが、本章の記述によって、宗教学と宗教研究の敷居を越境するかたちで、宗教概念論および宗教体験論以降に展開されていったポストモダニズム、ポストコロニアル批評、そしてポスト世俗主義の理解がより生産的に咀嚼されていくことが前進するとすれば幸いである。

おそらく、一九六〇年代以降に宗教学がおちいった停滞は、日本における宗教概念の意義の失効のみならず、それを克服するための理論的な論者の数が圧倒的に不足していたことにも由来する。一部の者のみが学問の全体方向を決めるような理論的な方向づけに従事し、その他の大勢の者はそのような全体的な方向づけとはかかわりなく、個別の研究作業にいそしむといった二分法が成立してしまったのは、ひとり宗教学だけが陥った問題状況ではあるまい。そのことは、一部の者が学問の動向を決める覇権的なあり方を意味するだけでなく、一般の研究者のほうもそのような理論には批判的な関心をもたず、むしろ学界で支配的な理論を通俗化させることで自らを定位させようとする、知の共犯関係が働いていることを示してもいるのだ。そのような理論を研究する者と個別研究に専念する者との共犯関係によって、学会や学閥が維持され、研究者の社会的位置までが決定されていくことは、研究職に係わる仕事で生計を得ているものであれば、だれもが多少なりとも意識することであろう。

しかし、理論というものは、個別研究を無視した抽象的な枠組みを意味するものではない。それは、個別の経験論的な研究との往還関係のなかで、具体的な研究に基づきながらも、それを批判的に捉え返す審問の場として存在するものである[43]。そうであるならば、宗教におけるビリーフとプラクティスが呼応した関係にあるように、理論と実証研究はたがいを捉え返す介入的関係を保持していかなければなるまい。そのように考えたときに、理論への関心の放棄、さらには体系的な概説書を叙述する試みの放棄は、宗教学ならびに宗教研究をもっぱら学会や学閥によって維持される制度へと固定化させる動きへと連なるものである。むしろ、逆に個々の研究者はみずからの個別研究の領域を通して、理論的なるものを日常へと受肉化させ、そこから改めて批判的契機としてその抽象化の機能を回復させなければならない[44]。すべての研究者がそのような心構えで自分の属する研究の日常に介入するとき、宗教をめぐる研究は体系的かつしなやかな流動性を獲得して蘇生していくことになろう。

ようするに、私たちが何のために宗教を研究しているのか、その根本的な動機が問われ続けてきたのである。それは宗教を研究する者の地位を特権化するものではあってはならず、日常生活における他者の存在にむかって開かれてゆくものでなければならない。そのときに、宗教学や宗教概念が普遍的なものであるか否かといった議論そのもの——言い換えるならば、人間の存在の本質を宗教と名づけようとする欲求自体——が、タラル・アサドが言うように、もはや意味をなさないのである。

（1）以下、本章の宗教学の歴史については、磯前順一『近代日本の宗教言説とその系譜——宗教・国家・神道』（岩波書店、二〇〇三年）、同「〈日本の宗教学〉再考——学説史から学問史へ」（本書収録第4章）および全京秀「『宗教人類学』と『宗教民族学』の成立過程——赤松智城の学史的意義についての比較検討」（川瀬貴也訳『季刊日本思想史』第七二号、二〇〇八年）。

（2）京都学派の世界史の哲学と帝国主義の関係については、酒井直樹・磯前順一編『「近代の超克」と京都学派——近代性・帝国・普遍性』（以文社、二〇一〇年）に収録された、酒井・磯前・金哲論文を参考のこと。

（3）前者の例として近代日本の仏教研究、後者の例として宗教体験論の流れをくむ研究がある。文献としては、林淳・大谷栄一編「特集　近代仏教」（『季刊日本思想史』第七五号、二〇〇九年）、および深澤英隆『啓蒙と霊性——近代宗教言説の生成と変容』（岩波書店、二〇〇六年）。

（4）Mark C. Taylor, ed., *Critical Terms for Religious Studies*, Chicago and London: The University of Chicago Press, 1998. Willi Braun & Russell McCutcheon, eds., *Guide to the Study of Religion*, London and New York: Cassell, 2000. John Hinnells, ed., *The Routledge Companion to the Study of Religion*, London and New York: Routledge, 2005. Robert Segal, ed., *The Blackwell Companion to the Study of Religion*, Oxford and New York: Blackwell Publishing, 2006.

（5）このあたりの推移を示す論文として、Jun'ichi Isomae, "Study of Religion under Postcolonial Situations," in *The Council of the Societies for the Study of Religion Bulletin*, 35/4, 2006.

（6）スミスの立場をよく示す著作として、Jonathan Z. Smith, *Imagining Religion: From Babylon to Jonestown*, Chicago and London: The University of Chicago Press, 1982. Jonathan Z. Smith, *Relating Religion: Essays in the Study of Religion*, Chicago and London: The University of Chicago Press, 2004.

（7）その立場を端的に示した作品として、Mark C. Taylor, *After God*, Chicago and London: The University of Chicago Press, 2007.

（8）その成果が、ミシェル・フーコーほか『自己のテクノロジー——フーコー・セミナーの記録』一九八八年（田村俶・雲和子訳、岩波書店、一九九〇年）。

（9）北米の宗教諸学会の動向については、Donald Wiebe, "Religious Studies," in Hinnells, ed. *The Routledge Companion to the Study of Religion.*

(10) マーク・C・テイラー編『宗教学のためのクリティカル・ターム』一九九八年（奥山倫明監訳『宗教学必須用語22』刀水書房、二〇〇八年）。この日本語訳は行き届いた配慮のもとに平易な訳文として作られているが、宗教概念が学問的な作為性によってもたらされたことを指摘するスミス論文の肝心の末尾は、残念ながらその趣旨が読み取りにくいものになっている（同書、二八七―二八八頁）。

(11) マーク・C・テイラー「序論」（『宗教学のためのクリティカル・ターム』一一頁、磯前一部改訳）。

(12) ロバート・シャーフ「体験」（『宗教学のためのクリティカル・ターム』四〇九頁）。

(13) ガヤトリ・チャクラヴォルティ・スピヴァク『ポストコロニアル理性批判――消え去りゆく現在の歴史のために』一九九九年（上村忠男・本橋哲也訳、月曜社、二〇〇三年）。

(14) 筆者のポストモダニズム理解については、磯前順一「外部性とは何か――日本のポストモダン　柄谷行人から酒井直樹へ」（『閾の思考――他者・外部性・故郷』近刊）。

(15) 筆者のポストコロニアル理解については、磯前順一「ポストコロニアリズムという言説――ホミ・バーバ　その可能性と限界」（前掲『閾の思考』）。

(16) Richard King, "Orientalism and the Study of Religions," in Hinnells, ed., *The Routledge Companion to the Study of Religion.*

(17) Timothy Fitzgerald, *The Ideology of Religious Studies,* New York and Oxford: Oxford University Press, 2000. Russell T. McCutcheon, *Manufacturing Religion: The Discourse on Sui Generis Religion and the Politics of Nostalgia,* Oxford: Oxford University Press, 1997. タラル・アサド『宗教の系譜――キリスト教とイスラムにおける権力の根拠と訓練』一九九三年（中村圭志抄訳、岩波書店、二〇〇四年）。

なお、同じ宗教概念論に携わる者でも、その学問的背景が異なることもあって、マッカチオンとフィッツジェラルドを宗教否定者として退け、アサドを宗教至上主義者（religionist）として称賛する解釈が日本の宗教学の一部には存在する。しかし、アサド自身が言明するように、彼は宗教概念の全否定にも興味はないが、超歴史的な普遍的概念として復活させることにも関心はないのである。では、筆者らの立場から見て、アサドとマッカチオンらの違いがどこにあるかについては後述する。

(18) Donald Wiebe, "Religious Studies," and Robert Segal, "Theories of Religion," in Hinnells, ed., *The Routledge Companion to the Study of Religion.*

(19) ジェームス・クリフォード／ジョージ・マーカス編『文化を書く』一九八六年（春日直樹ほか訳、紀伊國屋書店、一九九六年）。

(20) タラル・アサド『世俗の形成——キリスト教、イスラム、近代』二〇〇三年（中村圭志訳、みすず書房、二〇〇六年）。シーガルの議論は他に、Robert Segal, *Religion and the Social Sciences: Essays on the Confrontation,* Atlanta: Scholar Press, 1989.

(21) 増澤知子『夢の時を求めて——宗教の起源の探究』一九九三年（中村圭志訳、玉川大学出版部、一九九九年）、McCutcheon, *Manufacturing Religion.*

(22) Eric Sharpe, "The Study of Religion in Historical Perspective," in Hinnells, ed., *The Routledge Companion to the Study of Religion,* p. 39.

(23) Paul Heelas, "Postmodernism," in Hinnells, ed., *The Routledge Companion to the Study of Religion.* Johannes Wolfart, "Postmodernism," in Willi Braun & Russell McCutcheon, eds., *Guide to the Study of Religion.*

(24) Colin Campbell, "Modernity and Postmodernity," in Segal, ed., *The Blackwell Companion to the Study of Religion,* p. 315.

(25) Hent de Vries, ed., *Religion: Beyond a Concept,* New York: Fordham University Press, 2008.

(26) Talal Asad, "Response," in David Scott and Charles Hirschkind, eds., *Powers of the Secular Modern: Talal Asad and His Interlocutors,* Stanford and California: Stanford University Press, 2006, pp. 230–232.

(27) Tomoko Masuzawa *et al.*, "A Quarter Century of Interrogating Religion: From *Imagining Religion* (1982) to *Religion: Beyond a Concept* (2008)," in NAASR Panel at the 2008 Annual Meeting of the Society of Biblical Literature.

(28) Cho Sungtaek, "The Formation of Modern Buddhist Scholarship: The Case of Bak Jong-hong and Kim Dong-hwa," in *Korea Journal,* Spring 2005. Vincent Goossaert, "The Concept of Religion in China and the West," in *Diogenes,* 52-1, 2005. Jun'ichi Isomae, *The Genealogy of Religious Discourse in Modern Japan: Religion, State and Shinto,* Leiden, Boston &

Köln: Brill, forthcoming.

(29) 全前掲「『宗教人類学』と『宗教民族学』の成立過程」、全京秀『韓国人類学の百年』一九九九年（岡田浩樹・陳大哲訳、風響社、二〇〇四年）。

(30) George Elison, *Deus Destroyed: The Image of Christianity of early Modern Japan*, Harvard University Asia Center, 1973. Liam Matthew Brockey, *Journey to the East: The Jesuit Mission to China, 1579-1724*, Belknap Press of Harvard University Press, 2007.

(31) Gauri Viswanathan, *Outside the Fold: Conversion, Modernity, and Belief*, Princeton: Princeton University, 1998（第二章のみ、三原芳秋訳「否認の原理」『みすず』第五七六—五七八号、二〇〇九年、として日本語訳あり）。

(32) ホセ・カサノヴァ『近代世界の公共宗教』一九九四年（津城寛文訳、玉川大学出版部、一九九七年）。

(33) 筆者のポストコロニアル理解については、磯前順一「他者と共に在ること——ディアスポラの知識人　タラル・アサド」（前掲『閾の思考』）。

(34) アサド前掲『宗教の系譜』、同『自爆テロ』二〇〇七年（苅田真司訳、青土社、二〇〇八年）。

(35) Hent de Vries and Lawrence Sullivan, eds., *Political Theologies: Public Religions in a Post-Secular World*, New York: Fordham University Press, 2006.

(36) 磯前順一「歴史と宗教を語りなおすために——言説・ネイション・余白」（『喪失とノスタルジア——近代日本の余白へ』みすず書房、二〇〇七年）。

(37) ポストコロニアル批評のそのような性質を示すものとして、次の著作がある。ガヤトリ・チャクラヴォルティ・スピヴァク『サバルタンは語ることができるか』一九八八年（上村忠男訳、みすず書房、一九九八年）。

(38) 酒井直樹『日本／映像／米国——共感の共同体と帝国的国民主義』（青土社、二〇〇七年）。そのような帝国日本の歴史を踏まえた試みとして、酒井直樹「『日本人であること』——多民族国家における国民的主体の構築の問題と田辺元の『種の論理』」（『思想』第八八二号、一九九七年）、磯前順一「モダニティ・帝国・普遍性——『近代の超克』と京都学派」（前掲『閾の思考』）。

(39) 윤해동「식민지 인식의『식민지의 회색지대』역사비평사 2003 년」（尹海東『植民地のグレーゾーン』歴史批評社、二〇

〇三年、その部分的な日本語訳として、同「植民地認識の『グレーゾーン』――日帝下の『公共性』と規律権力」藤井たけし訳『現代思想』第三〇巻六号、二〇〇二年）、磯前順一「帝国の記憶を生きる――ポストコロニアル批評と植民地朝鮮」（前掲『閾の思考』）。

（40）宗教という観念のもつ物質性の問題については、すでにタラル・アサドがバフチンの議論を引きながら言及している。David Scott, "The Trouble of Thinking: An Interview with Talal Asad," in Scott and Hirschkind, eds., *Powers of the Secular Modern*, pp. 243-304.

（41）このような日本におけるポスト世俗主義の積極的な理解として、島薗進による一連の国家神道論がある。代表的な著作として、島薗進『国家神道と日本人』（岩波新書、二〇一〇年）。

（42）そのような宗教学の態度を端的に示すものとして、土屋博「書評論文『岩波講座宗教』――宗教論の曲り角」（『宗教研究』第八〇巻一号、二〇〇六年）。

（43）本章でいう批判（critique）とは、フーコーが言うように、「主体がみずからに、権力の効果という観点から真理について問う権利と、真理のディスクールという観点から権力について問う権利を与える運動に他ならない……批判は一言でいえば、真理の政治学とでも呼べるゲームにおいて、本質的に主体が服従から離脱する機能をはたす」ものである。ミシェル・フーコー「批判とは何か――批判と啓蒙」一九七八年（同『わたしは花火師です』中山元訳、ちくま学芸文庫、二〇〇八年、八一頁）。この批判をめぐる議論については、下記の文献での、タラル・アサドとジュディス・バトラーの応答を参考とした。Talal Asad, Judith Butler *et.al.*, *Is Critique Secular? Blasphemy, Injury, and Free Speech*, Berkeley, Los Angeles and London: University California Press, 2009.

（44）今日的な知のあり方については、磯前順一「変貌する知識人――知と身体」（安丸良夫・喜安朗編『戦後知の可能性――歴史・宗教・民衆』山川出版社、二〇一〇年）。

〔付記〕本章は、もともと山本達也氏との共著論文「宗教研究の突破口――ポストモダニズム・ポストコロニアル批評・ポスト世俗主義」（磯前順一・山本達也編『宗教概念の彼方へ』法藏館、二〇一一年）として発表されたものである。この執筆作業は磯前がすべての原稿を書き、山本氏が部分的な補筆をおこなった。その大半が磯前の責任にもとづくものであるため、山本氏の許可を得て、本書に収録させていただいた。収録を快諾してくれた山本氏に感謝の意を捧げたい。

3章　宗教概念あるいは宗教学の死

宗教概念論から「宗教の回帰」へ

一九九〇年代の宗教概念論から二〇〇〇年代の「宗教の回帰」へと宗教研究の方向性は大きく変わりつつある。それは、極言するならば、プロテスタンティズム中心の宗教概念を厳しく批判する姿勢から、むしろキリスト教をふくむ宗教というものの可能性を積極的に論じようとする傾向への方向転換であった。それは欧米の宗教研究のみならず、日本でもほぼ時期を同じくして見られた傾向であった。しかし、日本の場合にはこれらの傾向が時期的に移行したというよりも、宗教概念の西洋中心主義やその政治性を批判する宗教概念論は歴史学や人類学によって支持され、宗教の可能性を謳う「宗教の回帰」論は宗教学において強い関心のもとに受け入れられてきたとみるべきであろう。すなわち、宗教概念論と「宗教の回帰」は同じ宗教研究のなかでの主要関心の変動というよりも、異なる分野、すなわち宗教という概念を中核に据えることで成立しえる学問と、そうではない学問との、宗教概念に対する距離の違いにもとづいてその受容のあり方が分かれてきたと見るべきと思われる。

日本におけるこれらの研究動向の受容のあり方については前章を読んでいただくとして、ここでは西洋におけるこれらの関心の時期的移動を批判的に検証しながら、宗教概念論あるいは「宗教の回帰」として総称されるこれらの動向の内部に存在する違いを摘出し、そこから今日も継承すべき長所を有する議論の可能性を引き出していきたい。以下、本章は、「1　宗教概念論を超えて——意識と身体実践」から「2　宗教の回帰——信頼の賭けと世界宗教論」へと展開する二節構成のもとに、一九九〇年代以降、現在にいたる宗教研究の研究を「宗教概念論」から「宗教の回帰」という切り口のもとに分析していきたい。

I　宗教概念論を超えて――意識と身体実践

宗教概念への疑い

宗教（religion）という言葉のもとになったレリギオ（religio）という言葉は古代のローマ時代にあらわれ、キリスト教の教父たちによって神と人を結びつける絆という意味で用いられはじめた。そして、もっぱらキリスト教を意味する言葉、宗教となったが、西洋世界が大航海時代を経て非西洋世界の諸宗教を知るようになり、それらを包括する場として宗教という言葉が近代の植民地状況のなかで定着するようになった。しかし、それはあくまでもキリスト教を最上位として、他宗教をその下位におく、きわめて西洋中心主義的な、帝国主義的ともいえる概念であった[1]。

さらに、宗教改革が起こると、キリスト教のなかでもプロテスタンティズムと結びつき、国家権力との対抗関係から、宗教は個人の私的領域に属するものとして限定され、国家権力の支配する世俗化された公的領域とは明確に区別されるようになる。その典型的なものが、戦後の日本社会も採用する政治制度、政教分離である。明らかに、その歴史は宗教という概念がまぎれもなく西洋世界の歴史的産物であることを物語っている。しかし、当事者である西洋世界も、その植民地的膨張によってその概念を受け入れることを余儀なくされた、日本をはじめとする非西洋世界でも、この概念がきわめてキリスト教中心主義的な偏りを含んだものであることを指摘する声はほとんど聞こえてこなかった。

ようやく、この宗教概念のもつ西洋中心的な性格が欧米社会で問題されはじめたのは、一九九〇年代になってからのことである。その代表的研究者が宗教学者のラッセル・マッカチオンと人類学者のタラル・アサドであった。マッカチオンは、宗教学という学問が、キリスト教や仏教など、特定の宗教に対して偏ることのない客観的で公平な立場をとっていると唱えてはいるものの、一方で望まれるべき理想的宗教の姿を想定することで、現実の宗教のあり方とはかけはなれた理想化を「宗教概念そのもの *sui generis* religion」に対してほどこしたと厳しく批判した。つまり、宗教学者が、各宗教の信仰者が自宗教を是とする立場に対しては、それを規範的あるいは神学的であると退けたにもかかわらず、これらの各宗教を包摂した「宗教そのもの」という概念そのものに対してはきわめて肯定的な価値観を保持してきたことを、マッカチオンは問題にしたのである(2)。

このような立場はカルチュラル・スタディーズの隆盛と呼応することで、客観的中立性を称えてきた学問の政治性を一挙に問題とする姿勢を宗教学にもたらした。それを推進した研究団体として北米宗教学会（North American Association for the Study of Religion）をあげることができる。アメリカ合衆国北部のヴァーモント大学を拠点とするこの研究団体はミシェル・フーコーの権力論をかれらなりに咀嚼することで、宗教学ならびに宗教概念が現実の日常生活にもたらす政治的影響力を議論の俎上にのせたのである(3)。

宗教概念論争の限界

このような宗教学の立場性を問題にする動きは日本にもみられるようになる。一九九五年に新宗教団体であるオウム真理教による地下鉄でのサリン散布事件が起きると、宗教学に対する批判が浮上してくる。当初、その批判は、オウム真理教を擁護してきた一部の宗教学者に対して、その教団の反社会的性格を問おうとしない姿勢を問題化するかたちで、弁護士やジャーナリストからなされた。それが次の段階になると、そのような宗教団体に対する認識の甘さが、たんに特定の学者の個人的な資質によるものではなく、宗教学が抱える根本的な性質、すなわち宗教概念の理想化に由来するものではないかという指摘が筆者らによってなされる。ここにいたって、これまで宗教現象に対してみずからの立場を客観的中立的で、特定宗教を奉じる信仰者よりも、また世俗的な立場の研究者よりも、だれよりも宗教そのものをよく理解しているとした宗教学者の自己理解はきわめて怪しいものとなっていった。[4]

しかし、このような理解は、宗教学および宗教概念というものが日常のいかなる政治関係の影響も被らない超越的なものであるとする立場を突き崩すものであり、旧弊的な宗教学者や神学者から強い反発を買うことになる。たとえば宗教学および宗教概念批判が展開される過程で、マッカチオンや、後述するアサドの研究が日本に紹介されてきたが、それはもっぱら宗教学の外部や外縁部でなされたものであり、保守的な宗教学者はこれらの研究やオウム真理教事件を通した宗教学批判に対して、ほとんど反応を示してこなかった。

むしろ、その反動として、宗教という概念はいまもなお客観中立的なものであり、その概念をつかさどる宗教学こそが真の超越的かつ普遍的な認識を保有しているという立場を、宗教学者は自分たちの守るべき信念としてより強固に打ち出すようになっていった。[5]むろん、その保守化の動きは、宗教学を人文科学や社会科学のなかで孤立化させることになる。少なくとも日本においては、一般社会に対して説得性のある言葉をもちえなくなってしまった。その時点で、宗教概念およびそれに支えられた宗教学は死を迎えたのだと言ってもよい。それ以降、宗教を論じる学問は、宗教という概念の純粋性を信じる宗教学ではなく、むしろその社会的・政治的な文脈を検証しようとする社会学や人類学、あるいは歴史学などの、西洋中心主義的な宗教概念を自明としない宗教研究によって推進されていくことになる。

一方で、北米宗教学会に関係する研究者たちのフーコー理解、さらにはジャック・デリダを含むポストモダニズム理解にも十分ではない点が多々あり、宗教概念および宗教学の政治性をめぐる議論は袋小路に入り込んでしまった感がある。[6]たとえば、宗教学を批判する研究者のなかには、マッカチオンやティモシー・フィッツジェラルドのように、宗教という概念に代えて、文化という概念を用いることを提唱するものがいる(7)。しかし、文化という概念は宗教という概念が世俗化されたものにすぎず、宗教という概念が問題であれば、文化もまた同様の問題をまぬがれることはできない。すでに文化人類学が問題にしているように、文化という概念もまた西洋が植民地を支配するさいに用いられた政治的な性格をもつものであり、西洋中心主義と密接な関係を有している。宗教という概念が西洋中心主義だから、他の概念を用いればよいというのは、あまりにも認識論的に素朴な議論であろう。

問題は、宗教にせよ文化にせよ、概念それ自体が暴力的な性格をもつということなのである。いずれもそれらが西洋の帝国主義と結びついて用いられてきたがゆえに、西洋中心主義という批判をまぬがれることができないのはすでに指摘したとおりである。だが、たとえ、フィッツジェラルドが促すように西洋出自ではない日本の言葉を用いたにせよ、それもまた日本中心主義になるという点で、概念のもつ地域的あるいは時代的な偏りというものはいかなる場合にも避けがたく見られるのだ。だとすれば、西洋中心主義的な偏りをもつ宗教概念を、本当に客観的で中立的な概念に取って代えるという発想自体が、いかなる概念にせよ、歴史的な偏りをまぬがれないのが事実である以上、不可能なことなのである。そのような発想をするマッカチオンらもまた、かれらが批判する旧弊的な宗教学者と同じように、依然として客観的で中立的な概念を求めるという病に憑りつかれていると言わなければならない。

むしろ、あらゆる概念が歴史的偏りを有するものであることを積極的に認めたうえで、その概念を脱臼させていくという戦略が重要になろう。概念というものが歴史的制約を被ったものであることは事実だが、一方で人間は概念を通してこそはじめて物を明確に認識できるのであり、その意味で概念というものは歴史的偏りをもつがゆえに、はっきりとした焦点を事物に当てることができる。その意味で概念のもつ偏りというものはマイナスの側面だけでなく、プラスの意味を兼ね備えた両義的なものとして捉えられるべきものなのである。

西洋中心主義といった批判では、その概念の偏りが固着化して、他のものの見方への可能性が遮断されてしまう。

自分が馴染んだものの見方でしか世界を認識することができなくなり、その見方こそが唯一正しく、他のものの見方を一方的に歪んだもの、あるいは野蛮なものだと退けてしまうその態度が批判されなければならないのだ。それは西洋中心主義のみならず、その代替思想として現れる日本主義をはじめとする土着主義にも当てはまる問題である。マッカチオンたちは宗教概念および宗教学の西洋中心主義を看破したことで、自分たちの認識こそが客観的で中立な、ゆがみのないものになりえると信じたわけだが、それ自体が幻想として批判されなければならなかったはずである。どれだけ厳しく西洋中心主義を批判したにせよ、マッカチオンやフィッツジェラルドの批判の言葉づかい自体が西洋的な語彙のなかで展開されたものであることを彼らは自分自身の問題として見逃してしまう。

問題の打開点は、西洋中心主義的な思考の完全な外部に立ちえることを想像することにはない。むしろ、みずからをも支配する西洋的思考の圏域の内部に属しながらも——それは今日のグローバル化状況において日本人の研究者もまた例外ではない——、その内部に従来の西洋的思考におさまらない余白をみいだし、みずから西洋的思考を駆使しながらも、その内側から西洋中心主義的な思考を脱臼させていくことなのである。[8] そのためには、宗教概念を完全に捨て去るといった、実現不可能なことを志向するのではなく、西洋に出自をもつ宗教概念を依然もちいながらも、その概念の含意する意味を内側からずらし、自己との同一性を断ち切ったうえで、内部から変えていくことが大切になる。それがデリダの言うところの、「脱構築」の思考である。[9]

たとえば、第II部で論じるように、宗教概念は日本に移入されて浸透していくなかで、日本社会によって変質を促され、西洋出自の語彙でありながらも、西洋社会とは異なる含意を帯びるようになっていったのである。多くの日本の研究者はこのような意味の変質過程に気づかず、日本社会を論じるさいにも、プロテスタンティズムと同じ定義のもとに宗教概念をもちいたり、それとは正反対に西洋的な概念をいっさい排除したかたちで日本社会の宗教を論じようとしてきた。しかし、望ましい答えは、そのような西洋への同化か、その排除かといった二項対立的な思考のうちにはどこにも存在しない[10]。

日本における宗教概念のあり方は、日本人がいまも宗教という言葉を自分たちの社会状況に応じてもちいているように、西洋の宗教概念の基本的枠組みを継承しながらも、その含意する内容を日本の社会に応じて読み替えていくなかで生みだされてきた。であるとすれば、研究者がなすべきことは、西洋的な宗教概念への同化かその排除かといった二項対立的思考をとることではなく、同じ宗教という言葉のもとに読み替えられていった概念の変容過程を、言語化することで対象化していく作業なのである。同じ宗教という名前のもとに読み替えられていった意味の痕跡を読みとっていくこと、それがキリスト教中心主義的な宗教概念を「脱構築」することなのだ[11]。もう一度言えば、それは宗教概念の破壊でも肯定でもなく、その言葉の意味する内容をずらして脱臼させていく作業なのである。

しかし、それは、すでに死に体となった既成の宗教学や宗教概念を、自分の社会地位やアイデンティティがそこに属してきたからといって、再度安全なものとして確保するような保身的な試みとは厳密に区別されなければならない。宗教概念の装いを変えながらも、それを語る宗教学者の社会的地位やアイデンティティを、それ以前の時期からの同一性のもとに保持しようとすることは不可能なことなのだ。もし、宗教概念を語りなおそうとするならば、宗教学者は一度そのアイデンティティの同一性を解体しなければならない。むろん、その解体は、宗教学者の日常に卑近なものとしてある学閥としての人間関係や社会秩序を転覆させていくところからでなければ始まらない。なぜならば、脱構築の行為とは、あらかじめ自分の日常やアイデンティティを肯定する予定調和な願望とは相容れないものだからである。わたしの言う「宗教概念の破壊でも肯定でもなく」といった行為は、自分の日常が解体に追い込まれ、どのようなものへと転生していくか、予測もつかないような決定不能性へと自分を曝さなければ決して手に入らないものである。その解体作業の果てに、それを宗教と名づけるかどうかは、あらかじめ個々の研究者が見定められるような矮小なものではない。

それはもちろん日本にとどまらず、西洋化の影響のもとにおかれた非西洋の諸地域において必要とされる作業である。同時にマッカチオンたちが、西洋人でありながらも、そのキリスト教中心主義的な概念に危機感を覚えたように、西洋においても他文化理解のみならず自文化理解にとって、そのあまりに固定化されたものの見方は、あるときは他者とのコミュニケーションを困難におとし入れ、あるときには自己理解をあまりに偏頗なものにする障害となる。そして、このような意味のもとに、宗教概念の更新をおこなってきたのが、次に紹介する人類学者のタラル・アサドである。

宗教の語りなおし

アサドは宗教をめぐる超歴史的な定義——言いかえれば宗教という概念を普遍的なものとする試み——にはまったく関心がないとしたうえで、宗教的な主体をビリーフ（belief）とプラクティス（practice）の重なり合いとして捉えなおす。ここでいうビリーフとは教義のような言語化された信条であり、人間の意識と密接なかかわりをもつ。一方、プラクティスとは儀礼のような身体的実践を指すものであり、必ずしも概念化された教義の媒介を必要としないものである(12)。

ビリーフの典型的な例が、聖書などの経典を読む行為である。経典を読むことで、われわれは宗教の教えを概念化したかたちで、意識を通してみずからの主体に理解させようとする。一方、プラクティスの典型的な例として、受験での合格を祈願して神社でお賽銭を投げいれる行為をあげることができる。なぜ、合格するためにお金を神様に向かって投げいれる必要があるのかを、われわれは通常、自分でも理解していない。そもそも、自分が本当にその神様を信じているかどうかも怪しい。しかし、それでもわたしたちは神社で祈願をすると、妙に安心を得ることができるのだ。このような宗教の身体実践の例は、人間が自分の意識とは無関係に、身体的な儀礼をおこなっていることが頻繁に存在することを思わせる。一方で、人間の意識的次元もまた身体から切り離され、言語的世界にのみ埋没していると言える。

アサドはこのような人間の意識と身体の切断を近代に特徴的な関係として批判的にとらえ、そのような切断をもたらしたのが近代西洋のプロテスタンティズムであったとする。そこでは人間の内面が意識とのみ閉鎖的に結びつけられた結果、みずからの身体感覚からも、自分が属する共同体からも遮断され、身体や共同体への感覚を喪失してしまうのだと難じられている。そこから、みずからの身体を、性的快楽へといざなう悪として排除する価値観も成立してくる。あるいはその反動として、宗教をもっぱら身体的なものの復権としてとらえ、やはり意識と分離したかたちで身体的な感覚に自己を埋没させていく例も近代には多々見られてきた。前者のような意識中心主義の立場は、宗教とは言語の活動によってもたらされるものであり、その言葉をつかさどる知識人こそが理想的な宗教を具現化するという極端な理解をもたらす。一方で、後者の理解が民衆的な日常世界の一方的な称揚であったり、性的な感覚への同一化など、極端に身体的世界だけを特権化する立場を招き寄せてきた。

アサドによれば、そのいずれの立場もが意識と身体を相互排他的な二項対立関係として捉えるプロテスタンティズム的理解から生じてきたものであり、中世カトリシズムの修道院生活やイスラームでは、むしろ両者を重ね合わせることで主体を構築してきたのだという。そこでは、身体実践から意識が概念的な意味を汲みあげ、たえず身体活動を反省的に捉え直していく一方で、ややもすれば固定化しがちな概念的な意味を身体実践が無意識の深みから覆していくといった反復的な往還関係がみられる。そうすることで、主体は特定のイデオロギーやアイデンティティのあり方——たとえば自分はキリスト教徒であるとか、日本人であるとか、あるいは生来の善人であるとか——に固着することを免れ、変動してやまない生活世界での新たな他者との出会いに開かれていく。

この点に関して、現代思想の理論家である酒井直樹は、人間の主体というものが漢字書きの「主観」とカタカナ書きの「シュタイ」で表現される二種のものからなると述べている。酒井においては、主観が人間の意識に相当するのに対して、シュタイは人間の身体に対応するものである。酒井においては、人間の意識は独我的で透明な純粋性を志向するものとされるのに対して、身体は人間関係の網の目のなかに組み込まれ、他者との共同性に開かれていくものとされる。(13)人間の意識は他者の存在と関わりなく、独我論的な思考をもつとされるが、それに対して身体は物理的な存在として他者とともにある空間のなかへとすでに投げ込まれている。それゆえに、自己中心的になりがちな人間の意識活動——あるいはそこから生じる思考——を、身体は他者との関係性のなかに投企することで、自己に埋没しがちな意識や思考を他者のまなざしのもとに脱中心化する役割をはたしていく。

さらに、酒井の議論で注目されるのは、身体によって不可避にもたらされる他者との共同性が、たがいに理解しあえる心地よさだけをもたらすのではなく、むしろつねに互いの誤解や理解を拒む姿勢をも誘発するとされていることである。わたしたちが自分の日常生活において頻繁に体験しているように、他者との出会いはつねに心地よいものとは限らず、自分の家族や恋人あるいは友人との関係においても、私たちは互いの理解のできなさや意見の齟齬に悩まされ、傷つけ合う関係性におかれている方がむしろ通常のかたちであるとも言えるだろう。

そもそも、「他者」という言葉は、哲学者のエマニュエル・レヴィナスが言うように、相手の存在が理解不能な側面をふくんでいることを意味する。(14)それが相手の存在をたんなる他人と呼び表すのではなく、あえて他者と名づける所以である。レヴィナスはそのような他者同士である人間が不可避に互いを傷つけ合う関係にあることを人間の本源的な特質として、可傷性と呼んだのである。(15)そして、酒井はこのような齟齬をふくむ人間のコミュニケーションのあり方を、共約不能性と呼んだ。しかし、酒井もレヴィナスも、その意志伝達に困難があるから、人間は自己の世界に引きこもるべきだというのではない。自分の身体がすでに他者とともにある共同性の世界のなかに投げ込まれてしまっている以上、私たちは、その理解不能さを抱えつつも、他者とともに生きざるをえない存在なのである。だとすれば、その理解不能さゆえに他人を排除したり、コミュニケーションを遮断するのではなく、むしろその理解不能さをわたしたちの関係性の中核に積極的に据えていくことが必要となる。

わたしたちは、おたがいの理解不能さに戸惑う感覚を人間関係のあらたな絆として捉えることで、理解の困難さを、他人を傷つけてもよいことの理由に帰するのではない。むしろ、本源的におたがいを傷つけてしまう関係におかれているからこそ、たがいを配慮し、誤解や齟齬を自分たちの本質的な関係が生み出すものとして進んで引きうけ、たがいの存在を許し合う共同性を構築していくことができるようになる。そこに、たがいの理解を困難ならしめる「他者」が共存していく新たな可能性が開かれているといえよう。むろん、それは楽天的で予定調和な関係ではない。むしろ、きわめて緊張感に富んだものとなる。それゆえに、哲学者のジャック・デリダは、このようなともに在ろうとする人間の意志を「信（foi）」と呼んだ。それは、こちらが信頼しても見返りがないかもしれない不確かさのなかで、あえて相手を信じようとする賭けなのだ。デリダはそこにわれわれの人間関係が宗教性を帯びる契機を見いだそうとする。

このように考えたとき、従来のプロテスタント中心主義的な宗教理解は、あまりにも人間の意識に偏った立場のものとして批判されることになろう。そして、その批判を展開してきたマッカチオンやフィッツジェラルドもまた、人間の意識や思考にのみ依拠した批判を展開してきた点で、やはりプロテスタント中心主義的な宗教理解の域を超え出るものではなかったことがわかる。そのような理解が極端なかたちをとった例として、宗教とは言語構造によってのみ規定されるとする見解がある。しかし、すでに酒井やアサドの二重性をもった主体論をみてきたわたしたちからすれば、そのような理解がいかに観念的な自己意識に埋没したものであり、みずからの身体感覚を見失った自意識過剰な知識人の立場からなされたものであるかがわかるであろう。

たしかに人間の世界認識のあり方は、その人間が属する言語体系の構造によって強く規定されている。それは、ヴィトゲンシュタインの言語ゲーム論が明らかにしたところである[16]。しかし、一方でその言語構造そのものが、非言語的な身体的世界での活動によって掘り崩され、あらたな構造へと更新されていくことを見過ごしてはならない。言語的世界は酒井が懸念するような独我論的な閉鎖性のみに回収されていくものではない[17]。それは、言葉という、身体的個別性から分離した抽象的な媒体によって、人間と人間のあいだを結びつける意志伝達的な役割をもはたすのである。言語をとおして自己を取り巻く世界を概念化するわたしたちは、言語をとおして世界を理解し、たがいの共約的な世界認識を構築する。その意味で、言語とつよく結びついた私たちの意識や思考というものは、世界に埋没しがちな私たちの身体的世界を対象化し抽象化する働きをもたらす。

宗教におけるビリーフ、すなわち教義や信念といったものは、このようにして私たちの意識を日常的な習慣から切り離す作用をもつ。一方で、酒井が肯定的に語った身体的な世界というものも、他者とのあらたな出会いをもたらす場としてだけでなく、自分が他者や国家の権力によって、意識を通さずとも、身体の規律化を通して容易に馴化されてしまう場にもなる。ミシェル・フーコーが明らかにするように、監獄や学校といった空間は国家権力が国民を身体的次元から規律化する場として機能してきた[18]。戦前の日本社会でも、神社や宗教教団が国家神道や天皇制を国民に布教する場となってきた。今日の宗教研究が注目する宗教的儀礼とは、ひとり国家のみならず、宗教教団がその信奉者を規律化することで、国家権力に抵抗する契機にもなってきた。しかし、同時に反社会的といわれるカルト宗教においては、その集団を美化して、教祖のあり方に無批判な信者たちを数多生みだしてきたことも、オウム真理教をはじめとする宗教教団の事例からよく知られるところである。

新たな宗教学の次元へ

ここまで述べてきたことをまとめるならば、意識は言語を通じた抽象化作用をもち、他者と概念を共有する。一方、身体実践は、人間関係の網の目に編み込まれるがゆえに、他者と交渉する関係を有する。概念によって作り出された均質性は、身体実践の交渉行為によって、その主体のおかれた個別の文脈のなかへと読み替えられていく。それと同時に、日常の身体的行為も、言語を介することで反省的に対象化されることになる。それは意識と身体実践のいずれが良くて、いずれが悪いという問題ではない。それぞれが異なる特質をもつがゆえに、たがいにとって代補的な働きをなすものとなるのだ。その両者をどのように組み合わせるかによって、人間の主体性は自己を流動化させ、他者に対して開かれるものにもなりうるし、自己を固定化して、他者に対して暴力的あるいは閉鎖的なものにもなりえるのである。その点について、ドゥルーズは、意識と身体というものはどちらか一方が他方に対して優れているというものではなく、それぞれの内にそれぞれを超出する契機があるという注目すべき発言を行なっている[19]。そこでは身体と意識といった二項対立が止揚され、それぞれが関わり合うなかで、精神や意識における既存の状態が克服されていくというのだ。

その点で注目されるのが宗教体験論である。旧来の宗教体験論は、信仰者の神体験や合一感が本当の真理に到達したものか否かという真偽を判断することに終始していた感がある。しかし、ホミ・バーバの体験論などのように、今日では非日常的な余白としての宗教体験が日常の意識や身体実践のなかに介入することで、その日常性をどのように変容させていくかといったナラティヴ——語りだけでなく、生きることそのものの形式として——の効果性が問われる自己変容の場として理解されるものとなりつつある[20]。宗教体験とは身体と意識が、日常と非日常が相互貫入する無底の場なのだ。そしてここで見落としていけないことは、人間の身体が他者との関係に先験的に埋め込まれている以上、人間の活動のひとつである宗教体験もまた、ひとり自己の内面に関わる問題だけではなく、集団の行為として共同性に関わる問題として受け止められなければならないということである。

以上、酒井の議論を交えながら、アサドによる主体構築の観点からの宗教論をみてきた。たしかに、わたしたちはアサドの視点にならうことで、宗教概念の西洋中心主義を克服し、たんなる宗教学批判にもとどまることなく、宗教を人間の主体性の構築過程——主体における意識と身体実践の折り重なり合い方——の問題として積極的に語りなおす可能性を手に入れることができた。そこには、非西洋世界に対する西洋世界の圧倒的な影響を認めつつも、そこに回収されきることのない余白や過剰を見いだそうとする今日のポストコロニアリズムの議論と呼応する語りの可能性が開かれているといえよう。

しかし、アサドが人類学者であるためか、かれの関心はあくまで人間の共同性の観点からみた主体構築の問題にあり、宗教論としては宗教が主体構築にはたしている独自の役割が見てとれない。それは、アサドだけでなく、宗教を言語論として捉える研究にも当てはまることである。そこでは宗教が人間の反省的意識に還元されてしまい、身体論を重視するアサドと同様に、なぜ人間が主体や共同性を構築するさいに、これまでの長い歴史のなかで神という超越的なメタファーを必要としてきたのかということが見落とされてしまう。この超越的メタファーが主体や共同性を構築するさいに果たしてきた役割に着目するならば、宗教研究が人類学や歴史学による議論だけでは物足りなく、旧来的な宗教概念とははっきりと決別したうえで、新たな宗教研究による議論が必要とされていることも予感されるところであろう。とくに宗教体験論は、人間という主体を非日常性と日常性、意識と身体の相互介入関係として、その二項対立的思考法を脱臼させつつ、最終的には相対立する二項の単なる融合に終わることなく、それぞれの二項に帰還しつつ、その項自体の自己超出をもたらすものとして注目されよう。

もう一度はっきり告げよう。一度、宗教概念および宗教学は死ななければならない。否、すでに死んでしまったのだ。そのことだけははっきりしている。それを受け入れた者だけが、宗教概念を脱臼させ、新たな学知をもたらすことができるであろう。死に体となった宗教学あるいは宗教概念は今もゾンビのように、古い夢を見続けようとする者たちの共同幻想として存続し続けている。その共同幻想にいられなくなった者たちをそこから排除しながら。はたして私たちは、そのようなみずからのアイデンティティに亀裂を入れる行為を、自分の日常の人間関係において実践しえるであろうか。それがいま問われているのである。それとも、あなたは社会の現実を顧みようとしない共同幻想に依然として固執しつづけようとするのだろうか。

いま必要なことは宗教学や文学のもつ未来の可能性を素朴に語ることではない。むしろ、これまで自分たちのアイデンティティを温存させてきた言説の「死」を語る勇気なのである。もちろん、それは自分の日常がブラックアウトへと覆い尽くされていくことなのだ。もはや「自分たち」といったアイデンティティも「自分」といった主体も存続することはできない。秩序の反乱がおこる。その苦痛の果てにしか、未来の可能性は開けてこない。その未来において、新たな語りの担い手として、既存の学閥がそのまま温存されることはありえないし、私たちがそのうちの一人に含まれるかどうかもどうでもよいことなのである。自分たちの生が混乱とともに終わり、その腐乱した死体のうえに新しい命が芽生えるのならば、それで十分なことなのだ。そのような自己の死を引き受ける覚悟の中にしか、宗教なるものが転生していく可能性はないように思われる。

未来の可能性ではなく、死の絶望を引き受けること。それがいま求められていることである。そのとき、宗教研究は、針の穴を駱駝が通るかのように、新たな再生に向けてかすかな奇跡を引き起こす可能性を帯びる。もし、旧態依然とした自己肯定ではない「宗教の回帰」があるとすれば、その一点においてしか突破口は存在しないだろう。そこに「宗教概念論」は「宗教の回帰」に向かって克服されていき、さらに「宗教の回帰」のはらむ自己弁護の危険性もまた乗り越えられていく可能性が存在する。それは宗教学といった制度化された言説や学閥にしがみついた人間ではなく、そのような制度的帰属を手放し、自己の主体が転覆されてしまうことをも厭わない者のみに訪れうる奇跡の賭けである。

2　宗教の回帰——信頼の賭けと世界宗教論

宗教概念論からの転回

一九九〇年代の宗教学においては、宗教概念に対する批判が、場合によってはマッカチオンやフィッツジェラルドのように、宗教概念の全面否定という極端なかたちをとるにいたるほど強くおこなわれた。しかし、近年になると、むしろ宗教に肯定的に論及しようとする姿勢が、宗教学という狭い枠を超えて、現代思想研究の領域一般に見られるようになってきた。その名前をあげるならば、ジャック・デリダ、ジャン＝リュック・ナンシー、アラン・バディウ、ジョルジョ・アガンベン、アントニオ・ネグリ、スラヴォイ・ジジェクなどのヨーロッパの哲学者たちが相当する。かれらの議論は、とくにキリスト教、あるいはユダヤ教とイスラームをふくむ一神教——アブラハム宗教と呼ばれる——に焦点をあてている点で、みずからのヨーロッパ的伝統にたいする積極的な読み替え、デリダの言うところの脱構築の作業をおこなおうとする共通性を有する。

従来の現代思想の宗教論としては、一九七〇年代後半から八〇年代前半のミシェル・フーコーの仕事がそうであるように、キリスト教にたいする否定的評価が強かったように思われる。フーコーはキリスト教を牧人＝司祭型権力の典型としてとらえ、司祭にみずからすすんで告白するキリスト教徒のように、個人の内面から権力に掌握された服従型の規律＝権力のあり方を批判してみせた。一九八〇年代のフーコーの仕事は、そのような規律＝権力に支配されることのない主体形成＝権力のあり方として、キリスト教徒との対照性のなかでギリシアの思想的伝統をとらえたのである。ギリシアでは、パレーシアと呼ばれる自己形成のあり方が、他者との関係性を念頭においた自分に対する配慮のあり方として、現代人の見習うべき主体形成の模範と考えられたのであった。[21]

このようなフーコーのようなキリスト教にたいする否定的評価が一九九〇年代にはいると、むしろ、いかにしてキリスト教や一神教的伝統から有意義な遺産を継承するかといった読み方へと覆されていく。依然としてキリスト教が社会を覆うアメリカ合衆国とは異なって、ポスト・キリスト教社会とみなされるヨーロッパでは、その段階でもはやキリスト教は打倒すべき頑迷な権威ではなく、すでに世俗化のもとで影響力を失っていた。そのため、むしろその失墜した過去の遺産からどのようにヨーロッパ文化の可能性を拾い出していくかということが課題になっていったのだと考えられる。

その意味で、宗教概念の純粋性を批判的にとらえた一九九〇年代の宗教学は、フーコーの権力論とカルチュラル・スタディーズによる学問批判の影響下におかれたものであり、それ以降に展開されたフーコーの主体形成論の核心やデリダの正義論などを取り込んだものではなかった[22]。すなわち、一九九〇年代の宗教学が言説批判としての宗教学批判に終始していたのに対して、一九九〇年代の現代思想においてはそのような純粋性への願望を脱臼させたうえで、ギリシア・ローマ文化と並ぶヨーロッパの思想伝統としてのキリスト教あるいは一神教をどのように積極的に読み直すかという作業が宗教学に対して一歩先んじて行われていたといえる。すなわち、そこで論じられていたことは、宗教概念の全面否定ではなく、そのプロテスタント中心主義を脱臼させることで、いかに肯定的なかたちで宗教概念を再構築していくかということであった。

ポストモダン思想の宗教論

たとえば、ユダヤ系フランス人のジャック・デリダはそのユダヤ・キリスト教論のなかで、信仰（faith）と信頼（foi）を区別し、既成の宗教制度に回収されてしまう信仰に対して、信とは不確実さのなかであえて信じるという、他者に対する保証されることのない信頼行為の賭けだとする。神という存在もまた絶対的な他者である以上、宗教という行為のなかにはこの信をめぐる賭けが含まれている。デリダにとっては、宗教とは信じきれる保証のない他者への信頼に基礎を置いたものなのだ[23]。そして、テロや差別など、既存の宗教が不可避におびる暴力性をふくめたその両義的側面から、どのようにして肯定的な信頼の行為を取り出していくのか。他者とのつながりを意味する友愛の意義を深めていくことができるのか、そのことがデリダの宗教論の目的となる。

この信頼の行為は、プラトンのいうコーラと、ヴァルター・ベンヤミンのいうユダヤ教的なメシア性の観点から深められていく。前者のコーラにおいては、意味というものの読み尽くすことのできない多重的な性格が強調され、いかなる意味も一義的で純粋な起源を有しえないがゆえに、多義的な意味が産出されていくという。たとえば、「私とは誰か」という問いを周囲の人間に発してみると、返ってくる答えはさまざまであり、自分の統一されたイメージを保つことが困難になる。そもそも、自分自身におなじ問いを尋ねてみても、その日におきた出来事によって、そのときどきの感情によって、自分の自己理解さえ一定しないことは明らかであろう。

後者はメシアニズムなきメシア性とよばれるところのものが主題とされ、最後の審判におけるキリストの再臨とは異なって、絶対的な救いの確証のないところで、予期できないものを、それでも待ち続けるという意味でのメシアの待望をさす。現実には決して実現しきることのない完全な正義を、それでも日々の生活のなかで欲しつづけ、その希求する意志をもって現実の制度として存在する法や思想を読み替えていく営みの重要性が唱えられる。そのようななかで、デリダは否定神学と呼ばれる立場へと接近していき、メシアニズムのようには神や救済を実体的に具体化してとらえないかたちで、絶対的な存在との同一化を拒絶して宙吊りにしながらも、それでもなお神に対する信頼の意志を失わず、あらためて肯定していく勇気が必要だと説く[24]。

その典型が旧約聖書にでてくる、大切なわが子イサクを、神ヤーヴェの命令に従って、神に生贄として捧げようとするアブラハムだとされる。それはアブラハムがいざわが子の命を奪おうとする瞬間に、神によって中止の命令が下されるが、このようにして一神教の神は人間に対して、実現不能ともいえる要求を突きつけることで、それでも神をあえて信じきることができるかという絶対的な信頼の意志を問うのである[25]。

もちろん、そうはいっても人間はその本質が有限の存在であるかぎり、つねに思い悩むものであり、アブラハムが煩悶したように、最後には神への信頼を選択するにせよ、その決断の瞬間にいたるまでは神に対する不信に思い煩わされる。この点はデリダも充分に議論の考慮に入れており、神への絶対的信頼とともに、そのような不信や煩悶の気持ち、あるいは一神教では一般にそぎ落とされてしまう宗教的熱狂や暴力的衝動もまた、人間の心身の奥深い部分へとクリプト化され、深く埋め込まれて残存しているのだという。体内化されて秘められたさまざまな暗い衝動。それを抱えながら、それでも神への、他者への堅固な信頼の情を選択していくことが、来るべき友愛の共同体の基礎をかたちづくるのだとデリダは考える。

さらにわたしなりに言葉を続けるならば、デリダが言うような暗い衝動を抱える人間同士が、直接おたがいを永遠に信じあっていくことは不可能なことである。つねにみずからの感情の波に揺れる人間がそのような信を貫くことはお互いに出来ないからである。それゆえに、人間と人間を結びつける媒介者として、メタファーとしての神の存在が必要になる。メタファーとしての神、それは実体化された神と異なって虚構にほかならない。しかし、その虚構は、ポストモダンの思考においては否定的な意味だけを一義的に負うものではない。メタファーあるいは概念は、いかなるものでも、その実体を一元的に特定できないからこそ、その起源からして多重化された意味を負っているからこそ、つねに多産的な意味を増殖するものとして異なる文脈へと逸脱的に読み解かれていくものとなる[26]。

そのような意味において神とは、個別的な文脈へと転化されうる空虚なメタファーなのである。そして、人間は、その暗い衝動を体内化させて抱えもつがゆえに、たがいが直接に傷つけあわないように、自分と神という直接的な関係を設定したうえで、その神を媒介者として、たがいを間接的に結び合わせ、神というメタファーのもとに共同性を築き上げていくのだ。かつて人間はこのようにしてみずからの想像力が作り出した神を実体化させ、その神の名前のもとに自分たちの共同体にそぐわないものを他者として排除し、正義の名のもとに暴力をふるってきた。つねに神は、たとえそれがメタファーにすぎないと理解されていたにせよ、共同体と結びつくがゆえに、異質な者を排除し、そこで行使される暴力を正当化する名前にもなりえるものである。ポストモダニズムの思想が社会にひろく浸透するならば、そのような暴力性を宗教から駆逐することができるという考え方はあまりにも素朴なものであろう。

しかし、デリダが言うように、そのような宗教の両義性をつねに自覚していくなかで、わたしたちは神というメタファーを異質な者——すなわち他者どうし——がともに生きていくことのできる共同性の絆を、具体的な個人に過重に期待したり、特定の人間を美化することなく、その愚かで暗い側面を赦し合いながら、確かなものにしていく努力が求められている。そのためには、もがき苦しみながらもあえて信頼の念に賭けることが必要とされるのだ。もちろん、その信頼の賭けはいちど愛の誓いを口にすれば、あるいはいちど洗礼を受ければ永遠に保証されるといったたぐいのものではない。

それは日々の生活のなかで絶え間なく試され、あらたに確認されていく必要のあるものなのである。その結果として、永久の誓いを口にしたものが決裂していくことも起こりえる。しかし、そのときにこそ私たちの根本的な関係が試されようとしているのだ。おたがいに認め合えなくなった人間であるからこそ、そのように違いが決定的になった間柄であるからこそ、相手の存在を黙殺したり否定することなく、新たな共存の倫理を確立していくことが求められる。それは、違いを超えて仲良くできるといった予定調和的なことを言っているのではない。相容れなくなった関係のもとでも、ある種の共存の形式を模索していかなければならないという倫理的な課題のことなのだ。イスラエルとパレスチナ、あるいは日本と北朝鮮の関係の場合のように。

デリダの議論を引き受けて言うならば、それはもはや個人的な人間関係を超えた、神というメタファーを不可欠の存在とする宗教的な事件なのである。それは人間の世界と無関係な浮世離れしたものという意味ではない。むしろ、人間関係に根ざしつつも、それを包含しつつも、超越していこうとする関係性に対する呼び名なのである。そこにこそ、宗教をめぐる思考が今日でも依然として必要とされる理由がある。むろん、それは宗教概念をめぐるキリスト教中心主義的な含意とも、宗教学者が自分の立場の客観性を肯定する営みとも決定的に峻別される事柄として、である。

このデリダと同じような脱構築的作業のなかで、キリスト教を捉えようとしたのがジャン゠リュック・ナンシーである。ナンシーもまた宗教を他者への開かれの試みとしてとらえる。かれによれば、一神教とは現実には顕在化することのない、現前不能なものを思考する否定神学的な志向性をもち、神を実体としてではなくメタファーとして捉える無神論的な空間を生きるがゆえに、自宗教を信じる者のみにとってではなく、いかなる人間との関係においても共有可能なものとなり、他者への開かれを可能にすることのできるものになる。[27] このような現前不能なものこそが、過去の歴史において神であり正義として名づけられてきたわけだが、ではそのような現前不能なものが現実の日常生活のなかでどのようなかたちで機能しえるものなのかということを理論的に追究したのが、ラカン派の精神分析に造詣の深いスラヴォイ・ジジェクである。

かれは、このような現前不能な神や正義の理念は、具体的な日常生活を通してはじめて思考可能になるものであると考える。ジジェクにとって神とは、そのような現前不能なもの――ジャック・ラカンの言う現実界――と、日常世界を構築する意味の網の目である象徴界のはらむギャップを指すものだという。ここにおいて、キリストの存在がはじめて積極的な主題として扱われるようになる。キリストとはこの現実界と象徴界を架橋するものであり、現実世界におけるキリストの誕生、すなわち現前不能な神の受肉化とはこの二つの世界の結合を意味するものだと解釈される。そこで注目されるのが、「神よ、なぜ我を見捨てたもう」という十字架に磔られたキリストの最後の言葉である。従来、キリスト教の伝統において顧みられることの少なかったこの言葉に着目することで、キリストが経験した絶望――すなわち現前不能なものが現実世界に挿入されていく軋轢や葛藤――を、積極的にわれわれが引き受けていくことを説いたのである。ジジェクにとって、その瞬間の苦しみをこの身に引き受けていくことこそが、キリストのように神が人間となるということの意味だったのである(28)。

いずれにせよ、ジジェクやデリダをはじめとする現代思想の宗教論においては、神やメシアによる救済はあらかじめ定められた出来事とはされていない。それが、従来のキリスト教の信仰のあり方と根本的に異なるところである。そのような救いの保証がないなかで、信ずるという行為に賭けること。それが人間の生きていくことの危うさを示すものでありながらも、あえてそこに賭けることで他者との関係性、そして自己との関係性もまたはじめて可能になるということが、いずれの思想家によっても唱えられているのだ。

普遍主義の陥穽

別の言い方をすれば、デリダらは宗教に関与することで、肥大化した自我中心主義を批判し、超越的なるものとの関係のなかで主体をずらしながら再構築しようとする。そして、宗教的なものが衰退するなかで失われていった伝統的集団の共同性にかわって、新たな普遍性の必要性を提唱することで、共同体から切り離され孤立した個人と個人をふたたび結び合わせようと試みた。そのような現代思想における議論の傾向は、近年になって宗教学の分野においても「宗教の回帰 Return of Religion」と呼び表された。その代表的な論者が北米在住の宗教学者である増澤知子やヘント・デ・ヴリースであり、かれらによって、これまで批判されてきた西洋中心主義的な宗教概念は、やはり依然として普遍的で肯定的な意味をもつものであると称揚する動きへと換骨奪胎されていく(29)。

こうして、おそまきながら宗教学の分野においても二〇〇〇年代の後半に入ると、宗教概念に対する否定から肯定的な姿勢へとその論調は大きく展開していく。そのような動きの背景には、かつての宗教概念批判がマッカチオンらの行き詰まりに典型的にみられるように、批判のための批判の域を出ることができず、西洋中心主義的な宗教概念を否定してみせたものの、そのあとにどのような代替概念を見いだすことができるのかという問題、すなわち宗教という言葉を文化という言葉に言い換えてみても、今度は文化という概念の西洋中心主義が問題となり、そこで繰り返されていくあらゆる概念の全面否定の行為に宗教学者自身が疲弊してしまったという事情があげられる。

たとえば、増澤は現在世界に流布している「世界宗教 world religion/world religions」という概念をとりあげ、キリスト教、ユダヤ教、イスラーム、仏教などを世界宗教として、未開社会の宗教や神道などの土着宗教の概念から弁別されていく過程を復元してみせた。結局のところ、それは増澤が看破したように、キリスト教が世界最高の理想的宗教であり、その他の宗教伝統はそこから順次質が悪くなり、蒙昧さを含んだものとなるという宗教進化論を前提としたものである。増澤はこのような西洋近代に発明された世界宗教という概念をキリスト教中心主義であるとして厳しく批判する点で、かつて宗教概念の批判を展開したマッカチオンやフィッツジェラルドと立場を同じくする。

しかし、二〇〇〇年代になって提起された増澤の議論がかれらと決定的に異なるのは、世界宗教概念からキリスト教中心主義といった誤った考えを除去するならば、この概念は依然として多様な宗教現象を包括的に描写することを可能とする実りの多いものであるとして、最終的には世界宗教という概念を肯定的に評価するところにある。(30) ここに、増澤が今日みられる宗教学における「宗教の回帰」現象の一翼を担い、北米のみならず欧米の宗教学界から大きな賞賛を得ている理由がある。彼女の語りを通すことで、西洋社会が生み出した宗教概念は再びかつてのような普遍的で客観的な位置を獲得することができるように思われているのである。しかも、それをアジア出身の増澤が西洋的な宗教概念を是認することで、今日のポストコロニアル社会が抱える非西洋のマイノリティと西洋社会の共存といった課題までをも解決できるかのような錯覚を引き起こしてしまう。

しかし、増澤の称賛するほどには世界宗教という概念が現在のポストコロニアル社会において有効なものとはなりえないとする指摘も、すでに幾人かの研究者によってなされている。増澤の議論の弱点は、マルチ・カルチュラリズムに対する批判的な議論がまったく顧みられていない点にある。マルチ・カルチュラリズムは多元主義とも呼ばれ、異なる文化が共存する社会を肯定的に論ずる立場である。それは、ポストコロニアル研究が問題とするように、かつての植民地から移住してきた移民や、以前からその地域に住んでいたマイノリティの権利に焦点があてられるようになったため、マジョリティである住民をふくめて、ひとつの社会を構成する異なるコミュニティのあいだの関係をどのように構築していくかが大きな社会的関心になったところから生じてきたものである。

このような状況にたいして、マルチ・カルチュラリズムは、ムスリムや在日コリアンなど、異なる文化的出自をもつコミュニティはその文化的境界線をたがいに侵害することなく、それぞれの価値観を尊重し合うべきだとする立場をとる。そのような立場にもとづいて実際に社会が運営されているのが、カナダや英国の社会ということになろう。それは、たしかにマイノリティが無理やりにマジョリティの文化に同化されることを防止し、マイノリティの権利を守るということで、これまで一定の社会的役割を果たしてきた。

しかし、このような見解は、本質的に異なるコミュニティの価値観は根本的に理解不能なものであり、たがいのコミュニティやその価値観に立ち入らないことで、はじめて共存が可能になるという立場を前提とするものである。そこからは、アメリカ合衆国の研究者であるサミュエル・ハンチントンが「文明の衝突[31]」という名前のもとに述べたように、西洋社会とアラブ世界の価値観は相容れないものであり、ひとたび文化的接触がおこると、ニューヨークの九・一一テロのように深刻な葛藤や対立が引き起こされるという見方が提起されてもいく。そして、この場合、これらの文化的価値のなかでもっとも摩擦を引き起こす要因がその文化的価値の中核をなす宗教であると考えられてきた。ハンチントンの例に即していうならば、西洋社会とアラブ世界の軋轢は、結局のところ、キリスト教とイスラームの相容れない価値観に起因するということにされてしまう。

そして、西洋社会とアラブ世界の葛藤だけでなく、マルチ・カルチュラリズムを社会政策としてきた英国やカナダの社会においてもコミュニティ同士のいさかいが途絶えることはなく、ますます深刻な様相を呈している現状をふまえて、そのような個々のコミュニティを相異なる独立した単位として措定することが果たして妥当であったのかという根本的な疑念がポストコロニアル研究などからは提起されている。むしろ、そのように、個々の文化・宗教的伝統は相容れないものである、自分の帰属する宗教伝統は独自のものであるという言説自体が、むしろおたがいの理解にとって壁を作りだしてきたのではないか。そのようなマルチ・カルチュラリズムに対する疑問が、合衆国在住のインド人研究者であるホミ・バーバからは提起されている。(32)

だとすれば、それぞれの生活習慣や価値観の違いを認めながらも、自分の文化・宗教的アイデンティティを絶対視することなく、異なる互いのコミュニティの価値観に対して一歩踏み込み、自分との違いと共通性を深く認識し、アイデンティティを流動的に変化させながら、ともに共存する場を「同じ人間」どうしの関わり合いとして模索していくべきではないだろうか。タラル・アサドやゴウリ・ヴィシュワナータンによれば、イスラームやキリスト教という単位が絶対的な意味をもつようになったのは近代の西洋社会との接触過程においてであって、それ以前の社会においては、さまざまな宗教伝統は共存し合うことも可能であった。そして、ひとりの人間が複数の宗教伝統を自分の日常生活のなかに取りこんでいたことも珍しくはないという。(33)

それは、日本人の一般的な宗教理解においてもあてはまることである。われわれは葬式を仏教式で、結婚式をキリスト教式で行い、正月には神社に詣でる。それを自分たち日本人は宗教的に無信仰だからそのような無節操なことができるのだと理解している。しかし、むしろそのように日常生活の宗教実践において、複数の宗教伝統の要素が併存して取り込まれているのは——それを宗教学では「シンクレティズム」(34)と呼び表す——、世界の宗教史の例からみても一般的なことなのである。身体実践(プラクティス)の水準においてはわれわれの行動はつねに各宗教伝統の境界を容易に越境していく。それを拒んでいるのは、認識の水準なのだ。認識の次元においては、われわれは概念化された宗教の教義（ビリーフ）を通して、それぞれの信仰の単位を異質な宗教伝統として区別してしまうのである。

もちろん、そのような教義の水準において、キリスト教や仏教や神道といった、異なる宗教の単位を作り出すさいに大きな役割を果たしたのが、プロテスタンティズムから発生した「宗教」という概念であった。キリスト教や仏教や神道あるいはユダヤ教やイスラームといった各宗教伝統は、まさに「宗教」という固有な概念（*sui generis* religion）を共有することで、おなじ「宗教」という範疇の下位概念として、相互に識別可能な固有の単位を並列的に形成することを可能にしたのである。それが、身体実践の水準での識別ではなく、むしろ教義や信条の上での区別として成立すること自体が、諸宗教の範疇の前提となる「宗教」概念そのものが、身体儀礼を著しく欠き、教義中心主義的な形をとるプロテスタンティズムに起源を有することを如実に物語っている。

ここでふたたび増澤の議論に戻るならば、彼女の世界宗教論は、世界宗教という概念を構成するのは、キリスト教やイスラームあるいは仏教という、ひとつひとつの宗教伝統であり、それら諸伝統の単位は自明な境界線をもって、世界宗教という普遍的概念の下位概念を構成するという理解をとる。その点において、その基本理解においてハンチントンやチャールズ・テイラーのマルチ・カルチュラリズム[35]の発想を下敷きにするものであることが容易にみてとれる。彼女の議論においては身体実践がいっさい顧みられず、それまでの西洋の学者が論じてきたように諸宗教の範疇が教義の観点から弁別されて論じられる。そして、それらの諸宗教を包み込む場が、まさに「世界宗教」という、宗教概念を成り立たしめている諸宗教を横断する宗教そのものの固有性の概念なのだ。

ここで増澤は、もし西洋人がこの世界宗教という包括的な概念から、キリスト教中心主義をそぎ落とすことができるならば、この概念は西洋人にとってのみならず、人類全体にとって新しい普遍的な基準をもたらす場になるであろうと予言する。しかし、すでに指摘したように、そこでは世界宗教という概念を構成する下位概念たる諸宗教の境界線は自明視されたままである。その自明視された単位が衝突することでどのような抗争が今も世界の各地で繰り広げられているかについては全く言及されることのないままに。問題は、世界宗教という概念に支えられた諸宗教の境界線をどのように脱構築していくかということにあるにもかかわらず、である。そのような諸宗教の境界線を自明なものとして支えるものであるかぎり、どれほどそれを西洋人が歓迎しようとも、わたしたちは世界宗教という概念を新たな普遍性の場として認めることはできない。

そして、哲学者のシャンタル・ムフが指摘するように、複数の単位が共存するところには、ヘゲモニーと呼ばれる上下関係が成立するのは避けられないことである(36)。たとえば、ひとつの教室に集められた子供たちの人間関係が、そのまま全員が平等な関係を維持することはできず、優劣関係を発生させてしまうように、仮に諸宗教の単位を自明なものと認めたにせよ、それらがともに存在する状態は完全な平等な横並びの関係ではありえない。そこに自然発生的に文化接触が起こり、交渉行為が繰り広げられる以上、それらの諸宗教の併置や比較を可能とさせる前提的な共通の場の存在が不可欠となる。それがまさに世界宗教という概念であり、それを支えるキリスト教中心主義である。そして、その背後には、キリスト教的な価値観に支えられた、非西洋社会にたいする西洋社会の政治的優越性が存在する。同様の西洋中心主義の危険性は、宗教概念は脱自的性格をもつがゆえにあらゆる歴史的拘束性を超えた普遍的なものであるとするヘント・デ・ヴリースの議論にも見てとれる傾向である(37)。

その点において、二〇〇〇年代の宗教学の議論は、みずからの学や概念の普遍性や純粋性を安易に再肯定してしまうという点で、デリダやジジェクのように普遍性や純粋性といった概念そのものを脱構築させようとする試みからは明確に峻別されなければならない。デリダら現代思想の論者たちの議論は宗教概念や宗教学のもつ普遍性を称揚するためではなく、あくまでそこから他者の信頼や開かれ、脱自性あるいは普遍性といった議論を取り出すための材料として宗教が存在していたといえる。デリダたちの言うところの普遍性とは、かつてのように自分の信じている真理を他者に押し付けることではない。そのような自己中心主義は普遍性ではなく、普遍主義と呼ぶべきものである。普遍性とは、むしろ自分の立場を批判的に捉えるなかで他者との共存を模索する交渉の場であるのだ。そこではつねに自分自身のアイデンティティの自明さや他者に対する優位さが覆されていく。それはキリスト教中心主義だけでなく、それに抗するイスラームや神道といった土着主義もまた、普遍性の立場からすれば批判を免れえないものなのだ。

このような他者に開かれた普遍性を宗教に即して論じるためには、タラル・アサドが指摘するように、宗教という概念の超歴史的な、普遍主義的な定義には自分は関心がないと言い切れるかどうか、普遍主義によって自分の立場や学問を超越化させようとする自らのうちに潜むナルシシズムの危険性に自覚的でありえるかどうかが、明確な分岐点をなすことになろう。自己とは他者に出会うことで根本的な変容をこうむることを余儀なくせざるをえないものである。そのことを、まずわたしたちは——それがどれほど苦痛に満ちたものであれ——、認める勇気をもたなければなるまい。その苦痛を引き受けるためにこそ、宗教概念あるいは宗教学は一度死ななければならないのだ。そのときにこそ、宗教的想像力が飛翔するのである。

（1） Wilfred Cantwell Smith, *The Meaning and End of Religion*, Minneapolis: Fortress Press, 1963/1991.
（2） Russell T. McCutcheon, *Manufacturing Religion: The Discourse on Sui Generis Religion and the Politics of Nostalgia*, Oxford: Oxford University Press, 1997. ラッセル・マッカチオン「『宗教』カテゴリーをめぐる近年の議論——その批判的俯瞰」一九九五年（磯前順一／リチャード・カリチマン訳、磯前・山本達也編『宗教概念の彼方へ』法藏館、二〇一一年）。
（3） ミシェル・フーコーほか『自己のテクノロジー——フーコー・セミナーの記録』一九八八年（田村俶・雲和子訳、岩波書店、一九九〇年）。
（4） 磯前順一「宗教学的言説の位相——姉崎正治論」（『近代日本の宗教言説とその系譜——宗教・国家・神道』岩波書店、二〇〇三年）。
（5） 土屋博「書評論文『岩波講座宗教』——宗教論の曲り角」（『宗教研究』第八〇巻一号、二〇〇六年）、深澤英隆『啓蒙と

霊性――近代宗教言説の生成と変容』（岩波書店、二〇〇六年）など。

（6）磯前順一・山本達也「宗教概念論を超えて――ポストモダニズム・ポストコロニアル批評・ポスト世俗主義」（本書収録第2章）。

（7）McCutcheon, *Manufacturing Religion*. Timothy Fitzgerald, *The Ideology of Religious Studies*, Oxford: Oxford University Press, 2000.

（8）磯前順一「外部性とは何か――日本のポストモダン　柄谷行人から酒井直樹へ」（『閾の思考――他者・外部性・故郷』近刊）。

（9）ジャック・デリダ「脱構築と他者」リチャード・カーニー編『現象学のデフォルマシオン』一九八四年（毬藻充ほか訳、現代企画室、一九八八年）。

（10）磯前順一「〈日本宗教史〉の脱臼――研究史素描の試み」（本書収録第6章）。

（11）磯前順一「〈日本の宗教学〉再考――学説史から学問史へ」（本書収録第4章）。

（12）タラル・アサド『宗教の系譜――キリスト教とイスラムにおける権力の根拠と訓練』一九九三年（中村圭志抄訳、岩波書店、二〇〇四年）、磯前順一「他者と共に在ること――ディアスポラの知識人　タラル・アサド」（前掲『閾の思考』）。

（13）酒井直樹『日本思想という問題――翻訳と主体』（岩波書店、一九九七年、一四八―一四九頁）。

（14）エマニュエル・レヴィナス『全体性と無限』一九六一年（熊野純彦訳、岩波文庫、二〇〇五年、上巻一六一・三五一頁）。

（15）エマニュエル・レヴィナス『存在の彼方へ』一九七四年（合田正人訳、講談社学術文庫、一九九九年、二五二頁）。

（16）ルートヴィッヒ・ウィトゲンシュタイン『茶色本』一九三四―三五年講義（大森荘蔵訳『ウィトゲンシュタイン全集　第六巻』大修館書店、一九七五年、一三九―一四二頁）。

（17）西川直子『クリステヴァ――ポリロゴス』（講談社、一九九九年、三九八―三九九頁）。

（18）ミシェル・フーコー『監獄の誕生』一九七五年（田村俶訳、新潮社、一九七七年）。

（19）ジル・ドゥルーズ『スピノザ――実践の哲学』一九八一年（鈴木雅大訳、平凡社ライブラリー、二〇〇二年、三四―三五頁）。

（20）ホミ・バーバ「アウラとアゴラ」一九九六年（同『ナラティヴの権利――戸惑いの生へ向けて』磯前順一／ダニエル・ガ

リモア訳、みすず書房、二〇〇九年）。

（21）ミシェル・フーコー「全体的なものと個的なもの」一九七九年（北山晴一訳『フーコーの〈全体的なものと個的なもの〉』三交社、一九九三年）、同『真理とディスクール——パレーシア講義』一九八三年（中山元訳、筑摩書房、二〇〇二年）。

（22）磯前前掲「宗教概念論を超えて」。

（23）ジャック・デリダ「信仰と知」一九九六年（苅田真司・磯前順一訳、前掲『宗教概念の彼方へ』）。

（24）ジャック・デリダ『マルクスの亡霊たち』一九九三年（増田一夫訳、藤原書店、二〇〇七年、七四—七五・一九四—一九五頁）。

（25）ジャック・デリダ『死を与える』一九九九年（廣瀬浩司・林好雄訳、ちくま学芸文庫、二〇〇四年、一三四—一五一頁など）。

（26）ジャック・デリダ「暴力と形而上学——E・レヴィナスの思考に関する試論」『エクリチュールと差異』一九六七年（川久保輝興訳、法政大学出版局、一九七七年、上巻、二一七頁）。

（27）ジャン＝リュック・ナンシー『脱閉域　キリスト教の脱構築1』二〇〇五年（大西雅一郎訳、現代企画室、二〇〇九年）。

（28）スラヴォイ・ジジェク『操り人形と小人——キリスト教の倒錯的な核』二〇〇三年（中山徹訳、青土社、二〇〇四年）。

（29）たとえば、近年、アメリカ宗教学会（American Academy of Religion）では「宗教の回帰」という特集号を企画しているが、その原稿募集のさいに、デリダ、ジジェクらと並べて、増澤やデ・ヴリースの名を併記している。

（30）Tomoko Masuzawa, *Invention of World Religions: Or, How European Universalism was preserved in the Language of Pluralism*, Chicago and London: The University of Chicago Press, 2005, chap. 9.

（31）サミュエル・ハンチントン『文明の衝突』一九九六年（鈴木主税訳、集英社、一九九八年）。

（32）ホミ・バーバ「散種するネイション」一九九四年（前掲『ナラティヴの権利』八一頁など）。

（33）タラル・アサド「比較宗教学の古典を読む」二〇〇一年（磯前順一／タラル・アサド編『宗教を語りなおす——近代的カテゴリーの再考』みすず書房、二〇〇六年、三一頁）、Gauri Viswanathan, *Outside the Fold: Conversion, Modernity, and Belief*, Princeton: Princeton University Press, 1998, chap. 5.

（34）Rosalind Show and Charles Stweart, eds., *Syncretism/Anti-Syncretism: The Politics of Religious Synthesis*, London:

New York: Routledge, 1994.

（35）中野剛充『テイラーのコミュニタリアニズム』（勁草書房、二〇〇七年）。

（36）シャンタル・ムフ『民主主義の逆説』二〇〇〇年（葛西弘隆訳、以文社、二〇〇六年）。

（37）Hent de Vries, "Introduction," de Vries, ed., *Religion: Beyond a Concept*, New York: Fordham University Press, 2008.

II　日本の宗教学と宗教史

4章　〈日本の宗教学〉再考

学説史から学問史へ

I　宗教学史の不在

人文・社会科学の多くの例に漏れず、日本の宗教学もまた自らの歴史を検証することにあまり熱心であった学問とは言えない。その原因のひとつに、宗教学はその研究対象である宗教現象を認識するための学問であったために、その認識の仕方を規定する自己の言説の場への関心が弱かったことを挙げることもできよう。どの学問も同じような傾向をもつのであろうが、自らの学問の認識の枠組みに自覚的になるのは、ミシェル・フーコーの言説論やカルチュラル・スタディーズの学問をめぐる政治性といった視点が日本で受け入れられ始める一九九〇年代以降のことである。

そのなかで例外的な存在が日本史を中心とする歴史学であり、遠山茂樹『戦後の歴史学と歴史意識』（岩波書店、一九六八年）、キャロル・グラック「戦後史学のメタヒストリー」（『岩波講座日本通史　別巻1』一九九五年）など、節目ごとに自己検証的な総括を残してきたと言える。歴史学という学問の場合、戦前の天皇制や戦後のナショナリズムと深く係わってきたがゆえに、その社会的影響力の大きさからして自らの言表行為について厳しい批判を加えなければならない立場に置かれていた。しかも、歴史学内部の主流が敗戦を機に皇国主義からマルクス主義に転換していったために、新世代による旧世代に対する批判というかたちで、その反省はある種の非当事者意識をもって容易に推し進められていった部分も少なくない。

しかし、宗教学の場合には、戦前においては国家の国家神道体制を信教の自由に対する侵犯という観点から批判をおこない、戦後においては社会全体に進行する世俗化に抗して非合理的領域の確保を唱えてきた。つまり、おもに日本の社会に対する批判的言説としての立場を保持してきたため、自らの言表行為が社会的責任を問われるような場面に立たされることが余りなかったとも言える。ただし、一方でやはり戦時中は京都学派の世界史の哲学や宗教人類学者の植民地主義との結びつきなど、天皇制ファシズムと無垢な関係でいられなかったことも事実である。先の歴史学の例と比べるならば、そのような旧世代の学問を正面から批判する論理的な世代交代を宗教学がもてなかったことが、学史的検証をおこなわないままに、みずからの戦前・戦中期の政治的コンテクストを曖昧にしてきてしまった大きな原因でもあろう。

しかし、その数は多くないとはいっても、日本の宗教学史を素描し分析しようとする試みは過去にもおこなわれてきた。早い時期の論文として、小口偉一「宗教学五〇年の歩み――東京大学宗教学講座創設五十年を記念して」（『宗教研究』一四七号、一九五六年）をはじめ、後藤光一郎・田丸徳善「日本宗教学会五十年の歩み」（『日本宗教学会五十年史』日本宗教学会、一九八〇年）、竹中信常「日本宗教学の軌跡」（『宗教研究』二五九号、一九八四年）をあげることができる。これらを通して、東京大学宗教学研究室を軸としながらも、他大学をふくむ宗教学会全体の動向に対する簡便な見通しを得ることができる。

これらの研究を基礎として、それ以降の研究を踏まえて言うならば、黎明期における日本宗教学の歴史はほぼ次のようにまとめることができよう。日本における宗教学の端緒が、一八九八年に姉崎正治が東京帝国大学でおこなった講義「宗教学緒論」に求められることは衆目の一致するところである。さらに東大では、一九〇五年に文学部哲学科に宗教学講座が設置され、姉崎がその助教授に就任する。つづいて、一九〇七年に京都帝国大学、一九二二年に東北帝国大学の哲学科に宗教学講座が設けられる。さらに一九二五年には九州帝国大学、一九二七年には京城帝国大学の法文学部内に、前者は宗教学宗教史講座として、後者は宗教学及宗教史講座として順次設置されていった。私立の宗教系大学でも、一九二二年の大学令による私立専門学校の大学昇格以降、一九二二年に立教大学に、一九二四年に立正大学にそれぞれ宗教学科が設置され、一九二六年には大正大学にも宗教学研究室が設置されていく。

そのなかで宗教学の理論的関心も、一九〇〇年代にはキリスト教と仏教という成立宗教の教義を軸とするものであったものから、一九二〇年代後半には原始宗教や日本の民間信仰など、非西洋的な日常世界に接したものを対象とするものへと、その中心が推移していく。それは西洋的概念化が施された思想から非概念的な身体儀礼へ、姉崎・西田幾多郎らのドイツ哲学的な色彩をたたえた宗教学・宗教哲学から、宇野円空・赤松智城らのマリノフスキーやデュルケムの影響を受けた宗教人類学・宗教社会学へと、宗教学者が見出そうとする宗教および宗教学の内実が変わり、その方法もテクスト論から民族・民間調査へと移っていったことと対応するものであった[1]。そして、これらの諸大学や研究者の動向のなかで、一九三〇年に日本宗教学会が全国組織として結成され、現在に至っている。

さらに各大学の歴史について踏み込んだ研究も幾つかなされており、なかでも東京大学宗教学・宗教史学科は自らの軌跡に対して検証的な姿勢を示してきた。その代表的な業績として、先駆的な俯瞰図を示した小口論文を皮切りに、主要な教官を中心に言及した竹中信常ほか「日本宗教学の人々」(『宗教学年報』二一号、大正大学宗教学会、一九七六年)、明治中期における宗教学の成立過程を詳細に跡づけた鈴木範久『明治宗教思潮の研究——宗教学事始』(東京大学出版会、一九七九年)、学祖である姉崎正治から敗戦直後の中興の祖である岸本英夫までを網羅的に扱った田丸徳善編『日本の宗教学説Ⅰ・Ⅱ』(東京大学宗教学研究室、一九八二・一九八五年)を挙げることができよう。なかでも田丸は、その後も東京大学を中心とする宗教学史をとおして日本宗教学の特質を考察し続けており、欧米の宗教学史への造詣の深さを踏まえたその研究は、「日本の宗教学が何らの特質[2]」を持っていることを探るうえでは欠かせないものとなっている。その他の大学についてのまとまった考察としては、東大の経験科学的な宗教学と比較して、西田幾多郎から西谷啓治にいたる系譜を扱った石田慶和『日本の宗教哲学』（創文社、一九九三年）、気多雅子「京都学派と宗教哲学」（『哲学研究』二〇〇六年）など、京都大学の宗教哲学に関するものが見られるにとどまり、今後の研究の進展がまたれる。

ちなみに欧米の宗教学史に関する研究に触れるならば、古くはグスターフ・メンシング『宗教学史』一九四八年（一九七〇年）に始まり、エリック・シャープ『比較宗教学——その歴史』（一九七五／一九八六年）、ハンス・G・キッペンベルク『宗教史の発見——宗教学と近代』（一九九七年）、アリエ・モレンディク・ピーター・ペルス編『作られつつある宗教——宗教学の出現』（一九九八年）など、各大学の宗教学講座までには踏み込んでいないにせよ、各国の特色を踏まえた包括的あるいは通時的な成果がすでに提示されている[3]。これらの点を鑑みても、日本の宗教学は、やはり自らの歴史の全体像を把握するのに熱心であったとはいえず、各大学の枠を超えた日本宗教学の歴史的叙述の試みは、未完成のままに放置されてきたというのが現状であろう。そこには、自大学講座への歴史的関心の弱さ以上に、日本の宗教学全体がどのような構成からなっているかということに対する関心の低さが、その研究者の多様なあり方を超えて共通する姿勢として見て取れるのである。

このような全体像把握への関心の弱さは、実のところ、日本の宗教学が抱えた学問的な多様さの反映でもあると考えられる。日本では宗教学は、文字通り「宗教学」という統一名称で呼ばれることが通常であるが、注意深く見るならば、現在の東京大学や東北大学などが「宗教学・宗教史学科」という並称を採択していたり、京都大学が制度的には宗教学講座でありながらもその学問内容としては「宗教哲学」と称してきたこと、あるいは、日本宗教学会の機関誌の名称が『宗教研究』であったりと、その内実は必ずしも一致したものではない。それは、欧米諸国における呼称が各国での成立経緯の違いを反映して、Science of Religion, Religionswissenschaft, History of Religion, Religious

Studies あるいは Comparative Religion などの多様性を示すように、「宗教学」という明快な統一的実体は存在していないと考えるべきなのである(4)。ただし、近年、国内外の研究が指摘するように、このように宗教学は学的言説をめぐる多様性を含みながらも、それらを貫く価値規範として「宗教の固有性 Sui Generis Religion」を保持してきたことも確かである(5)。それは、個別宗教の枠を超えた、それ自体が固有で均質なまとまりを示す宗教という観念が、世俗社会の内部に生きる人間の意識として普遍に見て取れるという信念であり、それが宗教学という学的言説の出現によってより概念的に彫琢を施され、それ以降、時代状況の変化とともに、この含意するところが宗教学によって随時語り直されてきたわけである。

この宗教の固有性という理念は、一八五八年の日米通商修好条約を皮切りに西洋世界に対する開国を日本が余儀なくされて以来、キリスト教と日本在来の諸宗教の関係が問題とされることで、諸宗教を包括する概念である「宗教」とともに浮上してきたものである。さらに、神霊的存在が人間の意識の次元で捉えられるようになることで外在する実体として存在するか否かが問題にされなくなり、社会・歴史的現象として把握されるようになってくる。ここにおいて、個別宗教の枠を超えた、それ自体が固有なまとまりをもつ宗教という概念が世俗社会に生きる人間の意識上の問題として捉える視点が成立することになる。一九〇〇年に刊行した宗教学のマニフェスト『宗教学概論』のなかで、姉崎はウィリアム・ジェームズやC・P・ティーレを想起させる表現を用いながら、宗教を次のように説明する。

> 宗教学とは宗教の現象事実を研究する学にして、僅に二三十年前より漸く其組織的研究に上りし新科学なり。即其が研究せんとする即其が研究せんとする宗教とは、単に一宗一派の謂にあらずして、総ての宗教は同じく人文史上の事実として、人間精神の産物として、総て之が産物過程を包括したる概念把握なり(6)。

井上哲次郎が姉崎に先駆けて東大でおこなった「比較宗教及東洋哲学」講義[7]に比べると、特定宗教を超えた宗教の固有性を前提とする点で共通した立場を有するものの、明治二〇年代の啓蒙主義者である井上がその固有性をあくまで道徳へと進化・解消されるべき非合理的なものとして低く見定めるに留まるのに対して、姉崎は人間の心理的な営みとして捉えることで、その非合理性を道徳とは異なる独自のものとして高く評価したのである。そこに、明治三〇年代に隆盛したロマン主義を背景とする宗教学によって語り直された宗教の固有性をめぐる新たな特質を指摘することができよう。

そして、この宗教学という学問は「宗教の固有性」という理念を言説の中核に据えることで、社会学・心理学・人類学・哲学・歴史学における宗教研究の成果を、宗教社会学・宗教心理学・宗教人類学・宗教哲学・宗教史などの宗教学を構成する下位分野に読み替え組み込んできた。しばらく前に、合衆国では宗教本質論か還元主義かという議論が展開されたが、そこで明らかになったのは、同じく宗教を社会学的な方法で論じたにせよ、宗教学と社会学のどちらをその前提的な立場にするかで、宗教が超歴史的な本質として措定されるのか、あるいは社会変動の反映物として読みとられるべきものになるのか、宗教の意味づけ方がまったく異なるものになってしまうということであった[8]。それは、個別宗教の信仰を前提とするキリスト教神学、仏教学、神道学などいわゆる神学系の学問と宗教学との関係にも当てはまることであり、宗教学は、宗教の固有性を時代に応じて概念的に彫琢していくことで、これら宗教研究をめぐる諸分野の成果を宗教学の言説へと包摂する解釈装置として機能してきたのである。

もちろん、その一方で、宗教学は、宗教の固有性という理念だけでは独立した学問としては存立しえず、宗教という理念のもとに組み込んだ関連諸分野の成果があって初めて宗教学としての内実を具備することが可能になるものである。その具体的な例として、毎年開かれる日本宗教学会の学術大会が、宗教理念の再定義に従事する狭義の宗教学を第一部会としてその冠に抱きながらも、キリスト教研究・仏教研究・神道研究・新宗教研究などの、通例、九つの部会構成をとっていることを挙げることができよう。また、かなりの数にのぼる宗教学者が特定宗教と親和的関係をもたない旧国立大学よりも、むしろ宗教系大学の神学・教学学科に所属し、そこで勤務大学の奉ずる個別宗教をひろく宗教一般の場へ結びつけるべく役割を担っている事実もつけ加えておくべきであろう。宗教の固有性という理念と、そこに集い合った諸宗教の具体的研究。その両者の往還過程の総体として、宗教学という学問は二重性を帯びた構造のもとに存在しているのである。そこでは狭義の宗教学は自らの奉ずる宗教の固有性という理念のもとに神学・教学的研究あるいは人文・社会科学の宗教研究を同化しようと働きかける一方で、逆に後者によって宗教の固有性という理念を無効化していく動きも絶えず起こってくる。その交渉過程のあり方によって、宗教学が宗教研究へと転じたり、諸分野の宗教研究が宗教学に変じていくという双方向的な動きが、宗教学の抱える二重構造が接触する領野ではつねに生じうるものなのである(9)。

このように、日本では「宗教学」という統一呼称は有するものの、その内実は多様なものを含み込んで成立している。さらに、時期に応じた学問傾向の衰微あるいは諸大学間の学風の相違まで考慮に入れるならば、日本の宗教学もまた、宗教の固有性を立てるという立場においては共通するものの、一枚岩な言説とは程遠いものであることが容易に理解されよう。このような多様性、とくに宗教概念の固有性をめぐる二重構造ゆえに、はじめにも触れたように、宗教学の全体像というものは、そこに属する個々の研究者からも外部の研究者からも極めて見えにくいものとなってきた。

2　学説史から学問史へ

しかし、日本宗教学史を叙述する試みの低調さを、このような宗教学という学問の抱える言説構造だけに帰することはできない。その数は多くないとはいえ、学史叙述の試みはなされてきたわけであり、それらの論文における主題設定と叙述形式のあり方が多くの研究者の関心を引くようなものになりえなかったという点も無視することのできない要因と考えられる。それは、これらの論文の叙述形式が学問史ではなく、学説史であったということである。たとえば、日本宗教学における学説史の意義について、その第一人者ともいえる田丸徳善は次のように述べている。

> 端的に言って、それは現象研究から区別されながら、しかしそれと対をなし、密接に結びつくものとみなしうるであろう。……事実としての宗教を取扱うという意味で、これを現象研究と呼ぶことができる。ところで学説（史）研究は、そのようにしてなされてきた研究の作業そのものを対象とする。(10)

田丸は学説史を具体的な宗教の現象研究を補正する役割を果たすべきものとして、宗教概念の彫琢をめぐるその往還関係のなかに位置づける。かれが学説史の整理に力を注ぐ一方で、宗教の定義に注意を払い続けてきたのは、その根本的関心がどこにあるのかを如実に物語るものとなっている。しかし、田丸の関心が宗教概念の「定義」にあって、宗教をめぐる「言説」編成ではないように(11)、その学説史としての宗教学史の叙述もまた、本人が「学説史の検討という作業は、宗教学の全体の中で、そもそもいかなる位置を占めるものなのか」(12)（傍点は磯前）と明確に語っているように、宗教学という学問を独立した閉域として捉えたうえで、その内部での学説の変遷、言い替えれば宗教の定義の推移を検証することを目的としたものである。田丸のみならず、これまでの日本宗教学史の叙述は、概して宗教学という言説内部における学説の変遷をたどり、結果としては、それぞれの学統から宗教学の系譜を構築する作業を遂行してきたことになる。学説史があくまで「宗教」という概念をより適切に定義するための理論的反省であり、自らの拠って立つ宗教学という学問の存立基盤を対象化するものでない以上、宗教学という言説がそこに属する研究者たちの認識をどのように規定しているか、人文・社会科学の言説編成における「宗教学」の位置を論じることが目的とされることはなく、国内外の人文・社会科学者に広く訴える研究主題を提示し得なかったのは当然のことと言えよう。

ただし、宗教学が戦後日本の知識社会において指導的位置を占めてきたものであれば、たとえ宗教学という枠組みを自明とした学説史にせよ、十分に他分野の学問から論及されるに値するものとなったはずである。しかし、戦後の日本社会では国家神道が物議を醸してきた戦前と異なり、宗教学が社会的な問題に積極的に寄与する場面がそもそも無くなっていた。この転換期を押し進める役割を果たした宗教学者が、神道指令の作成に関与した東大の岸本英夫であった。岸本をはじめ多くの宗教学者にとっては、国家そのものは国民のアイデンティティの基盤として肯定されるべきものである一方で、神社崇敬を強要する国家神道体制は「信教の自由」の観点からいって望ましいものではなかった。しかし、宗教と道徳のグレイ・ゾーンとして絶えず議論の的になってきた国家神道が解体されると、宗教という範疇は政教分離体制のもとで政治的領域とは異なる私的領域として場所を保証され[13]、国家と宗教者の軋轢は著しく低下することになる。その結果、皮肉にも宗教学は社会的意義を喪失していき、一九六〇年代以降に再燃する靖国神社にまつわる訴訟を除けば[14]、純粋な学問的領域のなかへと後退していった。事実、国家神道が解体された戦後には各都道府県に新設された国公立大学に宗教学講座が新設されることは、一九四七年に北海道大学の法文学部に新設されたのを除けば[15]、ほとんどなかったと言えよう。宗教系大学でも、戦後になると宗教教育の自由が認められるようになり、各大学は宗教学科を廃止したり、神学部や仏教学部へと発展・改称させていくことになる[16]。

このように国立大学も宗門系大学も戦後になると、それぞれのかたちで宗教学という学問から距離を置き始める。それは結局のところ、戦前の国家神道体制がもたらした宗教の社会的位置がいかにねじれを含んだ論争的なものであったかを明るみにだし、それと同時に代わって戦後に導入された政教分離制度が、もはや宗教学の意見に耳を傾けずとも、信教の自由の場を安定して保証しえるのだという自信と期待を示すものであった。こうして敗戦を機として、宗教という範疇はその言説編成上の社会的位置を大きく変え、宗教学もまたそれに応じて社会的地位の変動を余儀なくされていく。GHQの宗教政策に協力していた岸本はアメリカ合衆国の政教分離の理念を日本へ移植させるために一定の役割を果たしたが、行政面だけでなく学問的にも、かれはアメリカ流の社会科学へと宗教学の内実の転換を図ろうと試みる。それは宗教的体験を重んじる日本宗教学の流れを受け継ぐ一方で、それを宗教として捉えるにとどまらず、文化現象の一部として経験科学的に記述しようとする新たな学問構想を有するものであった。一神教の伝統からすれば文化現象に回収できないはずの「宗教」を「文化」として記述する視点は、すでに田丸が言うように東大の宗教学の心理主義的傾向、あるいは宗教を絶対的超越ではなく人間の一般的営みとして捉える立場をより前面に押し出したものとも言える。その点について、岸本はこう明言している。

宗教学は、文化現象としての宗教の探求を、その目的とするものである。人間のいとなみとして現われた限りの宗教現象を、宗教学は、その研究の対象とするのである。……文化現象を研究の対象とする人文科学の中の一部門として、宗教学がある。(17)

しかし、それは同時に宗教学の根幹をなす宗教の固有性という理念、文化から卓越したものとしての宗教の独自性を掘り崩していく、ある種の世俗化的な論理を内包させたものでもあった。であるとすれば、それは宗教の固有性を支柱としてきた宗教学そのものの存立基盤をも危うくする可能性も秘めたものとなる。そして、一九七〇年代に入ると間もなく、岸本門下の柳川啓一によって、宗教学における体系性の放棄が宣言されることになる。いわゆる「ゲリラ」としての宗教学を唱えた論文「異説 宗教学序説」(一九七二年)のなかで、柳川は次のように述べている。

われわれは、宗教学であるという「制服」は着用せずともよいし、学問上の「正規軍」であることを明示する必要もない。他の学問があまり手をつけていない領域に、別にこれが宗教学と名のりもあげず、忍び込んだ上での奇襲攻撃が、われわれの本領ではなかったか。……社会学とか心理学とか其の他何々学という正規軍が到着して、……うるさいことを言い出したらさっさと引き揚げるべきである。(18)

そこには、岸本が案じた経験科学としての宗教学の再編が、もはや実現し難いものであることが言明されている。そこから柳川は「相手の思想、感情の中に自らを同化させて、見るものと見られるものの分化を防ぎ、両者の一致の中から新しい解釈を施して行こうとする」「『野』の科学」を提唱し、岸本の学問のもう一つの側面、姉崎以来の体験主義を前面に打ち出すことになる。興味深いのは、ここで柳川が野の科学を唱えたさいに、その模範としたのが柳田国男の民俗学であり、その対比のなかで、柳田のほぼ同時代人であり、「『官』の科学」の担い手に見定めた姉崎の宗教学に対して、次のような極めて否定的な評価を下していることである。

始祖にたいする冒瀆をおそれずにいうならば、現在の宗教学を志す人は、かれの五〇冊をこえる著書、数百種の論文のどれをも、読まないで通り過ぎてかまわないのである。(19)

柳川による柳田と姉崎の評価が正鵠を得たものかどうかを、ここで問題とする必要はない。われわれの議論にとって肝腎なことは、柳川が同じ岸本門下生であり、東大教官として同僚でもあった田丸とは異なる東大宗教学の歴史の総括を提示していることにある。つまり、極めて断片的な素描にすぎないにせよ、柳川の総括は宗教学内部の学説史ではなく、戦後の東大宗教学の破綻を、その外部である民俗学の勃興と対比することで、日本の知識社会の見取り図のなかに意味づけようとしている。否定的で未熟なかたちにせよ、柳川は宗教学をその外部と関連づけることで、宗教学の学説史を近代日本の学問史へと跳躍させる叙述方法をはからずも提示しているのだ。そして、東大宗教学の学祖である姉崎を――柳川自身の言葉を借りるならば――「父親殺し」[20]し、岸本宗教学の社会科学としての破産を告げることで、その門下生たちは記述的科学としての宗教学の固有性という呪縛から解放され、社会学や民俗学や人類学など、様々な分野の宗教研究と広汎な交流を展開していくことになる。二〇〇三年から二〇〇四年にかけて、東京大学の島薗進を中心に企画・刊行された『岩波講座宗教学』全一〇巻（岩波書店）は、そのようなかたちで宗教学が異分野交流を進めていったことの中間報告ともいえる。

その一方で、岸本の提示した文化としての宗教という命題は、一九七〇年代の宗教学的な世俗化論の隆盛のなかで本格的に花開いていったように思われる。近代的合理主義の台頭による宗教の衰退を説く一般の世俗化論と異なり、宗教学的な世俗化論は世俗化が進行するなかでも宗教は形を変えて生き残り、人々の世俗的な日常生活のなかに浸透していくという見解をとる。[21]そこでは宗教と世俗、岸本の言葉でいえば宗教と文化との区別が曖昧になり、宗教が個人の私的領域からふたたび社会の公的領域へと侵入していくことで、〈宗教＝私的領域／政治＝公的領域〉という明快な二分法を前提とする政教分離の理念が崩壊の危機に曝されることになる。聖と俗の反復を説くシカゴ大学のミルチャ・エリアーデの宗教学が、同じエラノス会議を中心につどった霊性的知識人のカール・グスタフ・ユングの深層心理学とともに、若い知識層に人気を博したのもほぼ同じ時期といえるが、それもまた個人という私的領域だけでなく、公的領域としての社会そのものが非日常的な祝祭の聖なる空間に転化しうるという点、さらにはその聖なる空間こそが日常の本源であるとする点で、やはり〈宗教＝私的領域／政治＝公的領域〉という二分法を超えたビジョンを提供しえるものと受け止められたのであった。[22]

戦前の宗教政策は、政府が信教の自由という理念を建前としながらも、それを逆手にとった国家神道政策を国民に強要していったわけだが、それゆえに〈宗教＝私的領域／政治＝公的領域〉という二領域の関係性をめぐって、宗教概念をどのように把握すべきかということが絶えず議論の俎上にのせられてきた。それに対して戦後の宗教政策のもとでは、〈宗教＝私的領域／政治＝公的領域〉といった二分法が法制度として一挙に実現されてしまったために、むしろ、その二分法に収まることのない現実での両領域が浸透し合う過程をどのように受け止めるかという課題がまったく新たな問題として浮上してきたのであった。戦前と戦後の社会では、国家神道体制の崩壊を契機として、宗教概念をめぐる社会的な言説編成の布置および議論の所在が根本的な変化を遂げてしまったのである。そのことを、私たちははっきり認識しておく必要がある。

この社会状況の変化にもかかわらず、宗教学が宗教の固有性という理念に固執し、それを戦前以来の〈宗教＝私的領域／政治＝公的領域〉という二分法のもとで個人的意識の純粋性として保持し続けようとするかぎり、この学問が戦後の変転する社会状況に応えることができなくなっていくのも当然のことと言えよう。むしろ、宗教学の今日的課題というのは、このような宗教の固有性という言説が、かつて近代日本の社会へとどのようにして移植されていき、時代状況とともにその社会的含意を変えながら、日本の社会のなかでいかなる役割を果たしてきたのか、宗教学をめぐる言説布置の変化を読み解いていくことにある。そうすることで、近代日本における宗教概念の位相の変化を把握することが可能となり、宗教概念を通じて日本の近代過程そのものを問うことまでも行い得るものとなろう。その意味で宗教学史の叙述形式としていま求められているのは、宗教学という言説の枠組みを自明とする学説史ではなく、日本社会のなかにおける宗教学および宗教概念自体の位相を言説編成上の問題として明らかにする学問史という叙述方法なのである。これまでの学説史の具体的な叙述は、学問史のビジョンのもとに根本的に読み替えられていくべきなのだ。

そのためにも、最新の西洋的な宗教理論や宗教概念の移入に勤しむだけでなく、そのような理論を日本や非西洋地域の宗教現象をめぐる研究から捉え直していく批判的な事例研究を着実に積み重ねていくことが不可欠な作業になってくる。事実、一九七〇年代になると、社会学・民俗学・人類学の成果を複合的に摂取した宗教社会学研究会による日本の新宗教研究が、東大の島薗進『現代救済宗教論』(青弓社、一九九二年)や東北大学出身の池上良正『津軽のカミサマ——救いの構造をたずねて』(どうぶつ社、一九八七年)といった成果によって、宗教学という分野の枠を超えて、世俗化理論やウェーバー的な近代化理論の見直しが推し進められた。(23) 彼らの研究は日本の事例を以て自らが参照項とする西洋理論を対象化し、日本の宗教現象に新たな光を当てることにも成功したために、(24) 日本の人文・社会科学さらには欧米の宗教研究にも一定の寄与を果たすことになったのである。

そもそも日本の宗教学の歴史を顧みるならば、西洋的な宗教理論との即応関係のなかで自己を定位しようとする動きが一方で根強く見られるかたわらで、西洋中心主義な宗教概念や宗教理論からどのように距離を保っていくのか、その意味の拡張を非西洋地域の事例をもとに推し進めようとする研究も一貫して存在してきた。それは、鈴木宗忠の大乗仏教研究や姉崎の日本宗教史を端緒として、一九三〇年代の鶴藤幾太や中山慶一の日本の新宗教研究、一九四〇年代に結実する宇野円空や赤松智城らのアジア諸地域の宗教民族学・宗教人類学を通して、脈々と受け継がれてきたものである。(25) 日本の宗教学には、前節で述べたような〈宗教学/神学・教学・神道学〉や〈宗教学/他の人文・社会科学〉といった二重構造だけではなく、〈西洋/非西洋あるいは日本〉といった別種の二重構造もその内部に包含されているのだ。日本宗教学の祖ともいえる姉崎の研究軌跡が、宗教学の西洋的理論体系の構築を出発点として、日本宗教史の具体的叙述に向かっていったように、日本の宗教学は西洋理論の「移入」から始まりながらも、その一方でそれを日本の社会にどのように「適応」させていくか、そこから西洋理論をどのように読み返していくのかという課題を担って、西洋的な宗教学および宗教概念の横領をつねに試みてきたとも言える。

3　オウム真理教事件と宗教体験論

しかし、このような力動性を帯びた宗教学の宗教理解もまた根本的な欠点をかかえたものではないのか。そのような疑念を宗教学に突きつけることになったのが、一九九五年に起きたオウム真理教の地下鉄サリン事件であった[26]。この事件は、世俗化していく社会のなかでも宗教は形を変えて生き延びていくとする宗教学の世俗化理論を裏づけるものとなった一方で、皮肉にも、宗教に対する中立性を主張してきた宗教学者の立場が、たしかに個別の宗教においては中立的であったにせよ、個別宗教を超えた宗教一般、すなわち宗教の固有性という理念に対して極めて親和的な価値観を保有してきたことを露呈させるものとなった。そのように見れば、宗教学の破綻を告げた柳川啓一にせよ、その破綻とは学的体系性に限ってのことであり、一方で「何よりもわれわれの目標は、宗教に対する興味であって、一定の収穫があればそれでたりる[27]」と述べているように、やはり宗教の固有性という価値規範はある程度保持されていたと考えるべきである。もちろん、宗教という主題を設定すること自体はなんら批判されるべきことではない。宗教という概念を用いることで、見えなくなるものがあると同時に、新たに見えるようになるものが現れてくるのも当然のことであろう。問題とされるべきは、どのようなかたちで宗教の固有性が措定されているのか、その主題化のあり方なのである。

かつて岸本英夫は、戦後宗教学のひとつの画期をなす著作『宗教学』（大明堂、一九六一年）において、シカゴ大学の宗教学者ヨアキム・ワッハの区分に依拠しつつ、宗教学を諸宗教に対して客観的な立場を保つ「記述的」科学の一分野として再定義を試みる一方で、京都大学に代表される宗教哲学あるいは神学を実存的にコミットしながら、在るべき宗教の姿を論じようとする「規範的」研究として規定した。そうすることで、宗教学あるいは宗教研究の内部に明確な境界線を設けようとした。岸本の著作が刊行された一九六一年は、折しも京都大学の西谷啓治の代表作『宗教とは何か』（創文社）が刊行された年であり、東大の宗教学と京大の宗教哲学における宗教研究の相違が、その時点でのかぎりだが、明確に示されたことになる。しかし、ほどなく柳川によって発せられた社会科学としての宗教学の破産は、このような岸本の引いた境界線がもはや明瞭なものではないことを暴き出すものとなり、その門下生の多くは、「当事者の体験や世界観に触れることができないような、伝統的な実証主義的合理主義的科学を乗り越えようと〔する〕」[28] 課題を感じるようになる。

研究主体とその対象という明快な二分法が崩壊し、いかにして研究対象に認識主体が接近することができるかという関心が、東大宗教学を中心とする若い研究者たちを突き動かしていたのである。さらに、その当事者の一人であった島薗進の整理によれば、その研究者たちは、中沢新一『チベットのモーツァルト』（せりか書房、一九八三年）や島田裕巳『フィールドとしての宗教体験』（法藏館、一九八九年）のような宗教者の体験的身体的理解を重んじる「体験的身体的理解」と、島薗のように信仰世界に対して共感的でありながらも、その信仰の営みを時代的状況との対応関係のなかで位置づけ直そうとする「内在的理解」の立場に分岐していたという。前者が宗教的体験を強調するオウム真理教と関わりのなかで、宗教的世界に対して極めて好意的な発言をしたことはよく知られるところであるが、後者にせよ、島薗が「内在的理解の立場では、距離をとって冷静に見ているという部分が大きいのですが[29]」と言うにもかかわらず、やはり宗教全般に対してその潜在的能力を見出そうとしていた方向に傾いていたことは、みずから研究の立場を説明した次の言葉から見てとることができる。

> 教祖の宗教体験を生き生きととらえ返すにはどうすればよいかが、当時の私の最大の課題でした。そのためには教祖の前半生をその時代の社会的環境に即してとらえることが、まず必要と思われました。その上で、……宗教は現実の困難に出合って苦しむ人間に対して、強い希望の光を示して個人の力では破れぬ壁をうち破り、人間が

もっている生命力を十二分に引き出すものととらえるようになりました。(30)

たしかに、そこには宗教の可能性を引き出そうとする積極的姿勢が見られるのだが、そのあまりに、宗教が人間の闇からも生じてくるものである、人々を救うだけでなく、人々を苦しめるものでもあるという認識がさほど明確には感じ取られない。そのようなあるべき姿としての宗教への渇望は、かつて岸本が「規範的研究」として宗教哲学を批判した地平と変わらないところに、オウム真理教事件で躓いた個々の宗教学者にかぎらず、柳川以降の東大の宗教学もまた立ってきたことを示すものとなった。おそらく、それは宗教学の発生母体であり、その前身をなす自由神学がキリスト教から分派してきたさいに、その人間理解において罪意識を脱落させてきたことと深い関係を有するものと思われる。そのようなところから、宗教を人間の光の側面とのみ関係づけて捉えようとする宗教学特有の認識の仕方が設定されてきたのではなかろうか。そして、このような宗教の肯定的理解の中核に据えられたのが、宗教的体験へのつよい憧憬であった。

周知のように、宗教を理解あるいは実践するための核として宗教的体験を重んじる志向性は、明治期の姉崎正治や西田幾多郎にはじまり、日本の東西を問わず、宗教学の黎明期より広く見られるところのものである。たとえば姉崎は、一九〇三年にみずからの神秘体験の手記をつぎのように発表している。

天地の呼吸を感じ、寂寞永遠の胸に触れしは此かる夜なりけらし。独り磯の砂に伏して無心の境に入れば、……時は移り人は更はるも、永劫の脈拍にはいつも更はらぬ「今」の律呂あり。光よ我れを包むか、波よ我れを招くか。身よ水に溶けよかし、心よ光と共に融け去れ、かくて我れ已に我ならぬ時、我が胸のひゞき如何に甘かるべき。(31)

一方の西田幾多郎も、その第一作『善の研究』（弘道館）を一九一一年に刊行し、アンリ・ベルクソンやウィリアム・ジェームズの影響下に禅の体験を再解釈したといわれる主客未分の「純粋経験」を説いていた。しかし、姉崎が実定宗教の経験科学的な記述を通して人間の心理的事実として宗教を把握する立場をとるのに対し、西田は実定宗教を介してではなく、自己の内面をめぐる哲学的思索から、個人とその個人を超える主客未分化な実在との関係を分析しようと試みる点で、両者は宗教に対するベクトルを異にする。ここにおいて、心理学に基礎をおく経験科学的な宗教学と哲学的思索を立脚点とする宗教哲学が、日本において明確に分岐したともいえよう。とくに一九二〇年代になると、日本の哲学界を席巻する新カント派の心理主義批判を取り込むか否かで、宗教をめぐる両者の立場はよりいっそう異なっていく。そのなかで西田は、宗教を人間の主観的意識の産物として捉える還元主義的な解釈に異を唱えることで、そのような主観的世界を存立させている根源的実在そのものの探求へと、フッサールらの論理学派の動きを睨みつつ、立場を展開させていくことになる(32)。

たしかに西田は、彼自身が京大宗教学講座に在任したのは一九一四年の一年間だけであり、宗教哲学者という自己意識は有していなかったが、その宗教をめぐる哲学的思索は多くの日本の宗教哲学者に刺激を与えていく。九州大学の佐野勝也は宗教心理学を放棄し、より実在の問題に迫るためにと宗教哲学へと転じ、東北大の鈴木宗忠もティーレの宗教学の心理主義的傾向に批判を加え、宗教哲学への再解釈を試みる。また、西田の後任となった京大の波多野精一も自由神学的なキリスト教解釈から実在の体験を核とする宗教哲学を打ち出すようになる。彼らはいずれも東大哲学科出身であり、なかでも佐野・鈴木は姉崎門下であったが、新カント派との対決を通して実在との直接的な宗教体験を核に据えた宗教哲学を支持するようになり(33)、次々に各地で新設された帝国大学の宗教学講座では、姉崎のいる東大を除くと、経験科学的な宗教学よりも宗教哲学が主流をなすようになる。

しかし、宗教心理学的な解釈にせよ否にせよ、黎明期の日本宗教学において宗教的体験を、宗教という固有性を支える内実として位置づけようとしていた点では、経験科学的な宗教学も宗教哲学も同じ価値規範を分有していたことは明らかである。それは、宗教というものを、個々の実定宗教を超えた、人間の内的領域を通して普遍的に見出すことのできる超越的な志向性として捉え直そうとする点で、まさに神の実在の自明性が崩壊した後の、近代西洋のロマン主義の洗礼を受けた知識人層の試みであった。すでに鶴岡賀雄がミシェル・ド・セルトーを引きながら説明しているように、このような宗教的体験への志向性は西洋の近代社会においても広汎に見られるものであり、既存の実定宗教における教説や実践の真正性が危機に瀕したときに、自己の内なる超越性への回路を介して信仰の信憑性を回復させようとする動きとして生じたものと位置づけることができよう(34)。

心理主義をめぐる宗教哲学と経験科学的な宗教学の議論に見られるように、日本の宗教学もまたその一支流として、宗教的体験をどのように分節化するかということに、今日にいたるまで膨大な労力を割いてきたわけである。それは、再度確認するならば、宗教的体験こそが実定宗教を超えた固有なものとしての宗教に信憑性を付与しえるものであり、その信憑性こそが、個別宗教に対しては中立性を唱える宗教学者の秘められた宗教心を確かなものとして満たしうるものであったからである。このような歴史的経緯をふまえるならば、オウム真理教事件における宗教学者の問題は、一部の宗教学者の躓きとして例外的に処理されるべきではなく、宗教学がその衝動として抱える宗教的体験への志向性が極めて素朴なかたちで露出したものとして受け止められる必要がある。

さらに、一九三〇年前後になると、宗教学は、心理主義か宗教哲学かといった立場の違いにかかわらず、思想的教義よりも行などの身体的実践を通して、宗教的体験を意味づけようとする動きが新たな潮流をなすにいたる。心理主義的な宗教学の流れをくむ者としては、ともに一九二七年に、東大および京城大学の助教授として就任した宇野円空と赤松智城があげられる。宇野は東大の姉崎門下、赤松は京大出身であるが、西田や波多野の学生ではなく、彼ら以前にインド哲学史講座と兼担で宗教学の教鞭をとっていた仏教学者、松本文三郎の弟子であった。一方、宗教哲学の分野では、一九三五年に西田門下の西谷啓治が京大の助教授に着任する。すなわち一九三〇年代になると、宗教的体験をめぐる議論は、それまでのように人間の意識の内部に押しとどめて解釈するか否かではなく、心理主義的な宗教学と宗教哲学というそれぞれの立場を並存させながら、いずれも思想と身体の関係性をめぐる論点へと関心を移行させていったのである[35]。そして、一九四五年に東大助教授に就任し、敗戦直後の神道政策の転換に重要な役割を果たした岸本英夫もまた、身体性との関連において宗教的体験を位置づけようとする流れをくむものであった[36]。

しかし、東大の宗教学の場合には、既述したごとく、一九七〇年代に岸本から柳川へと担い手が移行していく過程で、客観的な経験科学主義が崩壊していき、その科学主義の裡に潜んでいた体験への志向性が、ジャーナリズムによる宗教ブームへの迎合とあいまって、一部においては性急な経験主義として表出していったと考えられる。一方で京大の宗教哲学は、当初から実定宗教の記述に関心が向かっていた東大宗教学とは異なり、伝統的に自己の内面を対象化して記述する手法に長けていたために、素朴な体験主義に陥るおそれがなかったと思われる。しかしその分、みずからの言説の枠組みを覆すような時代的潮流に——たとえば一九七〇年代の世俗化論や一九八〇年代の言語論的転回など——、その学問を晒していくような危機感にいささか欠けていたともいえる。このような状況のなかで、一九九〇年代冒頭には、東大出身の研究者から、宗教的体験の主客未分性を強調する立場に対して批判が寄せられていくことになる。鶴岡賀雄や深澤英隆らによるその批判は、体験主義の説くような純粋な主客合一の世界の妥当性に対して、ルードヴィッヒ・ヴィトゲンシュタインに依拠した宗教言語論の立場から疑問を呈するものであり、東大の体験主義だけでなく、西谷啓治以来の宗教哲学の体験記述をも射程に置くものであった。それは、日本の宗教学がその黎明期から抱えてきた宗教的体験への志向性を根本的に考え直す可能性を秘めたものと言えよう。

ただし、その後の議論の展開を見ると、このような批判的見解もまた、ジャック・デリダが批判した西洋哲学のロゴス・セントリズムと同様に[37]、宗教という言葉に反省的意識の純粋性を見出し、認識の真理性への渇望に憑依されかねない危険性をはらむものでもあった。それはこれらの批判的言説の一部が、体験主義の説く宗教的体験の真理主張を退けるために、依然としてその論拠を真理か否かという基準に求めている点にあると考えられる。そこでは体験主義の言説に代わって、みずからの批判的言説のほうがメタ議論であるがゆえに歴史的制約を超えた真理性を確保できるという論理に陥る危険性も出てこよう。そうなると宗教および宗教学という言説は、他の教説の歴史性を批判することはあっても、みずからはいかなる批判にも晒されることのない、あるいはあらゆる批判を包摂してしまう超越的で純粋な反省意識として再規定されてしまいかねないのである[38]。

たしかに、このような宗教的体験の信憑性を語るに語れず、かといって認識の純粋性を手放すことはできないといった葛藤自体が、現在の宗教学のジレンマを示すものであり、今日の宗教をめぐる言説の布置状況を理解するうえで興味深いものである。それは、宗教学という学問が宗教を論じるものである以上、いかに宗教の世俗化が進もうとも、やはり研究者の意識のどこかに、みずからの言表行為もまた歴史を超越した認識の透明性に達しえるといった止みがたい欲望が潜んでいることを示唆しているかのようにも思われる[39]。しかし、さらに議論を進めるためには、今日むしろ大事なことは、その言表内容が真理であるか否かを批判の論拠にすることではなく、ホミ・バーバがその芸術・宗教的体験論で「他者にむかって開かれた陶酔、あるいはそれとの交渉[40]」と述べているように、信憑性の有無といった参照軸をいっさい破棄することで、超越性を主張する宗教的体験が日常生活における他者との交流の場へと分節化されていく過程そのものを、その往還関係のなかで把握していくことではなかろうか。みずからに巣喰う真理への病を、それ自体は消えうせるものではなくとも、もはや議論の俎上にのせなければならない時期に来ているように思われる。

いずれにせよ、オウム真理教事件を契機にして、体験主義およびその批判的言説の立場も含めて、宗教学という学問がもはや認識の客観性を安易には主張できなくなっていること、その結果、信仰的世界に対して研究者がどのような距離をとっていくべきなのかということが、宗教学の課題として浮上してくることになる。その点において、岸本が規範的研究として退けてきた神学および宗教哲学のほうが、かえって自らの宗教性を前提として議論を展開してきたがゆえに、学ぶべきものが多いともいえよう。すくなくとも、はやくも一九三〇年代には現代社会におけるニヒリズムと宗教という主題を立てた西谷啓治以降の京大の研究者には、一九七〇年代の世俗化状況において諸手をあげて宗教的体験を擁護する態度は容易には取りえなかったはずである。彼らにとっては、世俗化する時代においても宗教がかたちを変えて生き延びるとする東大系研究者の見解は素朴なものであり、近代化が否応なしにもたらした宗教の解体状況をはっきりと認識したうえで、その克服の手がかりとして東洋的な宗教伝統を読み解くことが、まさに「近代の超克」であった。しかし、まさにその点にこそ、すなわち西谷が近代的なニヒリズムの克服のために絶対無——後に西谷が「空」と呼ぶところのもの——という宗教的体験を東洋的伝統として表象するに至った過程にこそ、戦中期の政治的問題も含め、京大の宗教哲学において宗教的体験と称される言説のもつ根深い問題が潜んでいるように思われる。

そして、東大を中心とする宗教学の自己解体的ともいえる展開のなかで、宗教をめぐる宗教学の語りがどのような歴史的文脈のなかから生じてきたものであるのか、他の宗教研究一般に比べてその語りの特質はどこにあるのか。日本の宗教学の歴史がひろく人文・社会科学の研究対象に据えられるようになってきたわけである。まとまった形で刊行された研究としては、山口輝臣『明治国家と宗教』(東京大学出版会、一九九九年)、磯前順一『近代日本の宗教言説とその系譜——宗教・国家・神道』(岩波書店、二〇〇三年)を挙げることができる。ただし、これらの研究は東大を主とするにとどまっており、宗教学全体の二重構造までを対象化して捉えるには至っていない。他大学の宗教学や神学・教学との関連も含めた本格的な究明が今後またれるところであるが、いわゆる宗教概念論と呼ばれるこれらの研究は、宗教学の言説をその内部に属する宗教学者の自己意識に即して記述する学説史とは異なり、ナショナリズムの勃興などの政治的文脈との関連で論じた点で、日本の近代化過程の問題として宗教学を研究対象に据え直したものである。一例をあげれば、一九三〇年という時代状況のもとで、日本宗教学会が全国組織として結成されたのは、今日ではまったく忘れ去られているが、当時興隆し始めた日本共産党による反宗教闘争に対する対抗運動的な要素が極めて濃厚に存在したということである。日本宗教学会は、一九二八年の昭和天皇即位記念事業の一環として催された、御大典記念日本宗教大会からの流れを承けて結成されたのである。この会合自体が、当時の青年知識人層に流行したマルクス主義の唱える宗教阿片論に対する危機感から、宗教界および宗教学界が結集して、人間にとって宗教こそが固有の本質性を備えたものであるとする見解を明確に打ち出し、国体に反するという理由を以て共産主義撲滅宣言を唱えた政治闘争的な性格を有するものであったことは、日本の宗教学の性格を考えるうえで象徴的な出来事であったと言える(41)。

このような議論は、人類学者のタラル・アサドや宗教学者のラッセル・マッカチオンら、ポストコロニアル研究やカルチュラル・スタディーズの問題意識を共有する研究と連動するものでもあった(42)。すなわち、われわれが今なお用いる宗教という概念がどれほど西洋プロテスタンティズムの強い影響下に置かれたものであるか、とくに戦後に移入された政教分離の理念と強く結びついたものであるのかを明らかにし(43)、そのような西洋中心主義の認識を保持させてきた宗教学の学的認識の批判へと展開していった。二〇〇一年の九・一一テロを契機として大きな注目を浴びるに至ったイスラーム研究もまた、この点で無視することのできない決定的な意味を有するものである。もはや宗教学は客観的な宗教の記述の学ではなく、宗教概念を生み出し、たえず読み替えながら維持していく行為遂行的な発話行為として認識される。ここにおいて、宗教学の中核をなしてきた宗教の固有性という理念は、たしかに諸宗教に対して等距離を保ちうるものではあったが、宗教という範疇が世俗との二分法のなかで、政治や道徳の対概念として成立可能になったものであり、宗教学という学問がその一方の極において純粋性という価値規範とともに形成されてきた歴史的産物として認識されることになる。

こうして、ようやく宗教学も宗教を対象として認識・記述する客観的な学から、みずからの日本近代を読み取るための研究対象へと転化していったわけである。しかし、それは宗教学の存在意義をいささかも貶めるものではない。宗教学は、その成立経緯からいってこのような規定を好まないが、あらゆる批判的教説もふくめて、すべての認識主体は認識対象でもあるという自らの歴史的身体性を引き受けることで、信仰世界や他の学問領域との対等な地平での相互討議の準備がようやく整ったのである。それは、たとえば当初この議論に関わった山口輝臣が歴史学の出身であったように、論者が日本宗教学会内部の当事者的立場にいなかったために、さほど制約のない立場から議論を展開する可能性が切り開かれたとも言える。また、東大宗教学とかかわりを有する磯前の研究については、岸本・柳川以来の、宗教のみならず宗教学の世俗化を推し進めてきた自由な雰囲気が、ついにはみずからの言説を歴史的に対象化するまでに至ったのだとも言えよう。すでに多くの宗教学者が異文化との研究交流を推し進めているように、もはや宗教は宗教学者だけが特権的に語るものではないのだ。

さらに、宗教概念論がもたらした宗教および宗教学の歴史的文脈化の試みは、その後、戦中期における宗教学者の政治性の問題へも展開されつつある。姉崎正治による三教会同や南北朝正閏論への積極的関与、大川周明や蓑田胸喜などの皇国主義との密接な関係、宗教民族学・人類学と植民地経営との提携など、他の学問と同様に、日本の宗教学もまた天皇制国家や戦中期のナショナリズムと密接な関係があったことは今日では明らかな事実となりつつある。例えば宗教民俗学者の宇野円空は、東亜共栄圏における日本精神の指導的役割を次のように述べている。

東亜の新秩序を打ち立てるため関係諸民族を指導するには、かれらの民族精神を理解し尊重すると同時に、何よりもそれら全体の指導原理たるべき我が日本精神を十分に了解させ、それに合流帰服させせなければならぬ。武力による強制や利害関係からの協同より以上に、東亜諸民族をかゝる道義的結合にまで指導することが最後の目的だとすれば、こゝにまた外に向つての日本精神の闡明、異民族までが納得するやうなその真理性の基礎づけが絶対に必要である。(44)

宇野によれば、東亜諸民族は稲作文化と祖先崇拝という文化的、すなわち宇野のいうところの民族の類似性を強く有するものであり、キリスト教などとの一神教とは異なる文化原理を有する日本精神によって導いていかれるべきものということになる。この時期の宇野の著作に丹念に目を通すならば、ウィリアム・シュミットの説く「文化圏」という概念が宗教を基軸とする「民族」の同質性へと読み替えられ、植民地主義を支える論理的説明へと組み込まれていく様がはっきりと見てとれる。そして、このような植民地主義を射程においた研究は、もはや宗教学者だけの手におえるものではなく、すでに人類学者や地域研究者によって本格的に推進されている。

そして、これまでも宗教学の外部で再三言及されてきた京大の西谷啓治による「近代の超克」をめぐる発言は、西田幾多郎から継承した京都哲学が宗教哲学として独自の境地を確立するに至ったときに、その〈西洋／東洋〉の表象作用の政治性とあいまって、その時代状況のなかでどのような論理構成を形成していったのかが、本格的な検討へと付されなければならないであろう。戦後、ＧＨＱと連携して日本の宗教政策に影響を与えていく東大の岸本英夫と、戦中期の発言によって教職追放に処せられる京大の西谷啓治。安易な推察は慎まなければならないが、それは戦後、自己解体的世俗化を進めていく東大の宗教学と、西谷以来の伝統保持に努める京大の宗教哲学の相違にいたるまで——それがどこまで自らの裡に潜む宗教性を対象化できているかは別として——、両大学宗教学講座の歴史的伝統に対する距離のとり方にも深い影響を与えているようにも思われる。

周知のように西谷は今日に至る京大の宗教哲学の基礎を築いた人物であるが、みずからを宗教哲学者と名乗ることのなかったその師、西田の宗教論との比較をするならば、たしかに絶対無と呼ばれる純粋経験への志向性は通底して見られるものの、マルクス主義との対決の仕方が根本的に異なっていたことは明白である。西田は、田辺元や三木清らマルクス主義を積極的に受けとめた門下生たちとの対話を通して、個体と個体および個体と普遍的実在の関係を「絶対矛盾的自己同一」として否定的媒介の相のもとに捉え、純粋経験を「社会」に存在する「歴史的身体」のなかへと分節化させていく。一方、西谷は個体と実在の問題を排他的な一・二人称の関係として捉え、そこに異なる個体が三人称の他者として介在する状況を想定しないため、最終的に個体は実在のもとへと肯定的に包摂されていくことになる。西田に対する西谷の独自性は、近代社会における形而上学としての宗教の権威失墜を前提として、ハイデガーの影響のもと、彼がニヒリズムと呼ぶ状況下で宗教を新たに意味づけようとした点にある。そこでは、マルクス主義の立場も、宇野円空と同様に啓蒙主義的な宗教批判として繰り込まれた議論が展開されるのだが、あくまで下部構造決定論としての唯物論として理解されるにとどまり、西田のように社会関係の否定的弁証法として読み込まれることはなかった(45)。

この弁証法的契機を欠くがゆえに、西谷の想定する実在は、西田よりも個体を直接的に包摂する普遍者として実体化されがちなものとなり、その普遍性の担い手として東洋、とくに日本が、ニヒリズム的状況をもたらした西洋を克服する「近代の超克」の切り札として対置されるような論理過程をたどるに至る(46)。むろん、西田もそのような思考法から完全に自由になっていたわけではなく、『日本文化の問題』(岩波書店、一九四〇年)で説かれるように、皇室を絶対無と重ね合わせるような時代的限界を有していたこともまた事実である(47)。いずれにせよ、西谷については、戦中期の政治的含意を濃厚に帯びた「近代の超克」に関する一連の著作が、彼の宗教哲学を確立する著作群とほぼ同時期に発表されたものであり、その論理展開において不可欠な部分を構成していたことをしっかりと見据えた議論をおこなう必要があろう(48)。オウム真理教事件における東大関係者の応答と同じように、この場合もまた、当人の主観的な意図とは別に、宗教学者の論理が政治・社会的な文脈のもとにどのようなかたちで取り込まれていたのかを、第三者にも納得できるようなかたちで、宗教学にひそむ躓きの危険性をきちんと主題化していかなければなるまい。

おわりに

今後の課題としては、イスラーム研究の台頭、そして宗教概念のプロテスタンティズム中心主義および宗教学の政治性といった批判的認識を踏まえたうえで、どのように宗教を語りなおしていくのか、学問が信仰的世界にどのような言葉を与えていくのかということが最大の問題となろう。その文脈からすれば、今日盛行しているスピリチュアリティ研究も、固定化された含意を帯びた宗教概念とは異なるところで信仰世界を語りなおそうとする試みとして理解することができよう[49]。もちろん、それは戦中期の宗教学のように実体的な土着主義に回収されていってはならないし、オウム真理教事件のときのように宗教的体験への憧憬に呑み込まれてもならない。しかし、学問にとってそれ以上に留意されなければならないことは、なにゆえ信仰するという行為と別途に宗教を語る行為が必要とされてきたのか、学的認識の行為遂行性が信仰世界に対して単に知的ヘゲモニーを確立するだけのものではないとすれば、どこにおいてその積極的意義を見出すべきものなのか、これらの問いに答える努力をしていくことである。そして、それは宗教学のみならず、宗教研究全体にひろく課せられた問いとして受け止められるべきものであろう[50]。もはや岸本や、さらには明治期にもてはやされたティーレの言うような宗教学の客観的中立性といった言説に立ち戻ることは不可能なのだ。

一般に宗教概念論に援用された言説論の手法は、主体を規定する言説の均質性に主眼を置いた叙述形式をとるため、西洋的な宗教概念に日本社会が一方的に歴史的拘束をうける受動的側面が強調されるものであった。たしかに今日、西洋的な影響の外部に出ることを想定することは困難であり、原理主義や土着主義でさえ西洋近代化に対するその内部に取り込まれつつあることへの反発といえるのだが、西洋化した世界の内部にも回収不能な余白は常に存在するものであり、アサドが指摘するようにその近代化は決して一様なものではない(51)。その意味で宗教概念論にもとづく言論的記述は、その余白がもたらす代補的作用を考慮においた言表行為の可能性によって両義的なものとして描き直されていくべきであろう。歴史的拘束性のもとでの語りの有する可能性として、信仰世界とのかかわりを押さえた宗教研究を再構築していくことが今こそ求められている(52)。このような歴史的地平においてこそ、宗教の固有性という言説を支えてきた宗教的体験の可能性は、日常を超出しながらも、そこに還っていくものとして位置づけ直されていくことになり得る。西田幾多郎が長い思索の果てに到達した「絶対矛盾的自己同一性」のもと、「歴史的身体的実践」として宗教を語る行為は受け止められていかなければならないのだ。

その点、オウム真理教事件は、宗教を語ることが決して中立的ではありえず、現実への介入行為にほかならないという意味で、宗教研究者に対してみずからの行為の政治性を突きつけるものであった。そこから目を逸らしてしまうのでなければ、かつて柳川啓一が述べた、「相手の思想、感情の中に自らを同化させて、見るものと見られるものの分化を防ぎ、両者の一致の中から新しい解釈を施して行こうとする」ような、研究者と信仰者を同一の実存的次元で扱う素朴な主客未分化な世界を冀《ねが》うことは——その欲求の止みがたさを対象化することは有意義なことであるが——、もはや不可能であろう。学問と信仰の関係は、実存的な同一性の次元でもなく、〈主体/客体〉という単純な二分法でもないかたちで位置づけ直されなければならない時期に来ている。そのときに、これまでの宗教学の歴史は、学問と信仰の関係を見つめ直すための歴史的な研究材料となり、そこからは普遍性や超越性、信仰と知、あるいは救済と罪悪などに関する、新たな語りを切り開く手がかりが掘り起こされていくことになるであろう。

なぜならば、宗教学はその内部に〈宗教学/神学・教学・神道学や他の人文・社会科学〉および〈西洋/非西洋あるいは日本〉といった二重構造を抱え込んでいるために、当人の意識に反するかたちにせよ、たえず自己を差異化する契機を産出してきたからである。そして、何よりも宗教学は、到達不能な超越性にむけた飽くことのない欲求を秘めたものであり、それがみずからの裡に巣食う存在の不安と表裏一体をなすものである以上、その超越的な欲求は決して充たされることのない運命のもとにある。それゆえに、超越的なものとの合一欲求は、その融合的体験が真実のものであるか否かといった判断とかかわりなく、われわれに憑依して止まないものとして、様々な主体のもとへと差異をもって反復されていくことになる。残念なことかもしれないが、宗教学の言説は信仰の教説・実践と完全に同一なものではない。宗教学の言説は救済の教説・実践ではなく、救済のやみがたい欲求の痕跡として現われ出たものである。日本の宗教学に認められる宗教的体験への強い志向性は、まさしくそのような差異化された反復過程として読み解かれていかなければならないのである。ただし、そのような差異化の運動過程そのものを宗教と名づけ、宗教という概念およびそれに携わる宗教学という学問には、もはやみずからを否定・対象化するような外部は存在しないとする旧弊的な普遍主義的願望とは徹底的に決別しておかなければならない(53)。この点においてこそ、言説論や脱構築論など、その意匠の新旧などに関わりなく、今日の宗教論の立場性は問われなければならないのだ。

このように理解したときに初めて、近代日本における宗教学の歴史はみずからの同一性を確保するためのものではなく、その内部に潜む亀裂と矛盾の痕跡として繙かれ、その軌跡は外部の者へと共有可能な遺産となり、国内外の人々に近代日本の西洋体験の苦闘の轍として読み継がれていく可能性を切り拓くものとなりうるはずである。学問史を書くという行為は、たとえその過程でみずからの同一性が解体の危機に晒されようとも、その歴史の中に幾重にも折り込まれた襞をひとつひとつ開いていくことにほかならない。

（1）　姉崎正治『宗教学概論』一九〇〇年（『姉崎正治著作集第六巻』国書刊行会、一九八二年）、西田幾多郎『善の研究』一九一一年（『西田幾多郎全集第一巻』岩波書店、一九四七年）、赤松智城『輓近宗教学説の研究』（同文舘、一九二九年）、宇野円空『宗教学』（岩波書店、一九三一年）、古野清人『宗教社会学――学説・研究』一九三八年（『古野清人著作集第七巻』三一書房、一九七二年）。

（2）田丸徳善「学説史の課題と方法」（『日本の宗教学説Ⅱ』東京大学宗教学研究室、一九八五年、八頁）。

（3）グスターフ・メンシング『宗教学史』一九四八年（下宮守之訳、創造社、一九七〇年）、Eric Sharp, *Comparative Religion: A History*, London: Duckworth, 1975/1986、ハンス・G・キッペンベルク『宗教史の発見――宗教学と近代』一九九七年（月本昭男ほか訳、岩波書店、二〇〇五年）、Arie L. Molendijk and Peter Pels, *Religion in the Making: The Emergence of the Science of Religion*, Leiden and et al.: Brill, 1998.

（4）Arie L. Molendijk, "Introduction," in A. L. Molendijk and P. Rels, eds., *Religion in the Making: The Emergence of the Science of Religion.* 宮川英子「宗教研究の中の宗教学――ジレンマからの脱出」（『現代思想』第三〇巻九号、二〇〇二年）。

（5）ラッセル・マッカチオン「『宗教』カテゴリーをめぐる近年の議論――その批判的俯瞰」一九九五年（磯前順一／リチャード・カリチマン訳、磯前・山本達也編『宗教概念の彼方へ』法藏館、二〇一一年）、Willi Braun, "Religion," in W. Braun and R. T. McCutchen, eds., *Guide to the Study of Religion*, London and New York: Cassell, 2000.

（6）姉崎前掲『宗教学概論』一頁。姉崎のティーレおよびジェームスの解釈については、姉崎「テール氏の宗教学緒論」（『哲学雑誌』第一四巻一四八号、一八九九年）、「ジェームス氏の宗教的経験に就きて」（『哲学雑誌』第一九巻二〇一・二〇二号、一九〇三年）。

（7）この井上の講義は下記の文献を併せることで、ほぼ全体が復元可能になっている。井上哲次郎『釈迦種族論』（哲学書院、一八九七年）、『釈迦牟尼伝』（文明堂、一九〇二年）、今西順吉「わが国最初のインド哲学史講義（一）―（三）――井上哲次郎の未公刊草稿」（『北海道大学文学部紀要』第三九巻一・二号、第四二巻一号、一九九〇・一九九一・一九九三年）、磯前・高橋原「井上哲次郎の『比較宗教及東洋哲学』講義――解説と翻刻」（『東京大学史紀要』第二一号、二〇〇三年）。この講義の歴史的意義については、磯前順一「明治二〇年代の宗教・哲学論――井上哲次郎の『比較宗教及東洋哲学』講義」（『近代日本の宗教言説とその系譜――宗教・国家・神道』岩波書店、二〇〇三年）。

（8）Thomas A. Idinopulos and Edward A. Yonan, eds., *Religion & Reductionism: Essays on Eliade, Segal, and the Challenge of the Social Sciences for the Study of Religion*, Leiden, Boston and Köln: E. J. Brill, 1994. Daniel H. Krymkowski and Luther H. Martin, "Religion as an Independent Variable: Revisiting the Weberian Hypothesis," in *Method & Theory in the Study of Religion*, 10-2, 1998.

（9）宮川前掲「宗教研究の中の宗教学——ジレンマからの脱出」。

（10）田丸前掲「学説史の課題と方法」二—三頁。

（11）田丸徳善「〈宗教〉概念の制約と可能性」（『中央学術研究所紀要』第三二号、二〇〇三年）。

（12）田丸前掲「学説史の課題と方法」一頁。

（13）近代日本の戦前と戦後における「宗教／世俗」をめぐる分割法の相違については、磯前順一「法外なるものの影で——近代日本の『宗教／世俗』」（『喪失とノスタルジア——近代日本の余白へ』みすず書房、二〇〇七年）。

（14）制度的には大学で常勤職を得ることのできなかった村上重良の『国家神道』（岩波書店、一九七〇年）が、今日もなお宗教学のみならず、歴史学や神道学から再三言及される古典として評価される一方で、岸本の一連の宗教研究がほとんど省みられないことは、このあたりの事情をよく示すものとなっている。

（15）北海道大学「哲学科Ⅰ」（『北大百年史 部局史』ぎょうせい、一九八〇年）。

（16）林淳「宗教系大学と宗教学」（『季刊日本思想史』第七二号、二〇〇八年）。

（17）岸本英夫『宗教学』（大明堂、一九六一年、二頁）。

（18）柳川啓一「異説 宗教学序説」一九七二年（同『祭と儀礼の宗教学』筑摩書房、一九八七年、七—八頁）。

（19）同右論文、二七三頁。

（20）同右論文、二七三頁。

（21）トーマス・ルックマン『見えない宗教』一九六七年（赤池憲昭／ヤン・スィンゲドー訳、ヨルダン社、一九七六年）、カーレル・ドベラーレ『宗教のダイナミックス——世俗化の宗教社会学』一九八一年（ヤン・スィンゲドー／石井研士訳、ヨルダン社、一九九二年）。

（22）ミルチャ・エリアーデ『宗教学概論』一九六八年（久米博訳『エリアーデ著作集 第一—三巻』せりか書房、一九七四年）、カール・グスタフ・ユング『人間と象徴——無意識の世界』一九六四年（河合隼雄監訳、河出書房新社、一九七二年）、

Steven M. Wasserstrom, *Religion after Religion: Gershom Scholem, Mircea Eliade, and Henry Corbin at Eramos*, Princeton: Princeton University Press, 1999. ピーター・ホーマンズ『ユングと脱近代――心理学人間の誕生』一九七九年（村本詔司訳、人文書院、一九八六年）。

（23）島薗進「日本の近代化過程と宗教」（『ジュリスト増刊総合特集21　現代人と宗教』一九八一年）、対馬路人・西山茂・島薗進・白水寛子「新宗教における生命主義的救済観――近代の宗教意識の一側面」（『思想』第六六五号、一九七九年、宮家準ほか編『リーディングス 日本の社会学19　宗教』東京大学出版会、一九八六年に抄録）。

（24）島薗進「民衆宗教か新宗教か」（『江戸の思想』第一号、一九九五年）、池上良正「宗教学の方法としての民間信仰・民俗宗教論」（『宗教研究』第七四巻二号、二〇〇〇年）。

（25）Masaharu Anesaki, *History of Japanese Religion: With Special Reference to the Social and Moral Life of the Nation*, London: Kegan Paul, 1930. 鈴木宗忠『原始華厳哲学の研究』（大東出版社、一九三四年）、中山慶一『教派神道の発生過程』（森山書店、一九三二年）、鶴藤幾太『教派神道の研究』（大興社、一九三九年）、赤松智城・秋葉隆『満蒙の民族と宗教』一九四一年（『アジア学叢書1』大空社、一九九六年）、宇野円空『マライシアに於ける稲米儀礼』一九四一年（東洋文庫、平凡社、一九六六年）。

（26）この事件については、Ian Reader, *A Poisonous Cocktail?: Aum Shinrikyo's Path to Violence*, Copenhagen: Nordic Institute of Asian Studies, 1996. 島薗進『現代宗教の可能性――オウム真理教と暴力』（岩波書店、一九九七年）。また、オウム真理教事件にかかわりを持った宗教学者からの報告として、島田裕巳『中沢新一批判、あるいは宗教的テロリズムについて』（亜紀書房、二〇〇七年）。

（27）柳川前掲「異説 宗教学序説」八頁。

（28）島薗進「宗教理解と客観性」（『いま 宗教をどうとらえるか』海鳴社、一九九二年、一二四頁）。

（29）同右論文、一二二頁。

（30）同右論文、一一一―一一二頁。

（31）姉崎正治「清見潟の一夏」一九〇三年（『明治文学全集40』筑摩書房、一九七〇年、二四八頁）。

（32）西田幾多郎「認識論における純論理派の主張について」一九一一年（『思索と体験』岩波文庫、一九八〇年）、同「取り残された意識の問題」一九二六年（『続思索と体験・『続思索と体験』以後』岩波文庫、一九八〇年）。

(33) 佐野勝也『宗教学概論』（大村書店、一九二四／一九三五年）、波多野精一『宗教哲学序論』一九四〇年（『波多野精一全集4』岩波書店、一九六九年）、鈴木宗忠・早船慧雲共述『チ氏宗教学原論』（内田老鶴圃、一九一六年）。日本の宗教学における新カント派の問題については、鈴木宗忠『宗教学原論』（日光書院、一九四八年、三六—四一頁）。

(34) 鶴岡賀雄「『神秘主義の本質』への問いに向けて」（『東京大学宗教学年報』第一八号、二〇〇一年）、同「近代日本における『神秘主義』概念の受容と展開——明治三十年代を中心に」（『近代的「宗教」概念と宗教学の形成と展開——日本を中心とした比較研究 平成一〇—一二年度科学研究費補助金（基盤研究B（1））研究成果報告書』二〇〇一年）。

(35) なお、東北大学では一九三八年に石津照璽が東大より赴任し、宗教哲学を土台としながらも、そこに民間調査を複合させていく東北大学独自の伝統をなす宗教学を築き上げ、「信仰的動態現象学」を唱える楠正弘、さらには池上良正の民俗宗教研究へと継承されていく。また、九州大学では一九四八年にやはり東大宗教学科出身の古野清人が赴任し、戦中期の東南アジアから日本の民俗宗教へと研究対象を転換した宗教人類学を展開する。木村敏明「『初期』石津宗教哲学における『成立性』概念——『晩期』の実証的研究との関連において」（『論集』第三〇号、印度学宗教学会、二〇〇三年）、佐々木宏幹「古野清人——聖なるものへの果てしなき探求」（『社会人類学年報』一五、一九八九年）。

(36) 岸本英夫「信仰の心理構造——方法論的考察」一九四九年（『岸本英夫集第三巻』渓声社、一九七五年）。

(37) ジャック・デリダ『声と現象——フッサール現象学における記号の問題への序論』一九六七年（高橋允昭訳、理想社、一九七〇年）。

(38) そして、深澤や鶴岡の見解を根拠に、宗教および宗教学の普遍性が再確保しうるとする下記の主張は、その典型的なものとなろう。「『この語の近代ヨーロッパにおける浮上以来の系譜と変転を再確認』した結果としてならば、これを捨て去る必要はない。深澤の結論も、『どのようなかたちであれ、宗教という語彙を自由かつ創造的に運用することは、試みるに価する賭である』ということであり、これは、現時点での総括として妥当であると思われる。……鶴岡によれば、……『近代キリスト教的偏差はあるにせよ、「宗教」という名で人々が名指そうとしてきた何かそのものは「人類」とともに古く、普遍的であると考えることはなお可能である』と言われる」（土屋博「書評論文『岩波講座宗教』——宗教論の曲り角」『宗教研究』第八〇巻一号、二〇〇六年、九五—九六頁）。

(39) 増澤知子「失われたオリジナル——機械的複製時代の神話と儀礼」『夢の時を求めて——宗教の起源の探究』一九九三年（中村圭志訳、玉川大学出版部、一九九九年）、Tim Murphy, "Wesen und Erscheinung in the History of the Study of Religion: A Post-Structural Perspective," in *Method and Theory in the Study of Religion*, 6-2, 1994.

(40) ホミ・バーバ「アウラとアゴラ——他者との交渉に開かれた陶酔、そして隙間から語ること」一九九六年（磯前順一／ダニエル・ガリモア訳『ナラティヴの権利——戸惑いの生へ向けて』みすず書房、二〇〇九年）。

(41) 日本宗教懇話会『御大典記念日本宗教大会紀要』日本宗教懇話会、一九二八年。

(42) タラル・アサド『宗教の系譜——キリスト教とイスラムにおける権力の根拠と訓練』一九九三年（中村圭志抄訳、岩波書店、二〇〇四年）、Russell T. McCutcheon, *Manufacturing Religion: The Discourse on Sui Generis Religion and the Politics of Nostalgia*, Oxford: Oxford University Press, 1997. Timothy Fitzgerald, *The Ideology of Religious Studies*, Oxford: Oxford University Press, 2000. David Chidester, *Savage Systems: Colonialism and Comparative Religion in Southern Africa*, Charlottesville and London: University Press of Virginia, 1996. Tomoko Masuzawa, *The Invention of World Religions: Or, How European Universalism was Preserved in the Language of Pluralism*, Chicago and London: University of Chicago Press, 2005. Jonathan Z. Smith, "Religion, Religions, Religious," in Mark C. Taylor, ed., *Critical Terms for Religious Studies*, Chicago and London: University of Chicago Press, 1998.

(43) 島薗進「一九世紀日本の宗教構造の変容」（『岩波講座　近代日本の文化史2　コスモロジーの「近世」』岩波書店、二〇〇一年）、磯前前掲「法外なるものの影で」。ただし、島薗の議論は日本の宗教現象に見られる非西洋的なものを「日本の宗教構造」として固定的に実体化しており、土着主義的な主張に流れる傾向にあると考えられる。

(44) 宇野円空「東亜民族精神と農耕文化」（『教学叢書』一〇、文部省教学局、一九四一年、三頁）。

(45) 西田幾多郎「場所的論理と宗教的世界観」一九四六年（『西田幾多郎哲学論集Ⅲ』岩波文庫、一九八九年）、西谷啓治「宗教哲学——序論」一九四五年（『西谷啓治著作集第六巻』創文社、一九八七年）。それぞれのマルクス主義理解については、西田「絶対矛盾的自己同一」一九三九年（前掲『西田幾多郎哲学論集Ⅲ』）、西谷「マルクシズムと宗教」一九五一年（前掲『西谷啓治著作集第六巻』）。宇野のマルクス主義批判は、宇野円空「マルキストの論難に宗教はどう対立するか」「宗教を語る言葉と立場」（中外日報東京支局編『マルキシズムと宗教』大鳳閣書房、一九三〇年、五三—七五頁）。

(46) 同様の主張は、同じく仏教的な伝統に根ざした宗教哲学を専門とする東北大学の石津照璽にも確認される。石津『東洋復興――新世界観の要求』(目黒書店、一九四三年)。石津が東大の宗教学出身であることを考えるならば、近代の超克論は宗教学界においてもひとり京都哲学だけに帰しえる問題ではないことは明白である。

(47) 服部健二『西田哲学と左派の人たち』(こぶし書房、二〇〇〇年、四三・六八頁など)。

(48) 西谷啓治『根源的主体性の哲学』一九四〇年(『西谷啓治著作集第一・二巻』創文社、一九八六・八七年)、同「『近代の超克』私論」一九四二年(河上徹太郎ほか『近代の超克』冨山房、一九七九年)、西谷ほか『世界史的立場と日本』(中央公論社、一九四三年)、同『世界観と国家観』(弘文堂、一九四一年)、同「世界史の哲学」一九四四年(西田幾多郎ほか『世界史の理論』燈影舎、二〇〇〇年)、同前掲「宗教哲学――序論」一九四五年。

(49) 島薗進『精神世界のゆくえ――現代世界と新霊性運動』(東京堂出版、一九九六年)、伊藤雅之『現代社会とスピリチュアリティ――現代人の宗教意識の社会学的探究』(渓水社、二〇〇三年)。

(50) 磯前順一「宗教を語りなおすために――宗教研究とポストコロニアル状況」(本書収録第1章)。

(51) タラル・アサド「近代の権力と宗教的諸伝統の再編成」一九九六年(中村圭志訳『みすず』第五一九号、二〇〇四年)。

(52) 磯前順一「歴史と宗教を語りなおすために――言説・ネイション・余白」(前掲『喪失とノスタルジア』)。

(53) そのような立場を学問的手続きのもとに遂行しようとする研究者からの宗教概念および宗教学論として期待が寄せられているのが、深澤英隆『啓蒙と霊性――近代宗教言説の生成と変容』(岩波書店、二〇〇六年)ということになろう。それは、宗教概念の網羅性および透明性を今日的な意匠のもとに再構築しようとするさいに、どのような問題が考察されなければならないのか、それは大衆性という意味では真逆の位置にある中沢新一の著作とともに、その論理構築の抜本的制約のあり方を顧みさせてくれる格好の題材といえよう。そして、日本において宗教学をいぜん西洋世界との関係のみで自己規定しようとする者にとって西洋的知として理念化されるものが、現実の西洋世界からどのように遊離して形象化されているのか、それはかつて中沢がチベットの知を理念化してみせたように、その脱政治化の政治性とでも呼ぶべき表象作用が議論されなければならないことをも問題提起しているように思われる。

5章　多重化する〈近代仏教〉

固有名のもとに

1　近世から近代へ

近年、「宗教」という言葉が、語彙としては近世以前に成立した仏典に淵源を有するものの、その意味するところのものとしては、日本が幕末になって西洋世界に開国してから伝来した“Religion”という欧米語の訳語として成立した歴史的経緯をもつものであることが認識されるようになった(1)。そのなかで「仏教」という言葉もまた、「宗教」の範疇に属する一宗教として、「宗教」という訳語が日本の知識に定着していく明治一〇年代を経て、近世まで用いられてきた「仏法」や「仏道」から、「法」や「道」を「教」に置き換えて成立した近代的な呼称であった(2)。ミシェル・モールによれば、「仏教」概念の下位を構成する「禅宗」といった宗派の統一概念さえ、近代の管長制度によってもたらされた副産物である(3)。他方、欧米語としては“Buddhism”という言葉が仏教には充てられているが、その言葉自体もまた西洋世界がインド社会と接触するなかで新たに生み出されてきたものであった(4)。

ここでいう近代とは、江戸時代までの中国・朝鮮・オランダのみと制約したかたちでの交流とは異なって、西洋列強の帝国主義競争のなかに包摂されていった時代をさす。そのなかで宗教という、諸宗教を包摂する概念が異文化の接触する状況のなかで必要とされるようになり、同時にその構成要素として組み込まれたキリスト教、仏教、イスラーム、あるいは神道や儒教が固有の特質をそなえた個別「宗教」として認知されるようになる。厳密にいえば、キリスト教や仏教がまさに宗「教」の中核を構成するものとして見なされるようになる一方で、神「道」や儒教——儒「学」とも呼ばれる——は宗教という範疇に完全には合致しないものとして、道徳といった範疇のもとに、宗教という領域の外部やその周縁に位置づけられるようになる。ただし、仏教もまた宗教の範疇に完全に合致するとされたわけでもなく、すでに明治一〇年代には宗教と哲学といった異なる範疇のあいだで、スペンサー流の宗教進化論の立場を踏まえつつ、キリスト教に対する優位さを確立するために、その範疇を定義づけようとする議論も頻繁におこなわれていた(5)。

宗教という概念は、みずからの内に揺らぎや余白を抱えるものであり、けっして最終的に固定化された内容に静止しえるものではない(6)。だが、それはあらゆる概念が自己脱臼的な契機をはらむというかぎりでのことであって、言うまでもなく、宗教概念だけが神のごとき超越的な未決定性をもつといった普遍的欲求と混同されるべきものではない。むしろ、仏教という言葉をはじめ、宗教的な概念にはかつて期待されたような真正さが中核に据えられるのではなく——そのような研究者や信仰者の要望は別として——そのときどきの定義からずれていく散種的な、たえず自己に対して異議申し立てするような力動態として理解すべきなのである(7)。

このように今日われわれが口にする「仏教」という言葉は、仏法や仏道といった近世的な認識布置から、“Buddhism”という西洋近代的な宗教概念への転換を暗黙の前提としているのである。近世においては、そもそも仏教という統一概念は存在せず、今日ではその下位概念に当たる各宗派が「宗門」や「宗旨」といった範疇のもとに個々に呼び表されていた。当時禁教であったキリスト教もまた、「耶蘇宗」あるいは「邪宗」と呼ばれ、その範疇に属するものであった。この「宗旨」としての各宗派は寺壇制度に基づくものであり、宗門改帳を通してどの宗派で葬儀をとりおこなうものなのかを家単位で明示していた。このような具体的な宗教組織と対応する範疇である「宗旨」「宗門」

に対して、やはり近世に盛んに用いられた「仏法」や「仏道」という概念は逆に個別の宗教組織とはかかわりなく、仏の教えを通した悟りに至る教説あるいはその真理そのものを指し示すものであった(8)。

その意味で、「宗旨」「宗門」は身体的儀礼であるプラクティスに対応するものであり、「仏法」「仏道」は信念体系としてのビリーフに相当するものということもできよう(9)。ただし、だからといって、ビリーフとしての「仏法」は近代以降の思想家のように、独立した個人の思想的営為によって把握される精神的結晶物として理解されるべきものではなく、あくまで注釈という行為を通して個人が経典のなかに溶け込むことで体得される真理として存在するものであったことを見落としてはならない(10)。そして、当時、「仏神」という言葉が日常的に用いられていたことからも明らかなように、後にいう仏教の「仏」と神道の「神」は二者択一的な信仰対象として見なされるとはかぎらず、個々の宗教組織のもとで併存可能なものでもあった。それが、江戸後期から明治初期に引き起こされた神仏分離以前の信仰の姿であった(11)。

たしかに、近世初頭までの政治権力と宗教勢力との苛烈な闘争——一向一揆やキリスト教との権力闘争を経て——によって、政治的な公共領域としての世俗と私的領域としての宗教的なものといった二分法は江戸初期には確立されていたが(12)、それでも排他的な教説を中核に据えた宗教組織の成立、さらには国民教化の手段や国民の同意形成の回路としての宗教的領域の活用といった政治戦略は、近世においてはみられない現象であった。それは、最終的には禁教に処せられたものの、近世初頭に入って来たキリスト教が、個人の内面に力点をおくビリーフ中心主義的なプロテスタントではなく、身体的儀礼を重視するカトリックであったこと(13)、そして、なによりも近世初期に日本が接触した南蛮と呼ばれるスペインやポルトガルなどの南ヨーロッパの国家形態は旧来的な帝国であって、いまだ国民の水平的な同朋意識に基盤をおく国民国家を核に据えるものではなかったことが関わっている(14)。逆に言えば、個人の内面に主眼をおいたビリーフ中心主義、そして世俗と宗教の分離を前提としながらも、その個人の内的意識を統治対象に据えることで国民陶冶をはかる国民国家が成立することで、西洋近代的な、プロテスタンティズムを軸とする「宗教」概念は初めて成立可能になったのであって[15]、それは宗教改革や市民革命を経た西欧社会および合衆国が日本に接触するようになるまで待たなければならなかった。少なくとも、宗教史的な観点からいえば、そのような世界への包摂をもって日本社会の近代は始まったのである。

このように宗教概念、ひいては仏教概念の近代性の前提が明らかにされるなか、自分たちの歴史的認識の被拘束性を自覚することなく、その地平を過去の時代へと遡及させることを私たちは慎まなければならない。もちろん、その近代的特質を自覚したからと言って、われわれがその認識地平の外部に出られるわけではない。むしろ、みずからの地平の拘束性がつくり出す認識対象との齟齬をはっきりと自覚したうえで、それぞれの認識地平が他の地平とどのように交差し、新たな仏教の概念を散種させていったのか、それを真正さとしてではなく意味の増殖過程として見極めていくことが大切なのであろう[16]。そのなかで自分たちの抱く仏教概念の歴史的位置づけというものも明らかになっていくはずである。それは増殖した仏教概念を真正さや起源の名のもとに排他的に否定していくべきものではないし、むしろみずからもその一つの歴史的位相として、仏教のみならず他の諸概念との異種混淆的作用を通して、さらなる豊かさを産み出していくことになろう。ジャック・デリダは、起源に対する単一的な真正さの想起を否定して、次のように述べている。

> 錯綜体——この単一体でありえないもの。それは点の単純な＝単一のエレメントへ還元しようとする一切の分析の限界を刻み込む。含意——紛糾、すなわち決して解きほぐされるがままにならない〈同〉と〈他〉の紛糾〔＝共犯関係〕は、一切の源泉、一切の起源、一切の〈現前性＝現在性〉の単一性〔＝一襞性〕を無限に分裂させ、あるいはまた多重化〔＝多襞化〕する[17]。

純粋な仏教、あるいは宗教の真正さといったものは、そもそもどこに存在するのであろうか。かつて一度でも存在したことがあるのだろうか。私たちは現実の拡散過程の起源あるいは彼方に単一な純粋さを見い出そうとしてきた。たとえば、「大乗非仏説論」として、逆に仏教の清華としての禅として。しかし、それは純粋さへの欲望としてのみ想起されてきたものではないのだろうか。あるいは、創唱宗教であるならば、少なくとも当初はひとりの人間によって唱えられたものであるから、その思想は真性なるものとして回復しえるのであろうか。たとえば、「史的イエス」として。しかし、たとえ創唱宗教なるものが存在しえたにしても、ひとりの人間が思想を育むということは単一さの保持であり得るものなのだろうか。その人間のなかに思想が萌芽したときから、曖昧さや揺れをふくむ差異と、それを統合しようとする同一性がその人物のなかで反復されていったのではないだろうか。その反復過程が周囲へと拡散し、あるいは周囲の反応によって増殖され、その当初より宗教は多重化と同一化を反復していったと見るべきではないのだろうか。[18]

宗教学者のラッセル・マッカチオンが言ったように、宗教学が純粋な固有種としての「宗教」を前提として成立したものであるとするならば[19]、あるいは大乗非仏説論や葬式仏教の批判を唱えるかたちで仏教の本来性の回復を目指して仏教学が明治三〇年代に登場してきたとするならば[20]、そのような純粋な真正さを宗教の本質と目すること自体が、英語文学者のゴウリ・ヴィシュワナータンが植民地状況下での改宗論で明らかにしたようにもはやひとつの宗教的信念の域を出るものではないのである[21]。ヴィシュワナータンが、インドのヒンドゥー教やイスラームという範疇が宗主国英国の植民地支配の政策として人口調査をとおして、ひとりの人間は複数の宗教には帰属することはないという固定観念のもとに鋳造されていったことを明らかにしているように[22]、「仏教」もまた「神道」という概念と同様に、西洋プロテスタンティズムと接触するなかで、外在的要因が主契機となって、つねに揺らぎをはらみながらも、文化的アイデンティティと密接に関係しながら、均質なるものをめざして形作られていったものに他ならないのである。

2 多重化する仏教

今日、「西洋仏教 Western Buddhism」[23]という呼称がある程度の共通理解を得て流布していることからも明らかなように、宗教概念としての仏教の成立は、日本をはじめとするアジアに波紋を投げかけただけではなく、西洋世界でもみずからのキリスト教的伝統の見直しを推し進める重要な手がかりとして認知されていった。当然のことながら、われわれの認識布置は時間軸のみならず、空間軸にそっても変化を引きおこす。日本では仏法や仏道と呼ばれていた前近代的なものが、日本では仏教、西洋では Buddhism という新たな名称のもとに定着していったわけだが、その分節化の仕方は、当然のことながら、西洋と日本では同じではなかったし、同じ西洋といってもヨーロッパとアメリカ合衆国、さらにはヨーロッパの内部でも多様な受容を示すものであった。上座部仏教と大乗仏教をそれぞれ言い換えた南伝仏教と北伝仏教という、アジアにすくなくとも二系統存在する仏教に加えて[24]、西洋にもまた Western Buddhism と総称されるような別種の仏教言説が分立していったのである。

そもそも注意深く考えるならば、南伝仏教と北伝仏教という区分そのものが、西洋仏教の発生と深くかかわるものであったことに気づく。すなわち、西洋の仏教学によって仏教の歴史的起源がたどられるなかで、かつてみずから大乗仏教と名乗った北伝仏教の側と、小乗仏教とさげすまれた南伝仏教との優劣関係は逆転し、南伝仏教こそが仏教成立当時の姿を強くとどめるものだという「大乗非仏説」論が主張されるにいたったのである。大乗非仏説論はヨーロッパにおいて、ルナンやシュトラウスの史的キリストの探究に刺戟をうけて、リス・デイヴィスらによって「史的仏陀」をめぐる解釈として形成されてきた研究である[25]。西洋仏教という言説が、帝国主義的膨張がもたらした異なる文化伝統との接触のなかで、キリスト教の宗教伝統の内部から自己批判として登場してきた以上、そこで語られる仏教もまた「世界宗教」のひとつとして、キリスト教的な宗教概念を――その意味の批判的拡張をもくろむにせよ――普遍的なものとして前提とするものであった[26]。

当然のことであるが、西洋仏教という言説が成立するためにはアジアで生まれた仏教と接触することが必要であったが、同時にアジアの仏教もまたみずからを「仏教」という宗教あるいは哲学として認識するためには、キリスト教的伝統のもとで育った――たとえそれが自己批判的な姿勢であったにせよ――西洋の仏教研究者の眼差しを内在化していくことが必要であった。しかも、人類学者のメアリー・ルイス・プラットが指摘するように、一般にこのような文化接触は自由意思にもとづく拒絶を許容するような対等な関係ではなく、宗主国と植民地のような、圧倒的な政治的格差のもとで回避することのできないものとして起こる[27]。仏教の場合で言えば、アジアの諸地域によるプロテスタント的な宗教概念の内在化は避けがたい事態であったといえよう。一方で、西欧人にとって無の思想を説く仏教は衰退するキリスト教信仰を補完する宗教的な魅力に満ちたものであると同時に、一神教の人格神信仰を根底から揺すぶる脅威的な教説でもあったのだが[28]。いずれにせよ、このような西欧の仏教観と接触するなかで、アジアの仏教は北伝仏教と南伝仏教という相違をはっきりと意識するようになり、北伝仏教に属する日本は、西洋仏教学の唱える大乗非仏説論の影響のもと、パーリ語に基礎をおく南伝仏教との接触を求めて、いち早く明治一〇年代には、漢籍に依拠する近世仏教からの再生を図っていく一方で、比較宗教学者であるマックス・ミュラーの指導をえた南条文雄のように、おなじく明治一〇年代には漢訳仏典のもとをなすサンスクリット典籍の研究にも勤しんでいく[29]。

それは、当時のかれらの意識からすれば、仏教本来の純粋さへ回帰しようという動きであり、明治初期の神仏分離運動とともに、明治二〇年代から三〇年代に隆盛する大乗非仏説論は、神仏混淆化した近世仏教を真正な教えに立ち戻らせようとする欲求を惹起したのであった。神仏分離運動は、なによりも神道者にみずからの教説の純粋性といった意識を強烈に植え付ける契機となったが、弾圧される側となった仏教者側にも、それが否定的なかたちであったにせよ、仏教が神道とは明確に異なるものであるという分離意識をもたらした。[30]さらに明治一〇（一八七七）年の教部省廃止に伴い、内務省に社寺局が設けられ、明治三三（一九〇〇）年には宗教局と神社局へと分離されたことは、神仏の分離が教説の水準にとどまらず、宗教組織としての制度的分離を前提とするものとなった点で決定的な意味をもつものであった。ヴィシュワナータンによれば、植民地下のインドでは、ヒンドゥー教やイスラームといった異なる宗教範疇を溶解させるシンクレティズムが大英帝国に対抗できるインドの国民意識を作りだしたことになるが、[31]むしろ日本では神道や仏教という各宗教範疇の純粋さを追求することが国民意識と結びつくものであり、シンクレティズムは日本という国民意識の純粋性を濁らせるものとして、少なくとも明治中期までは考えられていたようである。むろん、その中核には神道を日本の歴史的伝統と結びつけようとする国学以来の強い欲求があったわけだが、[32]仏教もまた自分たちこそが日本の国民意識を涵養するにふさわしいものであるという主張を繰り返していた点は、後のアジア・太平洋戦争期における仏教界と国家体制の深いつながりを考えるときに見逃せない。[33]

とくに明治初期に起こった廃仏毀釈運動の影響は深刻なものがあり、出家という考え方に反社会的な要素が見られるなどという批判をかわすためにも、仏教者は日本社会にとっての有用性を積極的に鼓吹しなければならなかった。市民社会と国家というものが未分離な状態にある日本社会においては、社会的有用性を説くことが天皇制国家への奉仕を謳うことと表裏一体のものであったことは、その後の日本仏教のナショナリズムへの傾斜を目にするときに明白な事態でもあった。[34]

もちろん、日本の仏教が南方仏教にみずからの起源をもとめるさいには、日本の僧侶が直接インドやスリランカに渡ることも多々あったが、[35]やはりヨーロッパの仏教研究のもたらした文献学が大きな役割を果たすことになる。宗教実践よりも学問的な傾向を強くもつ者たちは、マックス・ミュラーやリス・デイヴィス、あるいはパウル・ドイセンの指導を求めて、明治一〇年代から三〇年代にかけて、南条文雄、高楠順次郎、姉崎正治らのように、イギリスやドイツへと留学することになったのである。[36] 西洋の仏教受容は、西欧では宗教というよりも哲学や文献学として理解される傾向にあったが、[37] ニューイングランドを中心とするアメリカ合衆国ではキリスト教信仰の衰退を補う宗教実践として受け止められていた。[38] 後者は、現在の合衆国における禅ブームへと繋がっていくと考えられるが、明治期の日本の知識人は合衆国の宗教的受容よりも、西欧における文献学として仏教理解を選んだのである。すでにみずからの仏教に対する信仰的土壌を有する日本の社会では、あらためて仏教を信仰する実践行為を学ぶよりも、旧来的な仏教信仰を近代に再生させるためにこそ、仏教本来の姿を探究するための手段として文献学を習得することを選んだのである。そして、東京帝国大学の印度哲学科こそが、西欧の文献学を受容するための拠点であった。[39]

源をたどれば井上哲次郎に遡るその流れは、仏教を西洋哲学に比肩する東洋哲学として再生させ、それをとおして非合理性を含む教説である宗教をこえた合理的思想として近代に蘇生させようと試みたものである。そのような仏教の再解釈の試みは、大乗非仏説論を唱えた村上専精ら印度哲学科の教官のみならず、明治末年に西洋史学の原勝郎がおこなった仏教におけるプロテスタンティズム的要素の掘り起こし、あるいはアジア・太平洋戦争末期から戦後にかけての国史学科の辻善之助による近世仏教に対する葬式仏教としての批判というかたちで、仏教伝統の刷新の試みとして東京帝国大学の内部で受け継がれていく。[40] 一方で、林淳が指摘するように、私立の宗門大学においては、東大をはじめとする帝国大学が西欧の文献学が基礎を置くサンスクリット語とパーリ語の学習をもっぱらとするのに対して、近世以来の伝統的な大乗経典である漢籍群が読み継がれていくことになる。[41] そのあたりの特殊性を末木文美士は、「日本の仏教学は欧米の仏教学を受け入れながら、もう一方で伝統を担うという二重の課題の中で進んできたのであり、そこに仏教の伝統のない欧米と全く違う独自の展開をしなければならない必然性があった」と説明している。[42]

葬式儀礼の執行もふくめ、信仰的実践をつかさどる僧侶の養成も宗門大学によって担われていき、日本の仏教は南伝仏教を志向する帝国大学の文献学と、北伝仏教である大乗仏教の伝統に立つ宗門大学の教学という両輪によって支えられていくことになる。それは、宗教を構成する二つの極、信条としてのビリーフと実践としてのプラクティスをそれぞれに担うものともなる。それを宗教あるいは哲学として西洋的なかたちで概念化された言説と、そこに回収されきることのない近世以来の信仰世界の二重性から成り立つものとして捉えることも可能であろう。ただし、両者はまったく別個に存在したものではない。ビリーフとプラクティスが相補いあって宗教実践を構成するように、その関係のあり方がいまこそ自覚的に問われなければならないにせよ、文献学と教学もともに日本仏教を扶翼する。帝国大学を卒業した仏教学者あるいは宗教学者が、今もなお宗門大学で教鞭をとるように、西欧の仏教学と宗教学が、宗教あるいは哲学という範疇として仏教を把握することを通して、そこに収まらない余白の部分も含めて、近代日本の仏教は欧米世界さらにはアジアの仏教と呼応するものとなり、日本社会の内部においても近代的認識との整合性をもちうる言説として認知されていく。(43) 共通の近代西洋的な語彙を身にまとうことで、そこに収まらない異なる部分もまた、みずからの独自性として主張する権利を獲得しえることになるのである。

一方、日本の仏教者が西欧の仏教学を介して接触を図った南伝仏教自体もまた、西洋世界との接触のなかで自己変革を遂げつつあった。そのなかで大きな役割を果たしたのが、キリスト教に対して批判的な姿勢をとるオカルティズムの一派、神智学であった。ロシア人女性、ブラバツキー夫人に端を発する神智学はキリスト教批判をおこなう一方で、アイルランド独立などとも関わりながら、その拠点を明治一〇年代にはインドにも移し、アメリカ人のオルコット大佐やスリランカ人の仏教徒ダルマパーラを通じて、南方仏教をプロテスタント的なものへと再生させるシンハラ仏教復興運動と深くかかわっていく。インドやセイロンに渡った日本仏教の関係者がマドラスに本部を置く神智学協会をしばしば訪問したことはすでに確認されている。また、かれらだけでなく、姉崎や北畠道竜たちのように欧州に仏教学を学びに行ったものがその帰国の途上でマドラスを訪問することもけっして珍しいことではなかった。(44) そのなかで、明治中期には真言宗の僧侶、野口復堂によってオルコットやダルマパーラが数度日本に招聘されることになる。[45]

ただし、阿弥陀仏を崇拝しない南伝仏教は日本の大乗仏教的な伝統にはそぐわないとか、神智学と仏教の関係に対する疑念が次第に生じ、その交流は明治末年には途絶えてしまう。その過程で神智学の内部でも、ブラバツキーのロンドンへの引き上げや、インドの地でも、ヒンドゥー教との関係を重視するアニー・ベザントと仏教を重んじるオルコットとの対立があり、神智学と仏教の関係は早い時期から日本の仏教やダルマパーラの望むような一枚岩のものではありえなくなっていた。[46] だが、一時的なものに終わったにせよ、神智学と日本仏教の交流からは、いくつか重要な要素を読みとることができる。まずアメリカ人のオルコットやスリランカ人のダルマパーラという組み合わせが象徴しているように、南伝仏教もみずからを近代に適応させていくときに、西洋人の認識枠組みを通過させる作業が必要であったことである。[47] あるいは別の言い方をするならば、西洋人を介することで、南アジアさらには東アジアの僧侶と日本の僧侶との交流が可能になる状況が生じてきたとも言える。[48] その鍵を握るものが、近代西洋的な宗教という概念であったことは想像に難くない。

この時代の宗教概念がプロテスタンティズムを中核とするがゆえに、世界宗教の一部として包摂していく他宗教をキリスト教の語彙のもとに同化する契機を強く有していた。その一方で、他宗教が包摂されることによってキリスト教の求心力が低下していく契機もまた存在していたことも否めないわけであり、暫時的とはいえ、日本仏教と南伝仏教を媒介する役割を果たした神智学は、一般的な宗教概念以上に、西洋人の信仰世界の脱キリスト教化を推し進めた心霊主義の一派であるがゆえに、もしそれが十分な理解のもとに受容されたならば、西洋的な論理に即しながらも、日本の仏教はキリスト教的な宗教概念からより批判的な距離を保ちえる可能性も有してはいたのである。ただし、神智学も含め、南伝仏教と日本仏教との交流は帝国大学の仏教研究者ではなく、宗門の僧侶が中心になって推し進められていた。同じ大乗非仏説論の受容にしろ、文献学の習得のために西欧のアカデミズムを志向する帝大の研究者と、仏教生誕の地である南アジアを実際に訪れようとする宗門の僧侶では、はっきりと異なる反応を示していた。そこにも、われわれは林の指摘する日本仏教の二重性というものを見てとることができよう。

他方、大乗非仏説論に与しない日本仏教の動きも現れ、禅をはじめとする日本仏教こそが仏教思想の精華であるという見解も前面に押し出されていく。その背景には、日本で展開された大乗非仏説論が、結局のところ末木が指摘するように、「歴史上の事実よりもその背後の理念の展開として大乗仏教を考え、原始仏教から大乗仏教へ一貫するものを認める」[49]という形で、そこに曖昧さを残しながらも、折り合いがつけられていったということがある。それは、宗教進化論の影響をうけながら、プロテスタンティズム長老派の指導的存在でありシカゴ大学宗教学科の教授でもあったジョン・バローズ[50]によって企てられた明治二六（一八九三）年のシカゴ万国宗教会議での、臨済宗の釈宗演や、真言宗の土宜法龍、あるいは浄土真宗の在家信者である平井金三ら、日本の諸宗派の仏教者による他宗教との対話の試みのなかに明確にみてとれる[51]。本来この会議は「万国宗教会議」という名前にあるように、「あらゆる非宗教的なものに対して、すべての宗教を結集するために」「その結合のための共通の土台と目的」を説くものであった[52]。そのために当時「世界宗教」と認知されていた諸宗教の代表を世界各地から招き、宗教を通した普遍的社会の構築を目指したのであり、それは移民が増大しつつあったアメリカ社会の現実に宗教多元主義的なヴィジョンをもって対応しようという試みでもあった。しかし一方で、その実体は、合衆国社会の主勢力であるプロテスタンティズムが暗黙の枠組みをなし、それを頂点として、スペンサー流の宗教進化論にもとづき、参加した世界各地の諸宗教が進化の階梯に並べられるといったものでもあったのだ。

ただし一方で、東洋の宗教者たち――ダルマパーラやヴィヴェカナンダ、さらには日本の仏教者たち――もまた、みずからの宗教を西洋社会に喧伝せんとする自らの目的をもってそこに参加していた。日本研究者のジェームス・ケテラーによればそこで注目されるのは、日本の仏教者たちのもつ二重意識であった。すなわち、かれらは日本仏教というよりも各宗派の代表者という意識を強く有していたが、会場を訪れたアメリカのキリスト教徒たちに対しては東洋の英知としての日本仏教の優秀さを強調することに努める一方で、会議が終了して帰国するやいなや、日本の人々に対しては仏教思想のもつ西洋的な近代性、とくにそのコスモポリタニズム的性質を強調するといった、異なる聴衆に対する異なる自己表象をおこなっていた[53]。西洋人という外部が想定されることで、「日本仏教」という統一性が実体的に表象可能になると同時に、日本人に対して西洋的な宗教概念化された姿が前面に押し出された。このような双方向的な自己表象のねじれを含むことで、日本の仏教はみずからを世界宗教の一つとして国内外に定位することに成功したのである。

さらにこの会議には、ユニテリアニズムが隆盛を誇っていた当時のハーバード大学神学部に留学していた比較宗教学者の岸本能武太が通訳として参加しており、かれの神学や比較宗教学への知識を媒介として、仏教者の言葉がキリスト教世界の聴衆に向かって理解可能なかたちへと翻訳されていったとも考えられる。このように日本仏教を西洋世界にむかって紹介するといった日本側からの翻訳の試みは、おそらくはこのシカゴ会議に端を発するものであったといえる。それが本格的に展開されることになるのは鈴木大拙による禅の紹介であった。鈴木は万国宗教会議に参加した釈宗演の弟子であり、明治三〇（一八九七）年には釈の紹介によってアメリカ人の東洋学者ポール・ケーラスの助手としてオープン・コート出版社の編集部の一員となり、合衆国の禅ブームの土台を築くことになる[54]。シカゴ会議に参加した日本の仏教者にとって岸本の比較宗教学が一つの役割を果たしたように、鈴木もまたスウェーデンボルグの著作などを通してキリスト教神秘主義への造詣が深く[55]、友人の西田幾多郎との交流を通してウィリアム・ジェームズの宗教心理学的な語彙のもとへと禅の体験を語りなおすといった、西洋人にとって理解可能なかたちへと禅の伝統を翻訳していった人物であった。なかでも、大拙が渡米前年にあたる一八九六年に『新宗教論』を刊行していたことは、すでに日本にいた段階から万国宗教会議の影響を受けながら、「宗教」という西洋概念のもとに仏教を語りなおそうとする意図をもっていたことを示すものとして注目される[56]。そして、渡米後、神智学協会とつながりを有するようになることもまた、大拙の仏教理解に影響を与えた要因として考慮されるべきであろう[57]。そもそも合衆国の仏教受容にあたっては、アメリカ人であるオルコットの著作をはじめ、神智学や心霊主義の隆盛はすくなからぬ役割を果たすものであった[58]。

このようにシカゴ万国宗教会議以降、日本の仏教は合衆国と積極的な交流をもつようになり、東海岸のヴィクトリア朝的教養層を中心にして宗教実践として受容され、受容対象である彼らの眼差しを内在化することで、みずからの教説を西洋化させていった。それは言うまでもなく、日本から合衆国への仏教の一方的な輸出ではなく、そうすることで日本の仏教が西洋的な思想状況を摂取していく事態を推し進めるものであった。今日の日本人の禅理解が、英語圏に向けて書かれた大拙の著作を通して再獲得されたものであることはよく知られており、ここにおいて鈴木大拙というアメリカのプリズムを通した西洋仏教が日本人の仏教理解として定着していったこともまた確認される。アカデミズムにおけるヨーロッパ文献学の受容とはまた異なった、信仰実践者や愛好者におけるアメリカ的な仏教理解。それもまた日本の仏教が西洋的な仏教との交渉を通して獲得していった眼差しといえよう。一方で、自力的な宗教体験を否定する浄土真宗が、日本においては根強い信仰層を有するにもかかわらず、合衆国をはじめとする西洋では広い支持を得るには至らなかったことも、その受容のあり方として留意されるべきであろう[59]。

そして、明治二六(一八九三)年のシカゴの万国宗教会議は、日本国内における宗教間対話あるいは宗教間協力の呼び水となっていく。一八九六年の仏教徒とキリスト教徒を中心とする宗教家懇談会がそうである。この催しは一八九七年にも開かれ、シカゴ会議の主催者であったバロウズも参加している[60]。注目すべきは、そこに宗教学者の姉崎正治あるいは比較宗教学者である岸本能武太が加わっていたことであり、やはり「宗教」という概念を媒介とすることで、異なる宗教伝統相互の関係づけが容易になったとみるべきであろう。比較宗教学あるいは宗教学という新たな学問によって、諸宗教は共通の場である「宗教」の一部として位置づけられることが可能になったのである。日本宗教学のマニフェストたる『宗教学概論』(一九〇〇年)のなかで姉崎は、宗教概念を次のように定義づけている。

即ち其〔宗教学——磯前注〕が研究せんとする宗教とは、単に一宗一派の謂いにあらずして、総ての宗教は同じく人文史上の事実として、人間精神の産物として、総て之が産物過程を包括したる概念把握なり。(61)

神の外在的な実在を問題にすることなく、個人の心理的意識として、異なる宗教伝統を同じ信仰心の表出として捉えなおすこと。それが宗教学がもたらした西洋近代的な宗教概念であった。そして、姉崎の尽力もあって一九〇五年の東京帝国大学を皮切りに順次、すべての帝国大学に新設されていく宗教学講座からは、仏教だけでなくキリスト教や新宗教が運営する宗教系大学の教学・神学的な講座へと、宗教学の知識を身につけた教員が採用されていった。宗教学は各宗教教団にとって、彼らの存在の前提をなす近代的範疇である宗教という概念を教えるだけでなく、それが仏教であれキリスト教であれ新宗教であれ、同じ「宗教」の下位概念であると同時に、他とは異なる独自の宗教伝統としてその内部での均質さも提示する役割をはたしている。

諸宗教を収める広大な場でありながらも、みずからは具体的な教団をもたない宗教学は、諸宗教の存在が前提となって初めて存在しえるものであり、諸宗教を規定しつつもそれらに依存せざるをえない巨大な傘の骨組みのような存在なのである。近代の諸宗教は、仏教諸宗派だけでなく、キリスト教にしても、新宗教にしても、制度的にも学問的にもこの宗教学をみずからの内部に取り込むことで、他宗教に翻訳可能な近代的語彙を身につけることができた。(62)戦前、政府によって主に「国民道徳」として規定された神道が、戦後に個人の信仰領域としての「宗教」に格下げになるなかで、国学院や皇学館が神道学を新たに再編するなかで宗教学を民俗学とともにその一部として組み込んでいったのは、諸宗教教団にとっての宗教学のもつ役割を如実に物語るものとなっている。

3 国家権力と普遍主義

その後、宗教間対話の試みは、日露戦争時の戦時宗教家懇談会（一九〇四年）、内務省が関与した三教会同や宗教家教育家大懇談会（一九一二年）、昭和天皇即位を祝する御大典記念日本宗教大会（一九二八年）など、国家翼賛や戦意高揚というかたちで、宗教学者が音頭をとりながら、国家を媒介とする場で展開されていく。姉崎をはじめ、当時の指導的な宗教学者が帝国大学の教官という国家官吏であったことからすれば、自然の成り行きともいえるが、安丸良夫がやや舌足らずな表現をもって「日本型政教分離[63]」と呼んだように、日本において宗教として認定されるためには、仏教教団もまた国家権威の庇護下に入り、みずから進んでそれを内面化していくという道をとらざるを得なかったと見るべきであろう。その点で、厳密には政教分離とは呼べないにせよ、日本においても成立した〈世俗／宗教〉という二分法は、一見すると〈公的領域／私的領域〉という二分法を自明の前提とするようにみえて、その背後でいかにして国民の内面を宗教という回路をつうじて国家権力のもとに規律化していくかというメカニズムを有するものであった。それは大乗非仏説論を通じてヨーロッパの文献学を摂取した帝国大学の仏教学者にせよ、南伝仏教や合衆国の仏教と交流を深めていった宗門大学の僧侶にせよ、無視することのできない当時の仏教をとりまく基本的な社会的状況であったと言えよう。

仏教が近代化するとは、末木の指摘するように「一方で『個』の確立という近代の課題を果たしつつ、同時に『個を超えるもの』を与えてくれる論理」を模索することであり、「西欧近代と同等の役割を果たしつつ、かつそれを超えうる日本の論理、東洋の論理」を究明していくことであったとも言える[64]。そのさいに仏教と近代の媒介項となった

「宗教」概念は、西欧の文献学や合衆国の仏教信仰、さらには神智学を介した南伝仏教との接触といった豊かな対話と可能性をもたらすものであったが、その一方で国家と宗教の危うい関係性を推進する役割をも果たすものであった。その危険性は、末木が戦中期の鈴木大拙の「軍国仏教」とでも呼ぶべき言動にみてとった、「宗教の優越性は、方便としての『相対的真理』である国家を否定しない。そればかりか、差別と平等の相即という論理のマジックは、宗教と国家の同等性から進んで、国家をそのまま認める結論をも導くことになる[65]」という論理と根本的にはさほど変わるものではないだろう。だとすれば、それは仏教の論理自体の陥穽というだけでなく、その近代化を準備した宗教という概念自体のもつ根本的欠陥を露呈させるものとも言えるのではないだろうか。そこから、帝国主義的拡張とともに日本の仏教もまた普遍主義的な主張のもとに植民地の人々に布教を展開していったことは理解できない事態でもあるまい[66]。リチャード・ジャフィは、「日本人の考える汎アジア的な仏教の統一という理念の裏側には、常に、日本仏教の優越性という主張が潜んでいた。……日本の仏教的国際主義は、たやすく日本の仏教的帝国主義の土台となったのである[67]」と述べている。

このような政治権力との関係性を閑却したうえで、宗教や仏教の普遍性をいまなお素朴に説くことは自らの歴史性に無自覚であり、研究者自身が宗教のもつ超越性や普遍性といった言葉の呪力に魅入られてしまう危険性をつよく帯びている。増澤知子はキリスト教中心主義を除去すれば、世界宗教という概念は普遍的なものになりえると示唆するが、普遍性というものがヘゲモニーや葛藤を含まずには現前しえない以上、宗教をめぐる普遍性がキリスト教伝統の内部から、その批判的な掘り崩しとしてしか出てこなかったところに、宗教という概念のもつ本源的な限界が明示されているのではなかろうか[68]。ここでいう世界宗教的な宗教概念とは、一方でキリスト教の伝統に対して批判的であるとともに、あくまでその中核をなす教会・正典・内面といった範疇を軸に世界の諸宗教を把握しようとする点では、キリスト教的伝統を蘇生させる試みでもあったといえるのだ。

そして、近代的な宗教概念の一亜種である「仏教」もまた、このような西洋内部の自己批判の試みに、西洋世界に含み込まれていったアジア世界が呼応することで成立していった概念である限りにおいて、やはり普遍主義のもつ覇権主義的な中心形成志向を避けがたい性質として内包している(69)。ジャフィの指摘する日本の近代仏教の自己中心主義もまたそれを如実に示すものである。そこには、キリスト教を批判する契機も含まれていたし、近世の葬式仏教を批判する要素も含まれていた。しかしその一方で、西洋的なプロテスタント中心主義的な語彙のなかに仏教を組み込むものでもあったし、日本の土着主義的なナショナリズムに回帰する要因も存在していたのである。

そもそも普遍性や国家権力に対して、ヨーロッパの仏教学、合衆国の信仰実践、あるいは南伝仏教など、近代において多重化していった諸地域の仏教はどのような反応を示していったのであろうか。日本仏教をふくめ、近代仏教という言説がこれらの諸地域との相互接触のなかから形成されていったことは明らかであるが、各地域における受容のあり方に主体をおいて捉えてみた場合には、各地域の仏教をとりまく言説編成が異なる以上――キリスト教やヒンドゥー教あるいはイスラームとの関係、さらには帝国の支配者と支配される者といった搾取関係など――、各地域における仏教教説の置かれた位相の異同というものが、今後は比較検討されていかなければなるまい。

異なる状況のもとに複数の仏教伝統がそれぞれ発展していく一方で、それらが互いに影響を及ぼしながら、「仏教 Buddhism」というひとつの固有名を作り上げていく。それは異なる立場にある人びとが同じ宗教伝統に関わっているという同一性の信念を与えるのと同時に、彼らが想起する仏教という教説をそれぞれの異なる状況のもとへと分節化させていく。そのような同一性と差異の反復の場、それが近代仏教の中核をなす特質のひとつとも言える。そこにおいて、「宗教」という西洋近代の概念への言及が、そのような同一性を想起する前提となる言説空間を作り上げていったとみることも可能であろう。それは、明治期の日本人が考えていたような、真正なる仏教への回帰ではなく、本来性というレトリックをまとったうえで、非近世日本的かつ非キリスト教的な異空間を、近世日本的かつキリスト教的な制約の内部に見出そうとする可能性を有するものであったのかもしれない。それが具体化された外部に転落していくのか、内部に立ち現れた外部性として現実に対する違和感を想起するものとなるかは、まさに紙一重の出来事なのである。このような普遍主義と普遍性の重なり合いを、文化理論研究者の酒井直樹はアジア・太平洋戦争期の哲学的労作、京都学派の田辺元による「種の論理」に含まれた両義性——文化的種差と文化的差異——として次のように看取している。むろん、戦後に田辺が浄土系の仏教を西洋哲学的な論理のもとに思索していったことはよく知られている。[70]

「文化的種差」からは、他者との出会いにある了解不能性や非共約性があらかじめ消去されてしまっていることはいうまでもない。……これにたいして、社会的抗争を超えるための実践が起こる独異点は、非共約性や了解不能性に出会う場であるから「種差」として限定できない差異と考えられる。そこで、……この差異をとりあえず「文化的差異」と呼ぶことにしよう。この差異は、したがって、空間的表象でもまた特殊性と一般性の配分に横領することのできる「種差」でもないことになるだろう。……「文化的差異」は空間的には表象できないものとして出会われる。ということは、社会的抗争を超える個の実践は空間的に表象できない。……「文化的差異」が空間的に翻訳されてしまうために、それは「文化的種差」として表象されてしまう。主体として「文化的差異」に関わる限り、そこで問題となるのは「何をなすべきか」であって、未来に向かって非連続性を連続化するために、それまでになかった新たな理念を単独性＝独異点において見出すことだろう。つまり、「文化的差異」において個は主体として実践的に未来に向かって普遍性に関わる。[71]

この紙一重の隙間にこそ、私たちが近代仏教の歴史を語りなおす可能性もまたはらまれているのである。それは近代「仏教」がもはや近世的「仏法」ではありえないという歴史性を指摘することによって、その文化的起源に回帰したり、歴史的制約の外側に自分がいると錯覚するのではなく、その制約の内部に身を絡めとられながらも、その余白を思い起こしていくことになるであろう。それがかつて沖縄研究者の冨山一郎がフランツ・ファノンに託して語ったように、時間を「遡行」(72)するという行為なのである。

(1) 磯前順一「近代における『宗教』概念の形成過程――開国から宗教学の登場まで」(『近代日本の宗教言説とその系譜――宗教・国家・神道』岩波書店、二〇〇三年)。

(2) 仏法・仏道から仏教という概念へ展開していく過程に、「宗教」のみならず、「教」という概念が介在していたことについては、谷川穣『明治前期の教育・教化・仏教』(思文閣出版、二〇〇八年)。

(3) ミシェル・モール「近代『禅思想』の形成――洪岳宗演と鈴木大拙の役割を中心に」(『思想』第九四三号、二〇〇二年、四七―四八頁)。

(4) Philip Almond, *The British Discovery of Buddhism*, Cambrige et al.: Cambridge University Press, 1988, p. 7. Richard King, *Orientalism and Religion: Post-Colonial Theory, India and 'The Mystic East'*, London and New York: Routledge, 1999, chap. 7.

(5) 「仏教」という概念が「哲学」とも「宗教」とも齟齬を有する不安定な範疇であったことについては、次の文献でも指摘されている。Sungtaek Cho, "The Rationalist Tendency in Modern Buddhist Scholarship: A Revaluation," in *Philosophy East and West*, 52-4, 2002.

(6) Hent de Vries, "Introduction: Why still 'Religion'?," in de Vries, ed., *Religion: Beyond a Concept*, New York: Fordham University Press, 2008.

(7) このような散種の過程をディヴィット・マクマハンは「異種混淆性 hybridity」と呼んでいる。David MacMahan, *The Making of Buddhist Modernism*, Oxford and New York: Oxford University Press, 2008, pp. 240-243.

(8) 林羅山・松永貞徳『儒仏問答』(大桑斉・前田一郎編『羅山・貞徳『儒仏問答』――註解と研究』ぺりかん社、二〇〇六年)。

(9) このような視点は、近代仏教を「狭義」の「教義信仰」と「広義」の「先祖供養・現世利益信仰」からなる二重的性格として捉える大谷の研究から示唆を得ている。大谷栄一「『近代仏教になる』という物語――近代日本仏教史研究の批判的継承のための理路」(『近代仏教』第一六号、二〇〇九年、七頁)。

(10) 近代的な「論文」形式の思考と異なる、近世までの「注釈」形式の思考については、磯前順一「記紀解釈史の展開――国史・神道・神話」(『記紀神話と考古学――歴史的始原へのノスタルジア』角川学芸出版、二〇〇九年)、ミシェル・フーコー「作者とは何か」一九六九年(清水徹・根本美佐子訳『ミシェル・フーコー思考集成Ⅲ』筑摩書房、一九九九年)。

(11) 末木文美士『中世の神と仏』(山川出版社、二〇〇三年)。

(12) 林淳「日本宗教史における世俗化過程」(脇本平也・柳川啓一編『現代宗教学4』東京大学出版会、一九九二年)。

(13) タラル・アサド『宗教の系譜――キリスト教とイスラムにおける権力の根拠と訓練』一九九三年、第一・二章(中村圭志抄訳、岩波書店、二〇〇四年)。

(14) ベネディクト・アンダーソン『増補 想像の共同体――ナショナリズムの起源と流行』一九八三/一九九一年(白石さや・白石隆訳、NTT出版、一九九七年、二四―二六頁)。

(15) タラル・アサド『世俗の形成――キリスト教、イスラム、近代』二〇〇三年、第六章(中村圭志訳、みすず書房、二〇〇六年)。

(16) ハンス=ゲオルク・ガダマー『真理と方法――哲学的解釈学の要綱』一九六〇/一九七五年(轡田収・巻田悦郎訳、法政大学出版局、第二部、二〇〇八年)。

(17) ジャック・デリダ「痛み 源泉――ヴァレリーの源泉」『哲学の余白』一九七二年(藤本一勇訳、法政大学出版局、二〇〇八年、下巻、二一九頁、一部磯前改訳)。

(18) Jacques Derrida, *Dissemination*, 1972 (trans. by Barbara Johnson, London: The Athlone Press, 1981, p. 304).

(19) ラッセル・マッカチオン「『宗教』カテゴリーをめぐる近年の議論――その批判的俯瞰」一九九五年(磯前/リチャード・カリチマン訳、磯前・山本達也編『宗教概念の彼方へ』法藏館、二〇一一年)。

(20) 芹川博通『近代化の仏教思想』(大東出版社、一九八九年)、末木文美士『明治思想家論――近代日本の思想・再考Ⅰ』

（トランスビュー、二〇〇四年）、磯前順一・高橋原・深澤英隆「姉崎正治伝」（磯前・深澤編『近代日本における知識人と宗教——姉崎正治の軌跡』東京堂出版、二〇〇二年、二八—二九頁）。

（21）Gauri Viswanathan, *Outside The Fold: Conversion, Modernity, and Belief*, Princeton: Princeton University, 1998, chap. 2.

（22）Ibid. chap. 5.

（23）たとえば、MacMahan, *The Making of Buddhist Modernism*, p. 247.

（24）高崎直道によれば、厳密には、すくなくとも南方仏教・チベット系仏教・東アジア仏教の三区分をおこなうべきで、この場合は、南方仏教はパーリ語仏典を有するスリランカ・東南アジア諸国に行われてきた上座部仏教、チベット系仏教がチベット語訳仏典を有するチベットをはじめとする内陸アジアの仏教、東アジア仏教が漢訳仏典を有する中国・朝鮮・日本・ベトナムに広まった仏教ということになる（高崎「総論・東アジア仏教」高崎・木村清孝編『シリーズ・東アジア仏教1　東アジア仏教とは何か』春秋社、一九九五年、四—六頁）。ただし、本稿では議論を簡略化するために、南伝仏教と北伝仏教の二分法を用いる。チベット系仏教と日本僧侶の交流のあり方については、たとえば、奥山直司『評伝　河口慧海』（中央公論新社、二〇〇三年）。

（25）Almond, *The British Discovery of Buddhism*, pp. 61-77.

（26）Tomoko Masuzawa, *The Invention of World Religions: Or, How European Universalism was preserved in the Language of Pluralism*, Chicago and London: The University of Chicago Press, 2005, chap. 4.

（27）Mary Louise Pratt, *Imperial Eyes: Travel Writing and Transculturation*, London and New York: Routledge, 1992, p. 4.

（28）ロジェ＝ポル・ドロワ『虚無の信仰——西欧はなぜ仏教を怖れたか』一九九七年（島田裕巳・田桐正彦訳、トランスビュー、二〇〇二年）。

（29）Silvio Vita, "Printings of the Buddhist 'Canon' in Modern Japan," in *Buddhist Asia*, 1, 2003.

（30）安丸良夫『神々の明治維新——神仏分離と廃仏毀釈』（岩波新書、一九七九年）、村田安穂『神仏分離の地方的展開』（吉川弘文館、一九九九年）。

（31）Gauri Viswanathan, "Beyond Orientalism: Syncretism and the Politics of Koewledge," in *Stanford Humanities Reviews*, 5-1, 1995.

（32）酒井直樹『過去の声――一八世紀日本の言説における言語の地位』一九九一年（酒井直樹監訳、以文社、二〇〇二年）。

（33）ブライアン・ヴィクトリア『禅と戦争』一九九七年（エィミー・ルィーズ・ツジモト訳、光人社、二〇〇一年）。なお、ヴィクトリアの英語版は二〇〇六年に改訂版も出されている。

（34）大谷栄一『近代日本の日蓮主義運動』（法藏館、二〇〇一年）。

（35）リチャード・ジャフィ「釈尊を探して――近代日本仏教の誕生と世界旅行」（前川健一訳『思想』第九四三号、二〇〇二年）、奥山直司「明治インド留学生たちが見た『比叡』と『金剛』の航海」（『アジア文化研究所研究年報』第四三号、二〇〇八年）。

（36）前嶋信次『インド学の曙』一九四九・一九五〇年（世界聖典刊行協会、一九八五年）、武蔵野女子大学仏教文化研究所編『雪頂・高楠順次郎の研究――その生涯と事蹟』（大東出版社、一九七九年）、磯前・深澤前掲『近代日本における知識人と宗教――姉崎正治の軌跡』第一部。

（37）Almond, *The British Discovery of Buddhism.* ドロワ前掲『虚無の信仰』、陳継東「近代仏教の夜明け――清末・明治仏教界の交流」（『思想』第九四三号、二〇〇二年、一〇二頁）。

（38）Thomas Tweed, *The American Encounter with Buddhism 1844-1912: Victorian Culture & the Limits of Dissent*, Chapell Hill and London: The University of North Carolina Press, 1992/2000.

（39）末木文美士「アカデミズム仏教学の展開と問題点――東京（帝国）大学の場合を中心に」（『近代日本と仏教――近代日本の思想・再考II』トランスビュー、二〇〇四年）。

（40）村上専精『仏教統一論　第一編』（金港堂、一九〇一年）、原勝郎「東西の宗教改革」一九一一年（『日本中世史の研究』同文舘、一九二九年）、辻善之助『日本仏教史』（岩波書店、一九四四―五五年）、オリオン・クラウタウ「近世仏教堕落論の近代的形成――記憶と忘却の明治仏教をめぐる一考察」（『宗教研究』第八一巻三号、二〇〇七年）。

（41）林淳「近代日本における仏教学と宗教学――大学制度の問題として」（『宗教研究』第三三三号、二〇〇二年）。

（42）末木前掲『近代日本と仏教』二三八頁。

（43）林淳「宗教系大学と宗教学」（『季刊日本思想史』第七二号、二〇〇八年）。

（44）ジャフィ前掲「釈尊を探して」六四―七三頁。

(45) Judith Snodgrass, *Presenting Japanese Buddhism to the West: Orientalism, Occidentalism, and the Columbian Exposition*, Chapell Hill & London: The University of North Carolina Press, 2003, chap. 7. 佐藤哲朗『大アジア思想活劇——仏教が結んだ、もうひとつの近代史』（サンガ、二〇〇八年）。

(46) ピーター・ワシントン『神秘主義への扉——現代オカルティズムはどこから来たか』一九九三年、第三—六章（白幡節子・門田俊夫訳、中央公論新社、一九九九年）、ビクシュ・サンガラクシタ「ダルマパーラの生涯」一九五六年（藤吉慈海訳、同『インド・タイの仏教』大東出版、一九九一年）。

(47) MacMahan, *The Making of Buddhist Modernism*, chap. 3.

(48) 吉永進一「明治期日本の知識人と神智学」（川村邦光編『憑依の近代とポリティクス』青弓社、二〇〇七年）、ジャフィ前掲「釈尊を探して」七五・八一頁、陳前掲「近代仏教の夜明け」九七—九九頁。

(49) 末木前掲『近代日本と仏教』二三五頁。

(50) Richard Huges Seager, *The World's Parliament of Religions: The East/WestEncounter, Chicago, 1883*, Bloomington and Indianapolis: Indiana University Press, 1995, p. 47, pp. 141-142.

(51) 鈴木範久『明治宗教思潮の研究——宗教学事始』（東京大学出版会、一九七九年、二〇七—二三一頁）、モール前掲「近代『禅思想』の形成」四八—五一頁、ジャフィ前掲「釈尊を探して」七三—七八頁、奥山直司「近代日本仏教史の中の土宜法龍」（『環』第三五号、二〇〇八年）、吉永進一『平井金三における明治仏教の国際化に関する宗教史・文化史的研究』（文部科学省科学研究費補助金研究成果報告書、二〇〇七年）。

(52) Seager, *The World's Parliament of Religions*, p. xvii.

(53) ジェームス・ケテラー『邪教／殉教の明治——廃仏毀釈と近代仏教』一九九〇年、第四・五章（岡田正彦訳、ぺりかん社、二〇〇六年）、野崎晃市「平井金三とフェノロサ——ナショナリズム・ジャポニズム・オリエンタリズム」（『宗教研究』第七九巻一号、二〇〇五年）。

(54) Snodgrass, *Presenting Japanese Buddhism to the West*, chap. 10-12. MacMahan, *The Making of Buddhist Modernism*, chap. 3-4. ロバート・シャーフ「禅と日本のナショナリズム」一九九三年（菅野統子・大西薫訳『日本の仏教』第四号、一九九五年）。

(55) 吉永進一「大拙とスウェーデンボルグ――その歴史的背景」(『宗教哲学研究』第二二号、二〇〇五年)。日本におけるスウェーデンボルグ受容については、瀬上正仁『明治のスウェーデンボルグ――奥邃・有礼・正造をつなぐもの』(春風社、二〇〇一年)。

(56) 鈴木大拙『新宗教論』一八九六年(『増補新版　鈴木大拙全集二三』岩波書店、二〇〇一年)、モール前掲「近代『禅思想』の形成」五〇頁。

(57) Thomas Tweed, "American Occultism and Japanese Buddhism: Albert J. Edmunds, D. T. Suzuki, and Translocative History," in *Japanese Journal of Religious Studies*, 32/2, 2005.

(58) Tweed, *The American Encounter with Buddhism 1844-1912*, chap. 3.

(59) Galen Amstutz, *Interpreting Amida: History and Orientalism in the Study of Pure Land Buddhism*, Albany: State University of New York Press, 1997, pp. 63-65.

(60) 鈴木前掲『明治宗教思潮の研究』二三二―二五〇頁。

(61) 姉崎正治『宗教学概論』一九〇〇年(『姉崎正治著作集六』国書刊行会、一九八二年、一頁)。

(62) 磯前順一「〈日本の宗教学〉再考――学説史から学問史へ」(本書収録第4章)。

(63) 安丸良夫『日本ナショナリズムの前夜』(朝日選書、一九七七年、四〇頁)。

(64) 末木前掲『近代日本と仏教』一二頁。

(65) 末木文美士「体験と社会――鈴木大拙」前掲『明治思想家論』一八九頁。

(66) 大谷栄一「日蓮主義・天皇・アジア――石原莞爾における世界統一のヴィジョン」(『思想』第九四三号、二〇〇二年)、韓晳曦『日本の朝鮮支配と宗教政策』(未來社、一九八八年、第一章)、蔡錦堂『日本帝国主義下台湾の宗教政策』(同成社、一九九四年)、木場明志・程舒偉編『日中両国の視点から語る植民地期満洲の宗教』(柏書房、二〇〇七年)。

(67) ジャフィ前掲「釈尊を探して」八二頁。

(68) エルネスト・ラクラウ「アイデンティティとヘゲモニー」ジュディス・バトラー/ラクラウ/スラヴォイ・ジジェク『偶発性・ヘゲモニー・普遍性――新しい対抗政治への対話』二〇〇〇年(竹村和子・村山敏勝訳、青土社、二〇〇二年)。

(69) 日本で成立した「仏教」概念の植民地主義的性格については、朝鮮半島の例を挙げて次の文献が言及している。Sung-

taek Cho, "The Formation of Modern Buddhist Scholarship: The Case of Bak Jong-hong and Kim Dong-hwa," in *Korea Journal*, Spring 2005.

(70) 田辺らの京都哲学を、特殊主義的な日本の宗教哲学として扱うことの陥穽については、Naoki Sakai, "Resistance to conclusion: The Kyoto School Philosophy under the Pax America," in Christopher Goto-Jones, ed., *Re-Politicizing the Kyoto School as Philosophy*, London and New York: Routledge, 2008.

(71) 酒井直樹「『日本人であること』——多民族国家における国民的主体の構築の問題と田辺元の『種の論理』」（『思想』第八八二号、一九九七年、二六—二七頁）。

(72) 冨山一郎「対抗と遡行——フランツ・ファノンの叙述をめぐって」（『思想』第八六六号、一九九六年、一〇〇・一〇九頁）。

6章 〈日本宗教史〉の脱臼

研究史素描の試み

1 「日本宗教史」という言葉

学術用語としての「日本宗教史 The Religious History of Japan」は、一九〇七年に姉崎正治による英文著作 *The Religious History of Japan, an Outline* において初めて用いられた。後年出された日本語版の冒頭で、姉崎はこの本が書かれた執筆事情と当時の日本宗教史をめぐる研究状況について次のように述べている。

この一篇は、……西洋人に見せるために、極めて概括的に日本宗教史を述べたもの……である。……日本宗教史全体については、一つも良書が出て居ないから、此の位なものでも、参考にならうと思ふ。[1]

周知のように姉崎は東京帝国大学宗教学講座の初代主任教授であり、日本の宗教学の鼻祖として知られた人物である。この姉崎の著作が彼自身の手によって日本語に翻訳されるのは、一九一二年の「日本宗教史概観」(『宗教と教育』博文館)を待たなければならない。その意味で日本宗教史もまた、新渡戸稲造『武士道』(英語版一九〇七年、日本語版一九〇八年)、岡倉天心『茶の本』(英語版一九〇六年、日本語版一九二九年)と同様に、はじめは英語版で英語圏の読者に向けて書かれ、それから日本語に翻訳されたものなのである。つまり、このような一連の日本の土着的伝統を記述する言葉は、西洋の眼差しを意識することではじめて鋳造されることが可能になったのである。すなわち、日本宗教という概念は西洋の"Religion"の翻訳語である「宗教」に対する日本側の反応として成立可能になったものであり、その関係性を認識するもとで、日本と西洋とが異なる一つのまとまりをそれぞれなすという区別が分節化されるようになったのである。(2)

そもそも「日本宗教史」という言葉の中核をなす「日本宗教」という言葉は二つの要素から成っている。ひとつは「日本」であり、もうひとつは「宗教」である。しかし実のところ、この「日本」と「宗教」という二つの言葉の結びつき方は、自明なものでもないし、自然なものでもない。事実、「日本の宗教 Japanese Religion」という観念が現れてきたのは、姉崎の著作にみられるように明治末期に至ってからのことなのである。まず、「宗教」および「日本」という個々の言葉が社会に定着したあとで、それらが結合した熟語として「日本宗教史」という言葉はようやく出現可能となったのである。

「宗教」と「日本」という言葉がそれぞれ、ここに含意するようなかたちで日本社会に登場してきたのは明治初年のことである。ともに西洋世界に対する開国を背景にして、西洋の語彙に対応する言葉として鋳直されて登場してきたものであった。近代において「日本」という言葉は国民国家の一形態を示すものとして、その含意するところのものを再編させたものであった。一方の「宗教」という言葉は"Religion"の訳語としてキリスト教世界に起源を有するものであり、それが次第に西洋ロマン主義の影響のもと、無限なるものへの憧憬を意味する心理的態度として措定され直すことで、仏教、イスラーム、神道などの非キリスト教をも、同じカテゴリーとして包摂することに成功したものである。しかし、いわゆる宗教という概念は単一の国民国家の枠内に収まるとはかぎらず、その点で国民国家を基体とする概念である「日本」と、それを超出する可能性をはらむ概念である「宗教」の間には齟齬が存在するわけであり、その両者を結びつけるには何らかの工夫が求められることになる。それゆえに、この二つの言葉の接合した「日本宗教史」という言葉が、明治初年に個別に登場した「日本」や「宗教」という言葉よりも大幅に遅れて明治末年にようやく作り出されたのも納得のいくところとなろう。

その結果、「日本宗教史」という術語は、「日本」と「宗教」という言葉の間に緊張関係をはらんだものであったために、その成立当初より二重の意味を帯びたものとして存在していくことになる。その二重の意味とは、〈日本に固有なものとしての宗教〉と、〈日本に存在する諸宗教〉という意味である。日本に固有な宗教としての「日本宗教」とは、日本宗教を超歴史的な実体として措定するものであり、日本らしさという統一的な観念がその背後には存在する。そこでは、本来的に「宗教」という概念の有する国民国家を超出する性格が、日本らしさという実体的な固有性のもとに同化されてしまっているのだ。他方、日本に存在する諸宗教としての「日本宗教」という意味の場合には、日本における様々な宗教の併存状況が含意されており、日本社会は様々な宗教が登場して相互に影響しあう異種混交の場、決定不能性を前提とした「交渉が可能になる場所」(酒井直樹)[3]として想定されるにとどまることになる。

姉崎の著作においても「日本宗教」はこの二重性の意味のもとで用いられているが、「日本の宗教史は包括融合の歴史なり」[4]という言葉にみられるように、最終的には〈日本に固有なものとしての宗教〉の意味のほうが前面に押し出されている。姉崎は「国民生活の骨」[5]である神道が「日本人の寛大な調和的精神」[6]を骨子に据えたうえで、儒教と仏教がそこに合わさることで、次のように日本宗教史を貫く特色が涵養されたと結論づけている。

我々の祖先の種族的道徳は、儒教の助けを得て、組織ある忠孝の教へとなり、又仏教の力に依つて精神的融会の理想に進んで来た。日本人の宗教心は、忠孝と云ふ美果を結んだが、此の徳は、何時までもこの国民の観念と活動との中心主義となつて残るであらう。[7]

ちなみに、一九三〇年に姉崎は再び英文の著作として *History of Japanese Religion: with Special Reference to the Social and Moral Life of the Nation*（Kegan Paul, 1930）を刊行する。これはハーバード大学での英語での講義をもとにしたもので、先述の *The Religious History of Japan, an Outline* の記述を重厚にした完全版とも言える。しかし、この本はその後現在にいたるまで日本語に翻訳されることはまったくなく、日本の研究者は姉崎の日本宗教史にまったく関心を示してこなかった。先の *The Religious History of Japan, an Outline* にしろ、姉崎自身の手で日本語に翻訳されたのであり、日本において広く認知されることにはならなかった。つまり姉崎の日本宗教史は、そこに包摂される二重の意味のどちらで読解されるにせよ、あくまで英語圏の読者を意識するなかで生まれた著作であり、そこからさらに日本の読者の強い関心を引くものにはなりえなかったのである。現在も、日本宗教史という言葉のもとに総括されるような議論が学界でおこなわれることはないが、その状況はすでに百年前の、「日本宗教史」という言葉が登場した時点で始まっていたことなのである。

その後、東京大学宗教学講座における姉崎の後継者である岸本英夫が、一九五四年になって『明治文化史 宗教編』（洋々社）という本を編集して出版することになる。しかし、この本は姉崎の著作とは異なり、〈日本に固有なものとしての宗教〉という意味での日本宗教史の記述を一切おこなわなかった。それは神道、仏教、新宗教など、近世から近代にかけての諸宗教の動きを独立した諸章に仕立てあげ、章ごとに異なる執筆者によって叙述するという形式をとり、徹底して日本宗教史という統一的実体の設定を回避したものになっている。

この岸本の編著に端的にみられるように、それ以後の戦後日本における日本宗教史をめぐる叙述は、日本の宗教に一つの土着宗教として実体を有するかのような印象を与えることをきわめて注意深く退けるものとなっていった。むろん、当然のことながら、戦後の研究者にも「日本宗教史」といった統一的実体を標榜する研究をまとめる者はほとんどおらず、彼らの日本宗教史に関する研究は個別の具体的対象を通して、後述するようなかたちで思索がめぐらされていったのである。そのなかで、末木文美士『日本宗教史』(岩波新書、二〇〇六年)は、書名として「日本宗教史」を掲げた稀有な例であるが、やはりこの著書においても〈日本に固有なものとしての宗教〉という意味での日本宗教史の記述は慎重に回避されている。

このように、戦後の研究者が日本宗教史の実体化をとくに忌み嫌った理由としては、日本宗教という言葉が、ときとしてかつての姉崎の著作のように、〈日本に固有な宗教〉としてナショナリスティックな性質を分泌する傾向があることを戦後の研究者たちが戦前の国体論などの経験から熟知していたことが大きかったと考えられる。むしろ、本章のなかで明らかにするように、戦後の研究者たちは、日本宗教史を〈日本に存在する諸宗教〉——キリスト教、仏教、神道、儒教など——がその交渉関係を展開する場として理解することを好んできたといえる。その結果、戦後の日本宗教史をめぐる叙述の試みにおいては、「日本宗教史」という言葉自体がナショナリズムを喚起させかねないものとして、その回避がなかば無意識的なものであったにせよ、その言葉を使用すること自体が忌まれてきたと考えることが可能であろう。

もちろん、「日本宗教史」をどのような意味合いで用いるかは、最終的には個々の研究者の考えにもとづいて判断されるべきことである。しかし、多くの場合、この術語を構成する「日本」と「宗教」という言葉が二項対立的な含意をもって捉えられてきたことは疑いのないところであろう。再度確認するならば、「宗教」という言葉が西洋のキリスト教に由来する超越的性格を有するのに対して、「日本」という言葉は土着的な社会と密接な関係を有するものとして理解されてきた傾向にある。もちろん、今日では、そのような土着的と認識される性質でさえも、近代の西洋グローバル化という現象のなかでは、あくまでその西洋化の過程を通じてその反作用として分節化されるものにほかならないことは明らかではあるが(8)。

このように、「日本宗教史」を構成する「日本」と「宗教」という二つの言葉の含意が相異なるものである以上、「日本宗教史」あるいは「日本宗教」をどのようなものとして理解するかは、個々の研究者がその二つの言葉をどのように組み合わせるか、その結合の仕方によって決定されていくことになる。以下、本論では近代日本における日本の諸宗教をめぐる研究史を俯瞰していくことで、この二つの言葉に含意される〈西洋超越的なもの〉と〈土着的なもの〉がどのように組み合わされてきたのかを、具体的な個別研究を通して確かめていきたいと思う。

2　西洋の超越的契機

近代の日本では、キリスト教の「超越的」性質、とくにプロテスタント的な性質は、知識人たちが個我の形成を推し進める手段として重視されてきた。たしかに、このような超越的な自我意識こそが社会の既存の価値規範、とくに国家の権威を客観的に批判することを可能にしたのである。その点において、佐古純一郎『近代日本思想史における人格観念の成立』(朝文社、一九九五年)は、そのような超越的自我が近代日本においてキリスト教の影響下にどのように発展してきたのか、その軌跡をたどったものとして注目される。そして、一九〇〇年に起きたいわゆる内村事件において、キリスト教徒の内村鑑三が教育勅語の礼拝を拒否した時、この新たに生起してきた超越的自我の思想が日本国家という権威と緊張関係を本質的にはらまざるを得ないものであることが明らかにされたのであった。

なお、ここでいう超越的とは自分を取り巻く人間関係など、周囲の状況に流されない一貫した倫理を保持する姿勢をさす。それは日常的な状況に日和らないという肯定的な側面を有する一方で、周囲との折衝に応じることなく、自分の考えを押し付けるという負的な側面を有する両義的なものとして捉えられるべきである。

内村不敬事件にみられるようなキリスト教と国家権力の対立に関する研究は、隅谷三喜男『近代日本の形成とキリスト教』（新教出版社、一九五〇年）によって先鞭がつけられたわけだが、隅谷の研究はこのキリスト教の超越的性質こそが、西洋の"Religion"の訳語として定着しつつあった「宗教」という言葉の中核をなすものであったことを暗示するものでもあった。この観点を今日に引き継いだのが、磯前順一『近代日本の宗教言説とその系譜』（岩波書店、二〇〇三年）であり、そこでは宗教という西洋出自の概念および超越性が日本社会の中にどのように受容されていったのかが、言説論の立場から論じられている。そして、西洋のプロテスタンティズムに直接の出自をもつ宗教概念と日本や東アジア社会の齟齬を考えるうえで興味深いのが、儒教という存在であり、「教」という語が示すように宗教に属するものと見なされつつも、その一方で儒「学」として学問としても捉えられている。

このような宗教概念との齟齬は、他の宗教現象にも広くみられるところであり、近年盛んに用いられるスピリチュアリティといった呼称もまた既成の宗教概念ではとらえられない側面を言い表そうとしているものと考えられる。そのような観点からみた儒教については、渡辺和靖『明治思想史』（ぺりかん社、一九七八年）および加地伸行『儒教とは何か』（中公新書、一九九〇年）、スピリチュアリティについては島薗進『精神世界のゆくえ』（秋山書店、二〇〇七年）が特筆される。

このようなプロテスタンティズムに代表されるキリスト教の超越的性格が、近代日本においては「西洋」を体現するものとして表象されてきたわけだが、さらに近世初頭に溯るならば、キリスト教はプロテスタンティズムではなくカトリシズムをもっぱら意味するものであったし、近代においてはそのほかにもロシア正教など、キリスト教内の諸潮流を複数含みこむものであった。しかし、カトリシズムやロシア正教はプロテスタンティズムとは異なり、教義論よりも儀礼的な身体実践を中心とする性格であったためか、その存在は従来の日本宗教史をめぐる研究においては軽視されてきたと言える。この点で、五野井隆史『日本キリスト教史』（吉川弘文館、一九九〇年）は、近世初頭からのカトリシズムの流れに主眼を置いて日本のキリスト教全般の歴史を俯瞰したものとして、半澤孝麿『近代日本のカトリシズム』（みすず書房、一九九三年）は政治思想史の観点からカトリシズムの知識人を論じたものとして特筆される。また高橋昌郎『明治のキリスト教』（吉川弘文館、二〇〇三年）もプロテスタントを諸宗派に分けて歴史をたどり、さらにカトリシズムやロシア正教までを射程に収めた点で均衡のとれた叙述となっている。

西洋に出自をもつ超越的性質は、日本の社会において現世批判という点で一定の役割を果たしてきたと考えられるが、一方でそこにキリスト教的な意味での罪の概念までが受容されていたかといえば、それはきわめて疑問である。これまでの研究においても、罪の概念という観点からみれば、近代日本のキリスト教はきわめて日本的な土着化過程のもとに変容させられてしまったと考えられている。遠藤周作の小説『沈黙』（一九六六年、現在、新潮文庫）や芥川龍之介の短編「おぎん」（一九二二年、現在、岩波文庫）などは、このキリスト教的な罪の観念が日本社会に土着化するなかでどのようなかたちで変容していったのかを考えるさいに、きわめて重要な考察を提供しているものであると言えよう。米倉充『近代文学とキリスト教 明治・大正篇』（創元社、一九八三年）および柄谷行人『日本精神分析』（文藝春秋、二〇〇二年）は、このような問題を考えるうえで重要な示唆を与えるものとなっている。

この罪の観念の変容は結果として、社会とキリスト教の間の緊張関係を失わせ、日本社会に同化していく傾向をキリスト教にもたらすことになる。その動きは、同志社大学人文科学研究所編『『六合雑誌』の研究』（教文館、一九八四年）によって概観することができる。その典型的な動きが、一八八〇年頃に起こったユニテリアニズムやユニバーサリズムなど、自由神学の伝来であるといえよう。この新しいキリスト教の波は、阿部磯雄や片山潜など、キリスト教徒の一部を社会主義運動へと促し、日本社会を具体的に変える運動へと展開されていく。しかし、その一方で、一部のキリスト教徒は、海老名弾正のようにナショナリズムへと傾いていくことになり、国家と宗教の距離をきわめて密接なものへと近づけてしまう。付言するならば、日本における宗教学の出現もこの自由神学の伝来に端を発するものであり、その客観的・中立的な装いをまとった主張にもかかわらず、後者のナショナリスティクな動きにやはり連なるものであったことは見逃せないところである。

このような日本宗教学の成立と展開を論じたものとして、磯前順一『近代日本の宗教言説とその系譜』および林淳・磯前編『季刊日本思想史』第七二号「特集　近代日本と宗教学――学知をめぐるナラトロジー」（ぺりかん社、二〇〇八年）がある。宗教学は、すでに姉崎や岸本の日本宗教史の叙述に明らかなように、宗教および日本宗教史という概念を彫琢していくさいに大きな役割を担った学知であり、その政治性が近代日本の社会状況に即して論議されていかなければならない。

今日までの研究に基づいて評するならば、内村事件以降、日本のキリスト教は総じて国家権力のもとに屈していったということになろう。それに代わって、国家権力との対決関係に入るのが、一九二〇年代から一九三〇年代にかけてのマルクス主義である。かれらが日本における西洋的な超越性としての現世批判の機能を担うことになるわけだが、それがキリスト教を脱宗教化しながらも、千年王国論など、そこに源を発する超越性の思想を継承したものであることとは看過してはならない。このような日本におけるキリスト教とマルクス主義の関係については、宮川透『近代日本の哲学』（勁草書房、一九六二年）が依然踏まえるべき研究である。

しかし結局は、その対決もまたマルクス主義者の転向によって、再度、国家権力の軍門に下っていくことになるわけで、思想の科学研究会編『改訂増補　共同研究　転向』（平凡社、一九五九―一九六二／一九七八年）をはじめとする一連の転向をめぐる研究が明らかにしているように、日本社会の状況に即応した超越的な自我のあり方があらためて再検討される必要があろう。いずれにせよ、このような経緯を経て、今日もまた「超越的」なものと「土着的」なもの、言い換えれば西洋的なものと日本的なものの表象のはざまで、日本における宗教のあり方を考えようとする試みは依然として継続されているのである。たとえば、西洋の宗教概念には回収されきることのない日本の宗教のあり方については、阿満利麿『日本人はなぜ無宗教なのか』（ちくま新書、一九九六年）が、日本における超越性と土着性のあり方をめぐっては、磯前順一『喪失とノスタルジア——近代日本の余白へ』（みすず書房、二〇〇七年）がその特有な分節化のあり方を論じている。本論では超越的なものと土着的なものとして総称しているが、現在問われるべきことはそれぞれが日本の社会においてどのように分節化されていったのか、その特質の内容を明らかにすることなのである。

キリスト教の受容と並行するように、日本の仏教もまたキリスト教に匹敵する超越性を有することを主張するようになる。ウィリアム・ジェームズやアンリ・ベルクソンの影響のもと、西田幾多郎は『善の研究』（一九一一年、現在、岩波文庫）で仏教的な宗教経験を超越的なものの純粋意識として再定義してみせた。ここに超越的なものは、合理性を超えた、無限なるものへの志向性として理解されることになるのだが、その一方で、国家の権威との微妙な関係へと組み込まれていくことになる。[9]それは、家永三郎『日本思想史に於ける否定の論理の発達』（弘文堂、一九四〇年）で述べられているように、国家権力と対決する超越的な立場を示すものにもなりうるのだが、他方で、鈴木大拙『日本的霊性』（一九四四年、現在、岩波文庫）がそうであったように、国家権力そのものと同一視されてしまうこともありうるものであった。[10]

そのようなナショナリスティクな傾向は、大谷栄一『近代日本の日蓮主義運動』（法藏館、二〇〇一年）が明らかにしているように、ことに日蓮主義の場合顕著にみられるものであった。大谷の仕事は近代に着目したものであるが、黒田俊雄『日本中世の国家と宗教』（岩波書店、一九七五年）はそのような日本仏教にみられる近代ナショナリズムの起源を中世の神国思想に遡って再考しようとした点で、今日もなお注目される。

そして、このような西洋の宗教概念のもつ超越的性格のアナロジーとして、「鎌倉新仏教」という言葉が用いられるようになったのは、一九一一年の原勝郎の論文「東西の宗教改革」（のちに『日本中世史の研究』同文舘、一九二九年に収録）においてであった。原は日本の中世仏教が西洋プロテスタンティズムに匹敵しうるものであるとして、教祖の存在をはじめ、聖典、教会、個人救済などの特徴を具体的に挙げた。原の試みは、内藤莞爾「宗教と経済倫理」(一九四八年、のちに『日本の宗教と社会』御茶の水書房、一九七八年に収録)によって更なる展開を遂げ、鎌倉新仏教の一つ、浄土真宗が近代資本主義の精神を勃興させたプロテスタンティズムと同様の意義を有するものであったことが、マックス・ウェーバーの研究に言及しながら説かれるにいたる。また、このような鎌倉新仏教という概念を前提として、日本仏教の通史を古代から近代まで本格的に網羅した仕事が、辻善之助によって『日本仏教史』(岩波書店、一九四四―一九五五年)として著されることになる。

辻は近世の日本仏教を、それが徳川幕府によって葬式儀礼と檀家制度のみに制度化されてしまい、かつて鎌倉新仏教が蘇生させた超越的性質を喪失したとして一種の堕落であると厳しく批判した。その批判は、ビリーフとプラクティス、すなわち教義と身体実践を二項対立的にとらえるプロテスタンティズム的な視点からなされたものであり、教義が西洋的な超越性と結び付けられる一方で、身体実践は日本の土着的あるいは迷信深い日常生活と結び付けられて理解されたのであった[11]。芹川博通『近代化の仏教思想』(大東出版社、一九八九年)や末木文美士『近代日本の思想・再考I・II』(トランスビュー、二〇〇四年)が明らかにしているように、近代日本の仏教研究は仏教をプロテスタンティズムに匹敵する「宗教」に仕立て上げるべく西洋化していった側面を強く有していることは否定できない[12]。だが、一九六〇年代に入ると、このような鎌倉新仏教を高く評価する姿勢そのものが、西洋的な宗教概念を単純に日本に投影した見方であると批判を受けるようになってくる。たとえば、先の黒田俊雄の作品は古代から中世の仏教の歴史叙述を通じて、森岡清美『真宗教団と「家」制度』(創文社、一九六二年)は近世仏教の社会構造の分析を通じて、日本仏教の身体実践あるいは制度的な側面の再評価を進めていった。

しかし、すでに述べたように、キリスト教自体もまた日本の社会状況のなかで大きくその性質を変容させていた。とくに、キリスト教のもつ罪の観念の欠落については、これまでの諸研究が再三指摘するところであった。そのなかで注目されるのは、日本人における罪の観念はキリスト教の受容においては欠落していくが、その一方で仏教、とくに鎌倉新仏教においてその日本的な形態が担われていったと考えられた点である。このような仏教伝統を通した罪の意識の再考は、京都学派左派の三木清と田辺元によってアジア・太平洋戦争に前後する時期に深く推し進められていった。その代表的著作が、三木の遺稿『親鸞』（一九四六年刊行、のちに『三木清全集　第一八巻』岩波書店、一九八六年）と、田辺の『懺悔道としての哲学』（岩波書店、一九四六年）である。両者はキリスト教的な絶対的な人格神に訴えることなく、この地上の人間の苦悩を絶対的に救済する道を、仏教思想を通して模索したのである。

このようなキリスト教的な絶対人格神に訴えることなく、人間の罪意識と取り組もうとする姿勢は、現代の人気小説家である村上春樹の『ノルウェイの森』（講談社、一九八七年）にも濃厚にみられる問題関心である。村上の小説では具体的な宗教が扱われることはないが、しばしば登場人物は罪の意識に苦しみ、それを彼岸の神を通して解決しようとするのではなく、かつての芥川の「おぎん」や「南京の基督」のように、現世の眼前の相手との関係の中で解決しようとするモチーフが幾度となく現れる。村上がオウム真理教のサリン事件につよい関心を示したことも、ここでは注意しておくべきであろう。このような超越性や罪意識が、キリスト教や仏教や神道あるいは儒教、さらにはマルクス主義などの無神論を通じて、どのように日本の社会的文脈のなかで主題化されていったのかを明らかにすることは、今日の社会状況を考えるなかで、現代の日本の宗教研究者にとっても、課題であると言えよう。

3　日本の土着的契機

旧来、神道は日本の土着宗教と考えられ、仏教やキリスト教の伝来以前から存在した超歴史的な伝統体ともみなされてきた。しかし、高取正男『神道の成立』（平凡社、一九七九年）や黒田俊雄『日本中世の国家と宗教』によって、神道とは海外から伝播した文化――その典型的なものが仏教とキリスト教の伝来――に対する、土着側の反応として歴史的に形成されてきた文化の自覚化過程であると捉え直されて今にいたっている。それゆえ、神道の内容を厳密に定義することは難しく、たとえば村上重良『国家神道』（岩波新書、一九七〇年）では、皇室神道、神社神道、教派神道、民間信仰など、幾つかの文化・社会的要素の複合した様相をみてとっている。

このような神道の多様な要素のなかから、近代になって国家神道が天皇制を軸とした神社崇拝と宮中祭祀を結びつけるかたちで、西洋の宗教概念および信教の自由を封じ込めるために社会制度として整えられてきた。その結果、国家神道は宗教ではなく国民道徳の領域に属するものとして、信教の自由を旨とする私的領域としての宗教に優越するものとして位置づけられるようになる。[13] その一方で、安丸良夫が『神々の明治維新――神仏分離と廃仏毀釈』（岩波新書、一九七九年）で明らかにしたように、国家神道から切り離された神道の民間信仰的な要素は迷信的なものとして、啓蒙主義的な文明の担い手であると同時に国家神道の中核をなす天皇制によって抑圧されていくことになる。

国家神道の制度史的な確立過程を丹念に実証的に跡づけた研究が、阪本是丸『国家神道形成過程の研究』（岩波書店、一九九四年）である。ただし、阪本をはじめとする国家神道の研究者は国家神道の歴史的変遷は問題とするものの、その骨子をなす「神社神道」という概念は超歴史的なものとして扱う傾向にあり、その歴史的成立の経緯を問うた研究として、井上寛司『日本の神社と「神道」』（校倉書房、二〇〇六年）および羽賀祥二『明治維新と宗教』（筑摩書房、一九九四年）が注目される。ただし、そのなかで近年懸念されるのは、神道界のなかに国家権力の象徴たる天皇制との関係性を意図的に欠落させて、日本古来のアニミズムあるいは近代都市の緑化地域として神道を再解釈しようとする傾向である。そこには神道が不可避にもつ政治性を脱イデオロギー化させることで、かえってその政治性を発揮させようとする危険な意図が存在していることを十分に注意しておく必要がある。

そして、八世紀に編纂された天皇制をめぐる歴史書、『古事記』と『日本書紀』もまた近代に入ると、日本国民としての歴史的記憶を結晶化させるために政府によって積極的に活用されていった。すでに述べたように国家神道は道徳の領域に属するものとして規定されたわけだが、一方でやはりキリスト教や仏教といった成立宗教の布教力に対抗すべく、聖書や大蔵経に匹敵するような神道の正典を定めようとしたのであった。しかし、続いて西洋から文献批判や聖書の高等批評が流入すると、記紀の叙述のもつ字義的な信憑性は学問的な議論に曝されて、大いに揺らぐことになる。

このような記紀の字義的解釈は近世後期の本居宣長に遡るものであるが、それが国家の公定的解釈に近いものとして定められたこともあって、宣長の解釈をどのように位置づけるのかという議論が日本思想史における大きな課題となった。そのひとつが村岡典嗣『本居宣長』(警醒社書店、一九一一年)であり、西洋の文献学に匹敵する近代実証主義の成立を、日本の国民性論をめぐる関心の高まりを背景に、宣長の記紀解釈に求めたものであった。もうひとつが、丸山真男『日本政治思想史研究』(東京大学出版会、一九五二年)であり、宣長の解釈は近世朱子学的な知の体系が解体していく過程のなかで生じた歴史的産物であり、実証主義と表裏一体なものとして非合理主義が近世から近代の過渡期に生じたことを、アジア・太平洋戦争期の超国家主義に対する批判の意味を込めて明らかにした。

実際の記紀解釈において、本居に溯る字義的解釈を一挙に相対化してみせたのが、大正期に発表された津田左右吉の記紀研究、『神代史の研究』『古事記及日本書紀の研究』(岩波書店、一九二四年)であり、そこでは記紀が国民の記憶の結晶物などではなく、漢籍に通じた六世紀のヤマト宮廷の述作物であることが明らかにされた。ただし、津田は大正デモクラシー的な立場からの天皇制の支持者であり、その否定者ではなかった。この津田の知識をマルクス主義の立場から読み替え、天皇制とは異なる民族の記憶を記紀から取り出すことが可能であると主張したのが、石母田正の論文「古代貴族の英雄時代」(一九四八年、のちに『石母田正著作集 第一〇巻』岩波書店、一九八九年に収録)であり、そこから戦後の記紀論の礎が築かれていくことになる。(14)

このような記紀のもつ意味の変遷を古代から現代まで跡づけたものとして、磯前順一『記紀神話のメタヒストリー』(吉川弘文館、一九九八年)および『記紀神話と考古学――歴史的始原へのノスタルジア』(角川学芸出版、二〇〇九年)、神野志隆光『古事記と日本書紀――「天皇神話」の歴史』(講談社現代新書、一九九九年)がある。とくに磯前の著書は、記紀に著された神話的世界が単一的あるいは多元的で明快な境界線を有するものではなく、その内部に抗争性を抱えた多重的な差異化作用をはらんだものであることを明らかにしている。磯前によれば、それは縄文社会の構造に遡って確認されるような、文化そのものが本源的にはらむ多重性にもとづくものなのである[15]。

日本の近代は、このように国民の記憶をめぐる闘争が様々な陣営のあいだで行われた時期とも言える。そのなかで柳田国男は『遠野物語』(一九一〇年、現在、岩波文庫)において、文字で書かれた歴史とは異なる形で庶民の日常世界や信仰世界を伝える記憶があることを民間伝承のなかに探った。さらに、柳田は「固有信仰論」として、西洋の宗教概念では捉えることのできない民衆の信仰世界を〈日本に固有な宗教〉として探り当てようとした。柳田からすれば、国家神道もまた西洋の宗教概念を借用した外来の構築物にほかならなかったのである。しかしその一方で、柳田の固有信仰論も〈土着宗教/外来宗教〉あるいは〈本来的なもの/表層的なもの〉という二分法の域を出るものではなかった。

この固定化された二項対立的な思考法は柳田の門下生である堀一郎によって、その著書『民間信仰史の諸問題』(未來社、一九七一年)において「民俗宗教」という概念を提唱することで、日本宗教の固有性を探るのではなく、むしろ〈土着宗教/外来宗教〉の交渉過程に着目するものへと視点を転換していくことになる。このような〈土着宗教/外来宗教〉の交渉過程への着目は、津田左右吉『日本の神道』(岩波書店、一九四九年)によって先鞭がつけられたものであり、津田によれば土着的なものは外来の文化との交渉過程のなかでこそ、教義や制度化といった明確なかたちを備えることが可能になるとされた。津田の立場からすれば、日本宗教なるものは単なる日本の固有性といった超歴史的な土着性としては顕現し得ないものなのである。

この〈土着宗教／外来宗教〉の交渉過程に着目する津田の視点は、その後、仏教と神道の交渉過程に着目した黒田俊雄『日本中世の国家と宗教』、隠れキリシタンをカトリシズムと民間信仰の交渉過程として捉えた宮崎賢太郎『カクレキリシタンの信仰世界』（東京大学出版会、一九九六年）、あるいは沖縄におけるキリスト教と民間信仰の接合過程を論じた池上良正『悪霊と聖霊の舞台――沖縄の民衆キリスト教に見る救済世界』（どうぶつ社、一九九一年）へと、さらに展開されていく。これらの研究は、日本の土着的宗教が、キリスト教や仏教といった制度化された宗教を横領していったものであることを如実に語っているのである(16)。

さらに土着宗教に関する研究としては、新宗教と民俗宗教の関係に着目した島薗進『現代救済宗教論』（青弓社、一九九二年）がある。島薗は新宗教を民衆の主体化過程としてとらえ、救済をメルクマールにして、そこに新宗教が民俗宗教から離脱していく契機を求めた。島薗もまた、他の新宗教や民衆宗教の研究者と同様に、どのように民衆が自らの主体性を確立するのか、それをキリスト教とも仏教とも異なる独自のかたちでの超越性の問題として、国家権力との拮抗関係のなかで理解しようとしたのである。ただし、すでに安丸良夫が『日本の近代化と民衆思想』（青木書店、一九七四年）のなかで指摘していたように、その主体性は両義的な性質を有するものであり、そこには現世批判的な意味での超越性が欠如しているために、国家権力とくに天皇制に対して容易に屈するものにもなりえるものであった。

しかし、いずれにせよ、このような民衆宗教あるいは新宗教の確立を通した民衆の主体化過程を解き明かそうとする研究は、従来の〈日本土着的なもの／西洋超越的なもの〉といった二項対立的思考を突き崩す大きな動力となったことは疑いがない。ここでもまた、そもそも〈日本に固有な宗教〉といった意味での「日本宗教史」が存在しえないということが明らかにされているのである。

そして、このような民衆宗教との両義的関係にある天皇制は、それが近代国家権力の象徴的存在であったために、権力による抑圧の象徴として、宗教学や歴史学の激しい批判の的となってきた。そのなかで人類学者の山口昌男は、その著書『天皇制の文化人類学』（立風書房、一九八九年）において、日本の天皇制を〈聖／俗〉や〈コスモス／カオス〉といった二項対立的構造を転倒させる象徴的空間として解釈してみせた。一方、歴史学者の岩井忠熊と岡田精司の共編著『天皇代替り儀式の歴史的展開』（柏書房、一九八九年）は古代から近代にいたる天皇制の歴史的変遷を跡づけてみせた。近代天皇制のイメージは国体の淵源あるいは日本文化の歴史的象徴としての純粋性を強調するものであったが、網野善彦の『異形の王権』（平凡社、一九八六年）が示すように、中世において天皇制は社会・文化的に周縁的な存在や性的放縦さと密接な関係を有しており、その時代状況において大きく性格を異にするものであった。

ちなみにここで確認しておくならば、古代においては天皇の宗教祭祀はいまだ神道とは呼ばれておらず、「神祇祭祀」として規定されていたものであった。歴史的にみて中世から本格化する「神道」との相違を確認するうえでも、神祇祭祀に関する中村英重『古代祭祀論』（吉川弘文館、一九九九年）および西宮秀紀『律令国家と神祇祭祀制度の研究』（塙書房、二〇〇四年）は欠かすことのできない研究である。

近代天皇制についても、安丸良夫が『近代天皇像の形成』（岩波書店、一九九二年）で分析しているように、その権威は幕末の社会激動期における民衆の不安を吸収するかたちで文化的純粋性のコスモロジーを体現するものとして再創造されたものなのである。日本宗教史の研究にとって天皇制の問題は、神道の名前のもとに保持されてきた「純粋性」の観念を再考するうえでも重要な鍵を握るものである。そして、この天皇制もまたその歴史的時間の経過のなかで、キリスト教や仏教あるいは儒教などの諸宗教と密接な関係を有し、あるときは同化し、あるときは拒絶するといった複雑な関係を示してきた。神仏分離や神仏習合と呼ばれる現象はその典型といえよう(17)。

このような近代天皇制に仮託された純粋な日本らしさ、あるいは日本の固有性は、少なくとも、二つの点で諸宗教の信仰者や宗教学者に排他的な態度をもたらす可能性をはらんでいた。第一に、女性や部落民などに対する差別が、そのような純粋さの観念によって不可避に生み出される非純粋さが他者に投影されることで作りだされていった。[18] 第二に、大日本帝国の領土が拡大されていくなかで、植民地化された非日本人に対して天皇制および神道をはじめとする日本の諸宗教の信仰が強制されていくことになる。[19] そのような帝国主義および差別の姿勢に同調する宗教教団がアジア・太平洋戦争に向かって雪崩を打ったように増えていく一方で、そのような社会体制に対抗する宗教者も少なからずいたことも見逃されるべきではないだろう。それは、日本帝国支配下の被植民者とて同じ傾向を有していたのであり、彼らによって天皇制や国家神道をはじめとする日本の支配的言説は横領されていった可能性がある。

このような主題に関する仕事として、市川白弦『日本ファシズム下の宗教』(エヌエス出版会、一九七五年)、木場明志・程舒偉編『日中両国の視点から語る植民地期満洲の宗教』(柏書房、二〇〇七年)、同志社大学人文科学研究所編『戦時下抵抗の研究』(みすず書房、一九六九年)、あるいは宗教論ではないが、植民地近代性論の立場にたつ抵抗論として、趙寛子『植民地朝鮮/帝国日本の文化連環―ナショナリズムと反復する植民地主義』(有志舎、二〇〇七年)、洪宗郁『戦時期朝鮮の転向者たち――帝国/植民地の統合と亀裂』(有志舎、二〇一一年)といった注目すべき研究がある。[20]

そして、アジア・太平洋戦争での敗北後、占領軍であったアメリカ合衆国はそのような日本の諸宗教および天皇制の侵略的・排他的性質を修正し、日本が冷戦体制下の極東戦略を担うのにふさわしい政体へ変えようと試みた。そのような占領期の宗教政策を集中的に研究したものとして、井門富二夫編『占領と日本宗教』(未來社、一九九三年)がある。とりわけ興味深いのが、高橋哲哉『靖国問題』(ちくま新書、二〇〇五年)や赤澤史朗『靖国神社――せめぎあう〈戦没者追悼〉のゆくえ』(岩波書店、二〇〇五年)が示すように、戦後における靖国神社の政治的・社会的地位の変化の軌跡である。

それは、戦後になって占領軍によって導入された政教分離体制をどのように天皇制に接合するか、そのもとでの戦没兵士の国家祭祀をいかに実現可能とするかという政府および民間の保守層の願望をめぐる日本社会のせめぎ合いを通して、戦後日本における「宗教」領域の社会的位置を如実に物語るものとなっている。それは戦後天皇制の性質とともに、戦後日本社会における宗教的なもののあり方を考えるさいの大きな手だてとなろう(21)。さらに、靖国論に関しては、そもそも生者による死者祭祀自体が可能なのか否か、その根源的な部分から問題が議論されなければならない時期にきていると思われる(22)。

なお、土着宗教に関する研究として付言しておきたいのは、近世の宗教制度をめぐる研究である。高埜利彦『近世日本の国家権力と宗教』(東京大学出版会、一九八九年)によって先鞭をつけられたこの研究は、民間の宗教者たちをどのように朝幕権力が掌握していったかを明らかにするものとなり、林淳『近世陰陽道の研究』(吉川弘文館、二〇〇五年)や井上智勝『近世の神社と朝廷権威』(吉川弘文館、二〇〇七年)といった歴史叙述を生み出していった。それは宗教をコスモロジーの表出として捉える従来の研究に対して、そのようなコスモロジーとしての把握自体が近代的西洋的なビリーフ中心主義の産物なのではないかという批判をも含意するものである。

しかし、ビリーフ的な世界観を構築する営みもまた人間には欠かせないものであり、それが制度化された身体規律の宗教実践とどのように結び合わされていくものなのかという問題こそが、これから論じられるべき課題であろう。そのような視点を欠いたときに、このような制度史研究はマルクス主義歴史学の遺産から階級闘争史や国家論を除去した、旧弊的な実証主義へとふたたび堕落していくことだろう。

4 日本宗教史の脱臼

以上、日本宗教史をめぐる研究の歴史をたどってきた。たしかに、日本宗教史の全体を実体化して論じる研究者は、宗教学者のみならず、歴史学や社会学においても稀であった。多くの研究者は日本宗教史という主題に対して、〈日本に固有なものとしての宗教〉ではなく、〈日本に存在する諸宗教〉として論じてきたのである。そして、日本宗教という主題が〈日本に存在する諸宗教〉という問題として定位されたとき、それは具体的には、キリスト教や仏教あるいは神道や新宗教さらには民間信仰といった、個別宗教の現象に即して土着的なものと超越的なもの、あるいは日本的なものと西洋的なものの交渉過程として、その二項対立的な枠組み自体を脱構築するようなかたちで実際の研究は推し進められてきた。その点からいえば、日本宗教史という主題は、「日本宗教」という概念を言挙げするものにはならなかったが、様々な宗教のあいだの、あるいは各宗教と日本社会のあいだの、あるいは各宗教と学問的言説のあいだの交渉過程の場として捉えることではじめて討議に値するものとして認定されてきたのである。

さらに日本宗教史という概念が近代になって成立したものであることを考えあわせるならば、日本宗教史という問題設定は、日本が西洋近代化の波に曝され、西洋的なものと日本的なものという表象が同時に対形象化されるなかで浮上してきた主題であることは明白であろう。そのような視点が成立したことで、それ以前の日本と中国文化の関係もまた同様の交渉過程として、両者が同時に形象化されて主題として設定されることが可能になったわけである。

そこに、対形象化された要素が、日本宗教史という暗黙の言説の場を前提とすることで、併置されて比較可能となり、交渉過程としての開かれた空間が成立することになったのである。ここでいう対形象化された要素とは、西洋と日本、中国と日本という次元にも存在すれば、神道、キリスト教、仏教、民間信仰といった次元にも存在する。いずれの次元においても、その外部に異宗教が一つのまとまりとして設定されることで、自らの内部もまた均質化されてその外縁部に境界線が引かれるのである。そもそも、神道、キリスト教、仏教、儒教といったカテゴリーそのものが均質で統一された実体ではなく、その内部に異質性を含み、絶えずその境界線を移動させたり、外部に開放していく働きをも有するものなのだ。

この交渉過程の場は、それが一つの発話行為として両義的な働きを有する以上、その状況に応じて、ときに〈日本に存在する諸宗教〉として異質なものが交わる場にもなりうるし、〈日本に固有なものとしての宗教〉として同質化された場にもなりうる(23)。それが積極的な働きをなす場合には、宗教に存する超越的な契機は日本の社会に暗黙に存在する価値規範に対して——たとえば天皇制に対するキリスト教のように——批判的な機能を発揮してきたし、一方で土着的な契機もまた、宗教概念のように西洋的なものの見方の覇権を確立しようとする言説に対して、それを横領し切り崩す役割を果たしてきた。だが同時にそれは否定的に機能する可能性もはらんでいた。その場合には、超越的な契機はそれを信じる人びとに自分たちが歴史的制約を超越し得るかのような幻想を与え、土着的なものと認定された、自分たちと異なる文化・宗教的伝統に対して、排他的な態度をとるようにも促してきたのである。

すなわち、日本宗教史という言説は肯定的にも否定的にも機能しうる両義的な発話行為なのである。その肯定的な側面をわれわれが摘出しうるとするならば、超越的なものと土着的なものとして対形象化されてきた対立する二項を向き合わせ、その両者の交渉過程を丹念にたどることで、その二項対立的な思考の枠組みそのものを脱構築することであろう。このような分節化の過程は、もはや西洋と日本という二項対立的な表象の実体化が日本宗教史の研究の目的地ではないことを示している。むしろ、そのような二項対立は宗教現象を記述するさいの便宜上の始発点にすぎず、そこからどのように自らの認識の枠組みを変容させていくかということに日本宗教史の記述を試みることの意義はかかっているのだ。再度確認するならば、そこでは、キリスト教、仏教、神道といった各宗教の単位もまた、シンクレティズムという現象などが示しているように、その境界線の自明性そのものもまた問われることになる(24)。

ちなみに近年、アメリカ合衆国の宗教学では増澤知子『世界宗教の発明――あるいは、いかにしてヨーロッパ的普遍主義が多元主義の言語のなかに保持されてきたか』（二〇〇五年）が注目を浴びている。そこでは「世界宗教」という概念の西洋中心主義的な弊害が指摘される一方で、そこに潜むキリスト教中心主義を削除するならば、諸宗教の比較・対話の場として大きな可能性を持ちうるであろうことが期待を込めて暗示されている。そのような諸宗教の比較・対話の場という発想は、日本ではすでに明治中期の井上哲次郎の段階から定期的にみられるものであり、むしろそのような発想をしてきた宗教学が破産しつつあることから、それほど素朴に比較宗教的な「世界宗教」の概念を称揚できる研究者は少なくなっている。

かつて井上や姉崎がその比較討究の場をなす日本宗教という場の固有性までは根本的に疑いえなかったように、増澤の「世界宗教」もまたリベラリズムの根底をなす世俗主義こそがその比較討究の場を成立可能としたものであり、その世俗主義自体がポスト世俗社会の現状認識が叫ばれている今日ではやはり西洋中心主義的な発想の域を出ないものである。(25) むしろ今日求められていることは、世界宗教や日本宗教史といった議論を通して、世俗主義や日本の固有性自体を徹底した解体作業に曝すことのはずである。そして「宗教」や「世界宗教」といった概念と同様に、神道やキリスト教や仏教という個々の宗教の単位の自明性もまた脱臼させられていくなかで、世界宗教や日本宗教史をめぐる議論ははじめて積極的な意味を持ちうるのである。(26)

同様に、従来の宗教の区分概念である「創唱宗教」（キリスト教、仏教、イスラーム）と「民族宗教」（ユダヤ教、神道など）といった二項対立の枠組みにも疑問符が付されることになる。これらの概念は、個々の具体的宗教が民族や国民国家の単位を超出するか否かの区別に基づくものとして宗教学によって措定されてきた。しかし、そこでは創唱宗教は民族の単位を超えると同時に一挙に普遍的なものとして規定される論理的飛躍を含んでおり、そのような西洋の普遍性願望を素朴に反映した概念は今日ではそのままでは使えないものとなっている。

たとえば、キリスト教は基本的に西洋社会を母体とする一方で、その淵源は中東世界に遡るものであり、近代西洋の帝国主義の拡大のなかで、アフリカや南米あるいはアジアなど、その植民地圏域へと広まっていった。しかし、それはキリスト教の論理のもつ普遍的性格ゆえのものではなく、政治的圧力下での各地域での読み替えの行為の産物であり、一方で西洋の政治的世界の圏域内部での出来事にすぎない現象とも言える[27]。仏教にしても、アジアの地域的性格を依然濃厚に有するが、それがアジアが植民地化される一方で、オリエンタリズム的眼差しのもとで、西洋世界のなかへと輸入され、西洋仏教とでも呼ぶべきもう一つの仏教を生み出してきた。それが、非西洋世界に逆輸入され、かれらの仏教に対する自己認識を変容させていったことは今日ではよく知られるところである[28]。普遍的なものであるか、民族的なものであるかといった区分自体が、ポストコロニアル状況にある現在では素朴すぎて使用できない概念になってしまっているのである。

そして何よりも、超越的なるものと土着的なるものという枠組み自体が、日本が西洋世界に組み込まれるなかで分節化されてきた認識の布置であり、その枠組みから出発しながらも、それを乗り越えていく語りこそが現在の日本宗教史をめぐる研究に求められているのである。本論でいう「超越的なもの」とは、現世をはじめ歴史的制約下にある人間の生存条件を対象化し、それを乗り越えようとする視点を指している。むろん、それは西洋のキリスト教に限ったものではなく、仏教やイスラームをはじめ、いわゆる「宗教」と名づけられてきたある種のものにはみられる性質である。

その意味で、本論で指す超越的なものとは主に西洋のキリスト教に限定した意味で用いているものの、それが他地域においても超越化の契機が存在することを否認するものではない。むしろ、本論で言いたかったこととは、土着的なものでさえも超越化の要素を内包しており、逆に超越的なものがたえず土着化の契機を含んでいくといった、両義的な運動過程こそが注目されるべきであるということなのだ。そこでは、〈超越的なもの／土着的なもの〉といった二分法自体が、明確に線引きのできるものではなくなってしまう。両者はたえず侵食し合っていくものとして捉えられるべきなのである。(29)

ちなみに、超越論的なものとしての「世界宗教」論を展開する柄谷行人が、「超越論的」という言葉を「超越的」なものと区別して用いることはよく知られている。(30) 柄谷の議論においては、超越的とは、此岸の日常的現実に関係なく、自分の立場が彼岸的世界によって正しさを付与されていると信じ込む態度であり、その点で自己中心的であり観念的な域を出ることができない。しかし、柄谷が「超越論的」なものと呼ぶ態度とは、そのように一見すると超越的にみえる自己もまた身体性と呼ばれる日常的制約を負った存在にほかならないことを自覚しており、そのような自己の歴史的制約を引き受けることで、その歴史性に対してはじめて批判的になりえるというものである。

この柄谷の議論を本稿の論理に引きつけて解釈するならば、彼のいう超越論的な態度とは、自らの土着的な側面を引き受けた場合に発生しえる反省的な意識としての、肯定的な意味での超越的な姿勢ということになろう。このような自己に対する批判的意識を欠いたときに、宗教のもつ超越的姿勢は、自己の特殊性を普遍的なものとして見誤り、それを他者に押しつける暴力的な宣教行為へと転じていく。それは、従来はキリスト教に代表される「世界宗教」と呼ばれるものに典型的に見られる性質とされてきた。しかし、そもそも世界宗教という呼称が自己の信仰を無制限に世界中の人間に宣教しえるものとする普遍主義的な文明化の論理であり、それはアジア・太平洋戦争期の国家神道がアジア諸国に向かって神社参拝を強制させたように、あらゆる宗教にひそむ欲望として自覚されなければならない。「民族宗教」「世界宗教」「部族宗教」といった呼称自体が、すでに「創唱宗教」という範疇と同様に、それが植民地主義と結びついて広まってきた歴史的事実が如実に示すように、自分の信奉する宗教の特殊性を他者に向かって普遍化させようとする暴力的な欲求の現われなのである。

最後に確認しておきたいことは、日本宗教史の研究はもはや当然のことながら、宗教学や歴史学だけでなく、社会学、人類学、神道学、仏教学、神学、民俗学など、様々な研究分野が交差するなかで究明されるべき主題であるということである。たしかに宗教学は、冒頭に紹介した姉崎や岸本によって、異なる叙述形式とはいえ、宗教という概念の固有性を前提とすることで、日本における諸宗教の錯綜する歴史を日本宗教史というひとつの叙述形式のなかに流し込むことを可能とした。

しかし一方で、固有性としての宗教概念はすでに近年の宗教学および人類学における宗教概念論が明らかにしているように、プロテスタンティズムの流れをくむビリーフ中心主義を前提とするものであり、リベラリズムの世俗主義に基づいて私的領域に宗教を封じ込めようとする立場にたつものであった。それは現実の諸現象から宗教という概念を遊離させ、宗教が現実のなかで引き起こす諸弊害を非本来的なものとして退け、宗教の肯定的な側面のみを美化する傾向を有するものでもある。その意味で宗教という概念は、いわゆる社会的存在形態としての宗教現象を描くにあたって、もはや絶対的な普遍性や包括性を主張することは不可能であり、そのような宗教の固有性を前提としない諸学との重ね合わせのなかで、その概念を異化するようなかたちで捉え直されていくべきものなのである[31]。

そして、このような西洋的な宗教概念の異化こそが、本論で触れてきたように、日本の諸宗教をめぐる様々な研究分野において、当人たちは個別宗教の具体的研究に専心してきた意識しか有していないにせよ、実際には試みられてきたものなのである。その意味で、日本宗教史をめぐる研究には、日本宗教史という言説の場を前提とすることで可視化されてくるものが依然として存在しているのである。ただし、それを異種混交の交渉過程の場として捉えていくのか、日本宗教史という概念の固有性のもとに回収してしまうのかといった点で、その発話主体である研究者の姿勢が問われているということを忘れてはなるまい。

今日通俗化してしまった脱構築という言葉であるが、この言葉のもつ本来的な批判性は、その発話主体の立場性を、その拠って立つ存在地平そのものを掘り崩すものなのか、それとも脱構築という装いをとりながらも、最終的には自分の拠って立つ立場の包括性や普遍性を再確認するための議論に終始しているのか、その一点を問うものであったはずである。その観点からいえば、日本宗教史をめぐる議論は、日本宗教史さらに言えば宗教という言説そのものを最終的に脱臼させるためのものであり、そこから近代という空間を対象化するような議論が開かれてくるはずなのである。そのためにも、日本宗教史をめぐる議論は二項対立を暗黙の前提とした自己の内部性を肯定したり称揚するものに終始してはならない。

(1) 姉崎正治「日本宗教史概観」(『宗教と教育』博文館、一九一二年、三四〇頁)。
(2) 酒井直樹「西洋の脱臼と人文科学の地位」(『トレイシーズ』第一号、二〇〇〇年)。
(3) 酒井直樹・西谷修『増補〈世界史〉の解体——翻訳・主体・歴史』(以文社、一九九九/二〇〇四年、一六九頁)。
(4) 姉崎正治「明治三十年史 第七編 宗教」(『太陽』第四巻九号、一八九八年、二一二頁)。
(5) 姉崎前掲「日本宗教史概観」三四二頁。
(6) 姉崎前掲「日本宗教史概観」三四七頁。
(7) 姉崎前掲「日本宗教史概観」四一八頁。
(8) タラル・アサド「近代の権力と宗教的諸伝統の再編成」一九九五年(中村圭志訳『みすず』第五一九号、一九九六年)。
(9) 京都哲学については、酒井直樹・磯前順一編『「近代の超克」と京都学派——近代性・帝国・普遍性』(以文社、二〇一〇年)。
(10) ロバート・シャーフ「禅と日本のナショナリズム」一九九三年(菅野統子・大西薫訳『日本の仏教』第四号、法藏館、一九九五年)。
(11) このような教義と身体実践の二項対立自体が、どちらを優越したものと捉えるにせよ、西洋プロテスタンティズム的な枠組みに依拠したものであることについては、タラル・アサドの仕事が明らかにするところである。アサドの理解については、磯前順一「他者と共に在ること——ディアスポラの知識人 タラル・アサド」(『閾の思考——他者・外部性・故郷』近刊)。

（12）同様の仕事として、ジェームス・E・ケテラー『邪教／殉教の明治——廃仏毀釈と近代仏教』一九九〇年（岡田正彦訳、ぺりかん社、二〇〇六年）、Judith Snodgrass, *Presenting Japanese Buddhism to the West: Orientalism, Occidentalism, and the Columbian Exposition*, Chapel Hill and London: University of North California Press, 2003.

（13）磯前順一「法外なるものの影で——近代日本の『宗教／世俗』」（『喪失とノスタルジア——近代日本の余白へ』みすず書房、二〇〇七年）。

（14）磯前順一「言葉と物のあいだ——記紀と考古学」（『記紀神話と考古学——歴史的始原へのノスタルジア』角川学芸出版、二〇〇九年）。

（15）磯前順一「土面論の視座——遺物組成論」（前掲『記紀神話と考古学』）、同『土偶と仮面——縄文社会の宗教構造』（校倉書房、一九九四年）。

（16）そのほかに、マーク・R・マリンズ『メイド・イン・ジャパンのキリスト教』一九九八年（高崎恵訳、トランスビュー、二〇〇五年）。

（17）佐藤弘夫『神国日本』（ちくま新書、二〇〇六年）、安丸前掲『神々の明治維新』。

（18）門馬幸夫『差別と穢れの宗教研究——権力としての「知」』（岩田書院、一九九七年）。

（19）磯前順一「植民地朝鮮と宗教概念」（本書収録補論）。

（20）他に、ブライアン・アンドルー・ヴィクトリア『禅と戦争——禅仏教は戦争に協力したか』一九九六年（エィミー・ルィーズ・ツジモト訳、光人社、二〇〇一年）、諸点淑『東アジア植民地における日本宗教の「近代」——植民地朝鮮における日本仏教の社会事業を事例として』（立命館大学博士学位論文、二〇〇八年）、金泰勲『「淫祠邪教」から「世界宗教」へ——天理教の近代経験』（立命館大学博士学位論文、二〇一〇年）。

（21）島薗進「戦後の国家神道と宗教集団としての神社」（圭室文雄編『日本人の宗教と庶民信仰』吉川弘文館、二〇〇六年）。

（22）磯前順一「死霊祭祀のポリティクス——慰霊と招魂の靖国」（前掲『喪失とノスタルジア』）。

（23）磯前順一「歴史と宗教を語りなおすために——言説・ネイション・余白」（前掲『喪失とノスタルジア』）。

（24）Rosalind Show and Charles Stewart, eds. *Syncretism/Anti-Syncretism: The Politics of Religious Synthesis*, London and New York: Routledge, 1994.

(25) Hent de Vries and Lawrence Sullivan, eds., *Political Theologies: Public Religions in a Post-Secular World*, New York: Fordham University Press, 2006. Hent de Vries, ed., *Religion: Beyond a Concept*, New York: Fordham University Press, 2008.

(26) 増澤のこの著作をめぐる議論の特集が、*Method and Theory in the Study of Religion* 20, 2008. に掲載されている。

(27) David Chidester, *Savage Systems: Colonialism and Comparative Religion in Southern Africa*, Charlottesville and London: University Press of Virginia, 1996. スチュアート・ホール「ジャマイカの宗教イデオロギーと社会運動」一九八五年（磯前順一／トレント・マクシー訳、磯前／タラル・アサド編『宗教を語りなおす——近代的カテゴリーの再考』みすず書房、二〇〇六年）。

(28) Donald Lopez, Jr., ed., *Curators of the Buddha: The Study of Buddhism under Colonialism*, Chicago and London: University of Chicago Press, 1995. Thomas Tweed, *The American Encounter with Buddhism, 1844-1912*, Chapel Hill and London: University of North California Press, 1992. Roger-Pol Droit, *The Cult of Nothingness: The Philosophers and the Buddha*, translated by D. Streight and P. Vohnson, Originally published in 1997, Chapel Hill and London: University of North California Press, 2003.

(29) 酒井直樹「パックス・アメリカーナ下での京都学派の哲学」（前掲『「近代の超克」と京都学派』）、磯前順一「外部性とは何か——日本のポストモダン　柄谷行人から酒井直樹へ」（前掲『閾の思考』）。

(30) 柄谷行人『探究Ⅰ』一九八六年（講談社学術文庫、一九九二年）。他に超越性をめぐる議論については、John Caputo and Michael Scanlon, eds., *Transcendence and Beyond: A Postmodern Inquiry*, Bloomington: Indiana University Press, 2007.

(31) 磯前順一「宗教を語りなおすために——宗教研究とポストコロニアル状況」（本書収録第1章）。

III　宗教概念と神道、そして天皇制

7章 近代日本と宗教

宗教・神道・天皇制

日本人と宗教

これまで日本人は宗教的ではないとしばしば言われてきた。そして、みずからもまた自分たちは宗教的ではないと考えてきた。たしかに、日本人の多くは、何か特別の宗教を信じているわけではない。特定の宗教教団に属しているわけでもない。しかし、試験前に神社に行けば合格を祈願するし、お彼岸には自分の家のお寺に赴いて先祖に祈りをささげる。その意味では、特定の人格神の存在を信じているわけではないのだが、自分でも意識しないままに、何か目に見えない大きな力の働きというものを信じていることになろう。より厳密にいえば、そのような働きを信じ*よう*としていると言える。

今日、日本語でいう「宗教」という言葉には、その成立経緯からいって、独特の意味が含まれている。宗教という言葉は、日本が西洋世界に開国した幕末以降に伝わってきた“religion”の翻訳語として注目されたものである。「私は宗教を信じている」といった言葉を口にするのは多くの日本人にとっては躊躇《ためら》われるわけだが、それはこの“religion”という言葉がキリスト教を中心にその意味を形成されたものであり、日本人が神社仏閣に行くのとは意味合いが違っているからである。“religion”という言葉には、個人的な意思で集まった信者の共同体である「教会」に属していること、その教えの中核をなす文字で書かれた教義たる「教典」を信じていることなどが含意されている。

そこには、西洋から移入された「宗教」という概念と日本の土着的な信仰のあり方の齟齬が見られる。[1] キリスト教的な宗教概念からみれば、日本人の信仰のあり方は「宗教」と呼ぶには違和感がともなうものである。しかし、見えない存在の働きを信じようとする気持ちは日本人にも存在する。それを宗教と呼ぶのならば、西洋の宗教観とはまた異なった宗教のあり方が日本社会にも存在することになる。一方で、われわれが宗教という言葉を口にするときに感じる違和感は、やはりこの言葉がキリスト教を母胎として意味を形成していることを感じさせる。[2] 自分たちが西洋的な「宗教」を信じていないことを明言する場合にも、すくなくとも「日本人は宗教的ではない」と言表しなければならない。わたしたちもまた「宗教」という言葉を否定形のもとに参照することで、はじめて自分たちの非西洋的な宗教のあり方を主張することができるようになる。

その点からいえば、たとえ日本人が宗教的でない存在であるにしても、宗教という言葉は私たちが自分の存在を思考するさいには、はじめから参照すべき概念として、みずからの世界理解を成り立たせている言語構造のうちに含みこまれているものなのである。そのような言語的構造のもとで、私たちはキリスト教的な宗教概念には収まらない日本固有の信仰のあり方も余白として感じとることが可能になるのだ。もちろん、ここでいう日本の信仰とは超歴史的な実体として日本の土着宗教を固定的に捉えることではない。その点で、日本人にとって宗教という概念は、西洋的な意味と非西洋的な含意をふくむ多重的な意味合いをもつものとして存在してきたのである。西洋に出自をもつ宗教概念と同様に、この日本宗教という概念もまた空虚なメタファーにすぎず、そのメタファーを取り巻く他の諸概念との布置関係のなかで自らの場所を決定されて、その都度の状況のなかへと分節化されていくものに過ぎない。

では、このような私たちの日常もちいる言語の一部になっている「宗教」という言葉は、いつの時代からこのようなかたちで私たちに馴染んだ意味になっていったのだろうか。そして、なぜ私たちはこの言葉を頻繁に口にするにもかかわらず、自分たちを西洋的な意味では非宗教的な世界観の持ち主と考えるようになっていったのであろうか。まずは日本人と宗教という言葉の関係を明らかにしておきたい。

近代西洋と宗教概念

宗教という言葉じたいは古くから漢訳仏典のなかに見つけられる言葉である。しかし、たとえば江戸時代において、それは「仏教の説く真理の教え」を意味してきた。当時の社会では仏教のみが檀家制度の上で認められた宗教であったため、他の宗教が当時の「宗教」という言葉を、特定宗教を超えた真理という意味で共有することはなかったのである。それが幕末、一八五八（安政五）年の日米修好通商条約を皮切りに、日本社会が西洋世界に開国すると、ほぼ同時にキリスト教が流入してきて、仏教とキリスト教、そこに近代になって仏教から分離した神道が加わり、三つの宗教が並立する状況が生じた(3)。

当初、西洋諸国との修好通商条約は、個人の信仰自由、すなわち日本人のキリスト教禁教を解禁するものではなかった。それは、米国人のキリスト教信仰に対して江戸幕府は妨害をしないと同時に、江戸幕府のキリスト教禁教政策に対して米国政府は干渉しないという、国家単位での信教の自由を認めあうというものであった。すべての日本人に対してキリスト教の信仰を黙認するようになったのは、一八七三（明治六）年に切支丹禁制の高札を撤回してからである。そのときになって、はじめて日本人は、仏教・キリスト教・神道といった複数の諸宗教を比較する場が必要になり、それらがともに存在する共約可能な場を「宗教」と名づけたのである。それはもはや仏典に書かれた意味ではなく、西洋の言葉“religion”の翻訳語という新たな意味を担ったものであった。

ここにおいて、宗教は江戸時代の仏教の真理に関する教えから、近代西洋世界と接触した後の「諸宗教の枠を超えて存在する共通した真理をめぐる教え」へと意味を拡大していったのである。それは人間の観念的な次元での変化が独立して起こったというものではなく、仏教が宗教制度――実際には葬式と人口登録からなる寺壇制度――を独占していた江戸時代から、開国によって新たにもたらされた諸宗教の競合といった近代の状況への社会制度的な転換が引き起こした観念上の変化なのであった。

キリスト教を軸にして、そこに仏教や神道が絡み合いながら、宗教という神仏をめぐる教説が誕生する(4)。それは西洋近代における普遍的概念である「信教の自由」という、個人の「内面」を至上のものとする個人主義を前提とする意味で、きわめてキリスト教的な、とくに日本のキリスト教布教の主先鋒であるアメリカ合衆国の影響をうけたきわめてプロテスタント中心的なものであった。プロテスタントは、現世利益など、民衆の民間信仰とふかく習合したカトリックと違って、個人の内面のみを手がかりとして信仰の共同体を構築することを心がけるものである。彼らにとって信仰とはあくまで個人の内面的な私的領域に属するものであり、政治などの公共領域には持ち込んでならないものと考えられている。すなわち、異なる宗教や宗派の人々からなる社会の公共領域は、特定の宗教・宗派にかたよらない中立化された世俗的空間でなければならない。

それに対して、カトリックでは、私的空間と公的空間がプロテスタントのようには区別されてはおらず、イスラームや近世以前の仏教と同様に、公的空間にもまた宗教が浸透していた。他方で、公共空間に広がることで土着的な形へと転用されていったからこそ、カトリックは民衆の日常生活の隅々にまで根づいていったと言える。

このように比較宗教研究の立場からみれば、私的空間に宗教を限定し、世俗化させた公共空間から分離する理解は世界史的にはむしろ稀有なものであり、プロテスタント特有のものといえる。しかし、日本社会は西洋化されていくなかで、アメリカ合衆国を中心とするプロテスタンティズムの影響下におかれていき、世俗との二分法を前提とする宗教理解が成立していった。ただし、それはあくまで西洋的な世界に触れることのできる知識人を主とする傾向であり、そのような世界と無縁にくらす庶民には「宗教」という言葉はたしかに第二次世界大戦が終わった時期でもいまだ馴染みのないものでもあった。むしろ、江戸時代から続く「信仰《しんぎょう》」という言葉のほうが広く人口に膾炙していたと言える。しかし、このような個人の内的領域を指す言葉として宗教が確立するのは、たんなる知識人の思想的な動向にとどまるものではない。一八九九（明治二二）年の大日本帝国憲法二八条に「信教の自由」が謳われたように、宗教が個人の意思にもとづく自由な選択の対象であることは法制度として整備されたものであった。

その点で、一般の民衆が宗教という概念を明確に知っていなくても、信教に関する彼らの言動は宗教という理念を前提とする法制度によって囲まれ、国家権力によって厳しく検閲されていたといえる。かれらがその日常においては直接的には宗教という言葉を口にすることはなくても、かれらの存在そのものが、知識人や国家権力を頂点とする知的・法的ヘゲモニー体系のもとに「野蛮」として組み込まれていたのである。しかも、そこで問われた信教の自由の理念は不平等条約を強要された日本国家が、その条約改正を実現するために、西洋列強から要求された文明のあかしである。実のところ、それは日本人の人権擁護のためというよりも、西洋世界にとっては普遍的な「文明」宗教にほかならないキリスト教を日本社会にも植えつけるための手段であったのだ(5)。

ここまで述べてきたように、宗教という言葉は近代以前の日本社会には馴染みのなかったものであり、民衆世界から自然発生的に成立したものではなかった。それは、西洋世界との接触を契機として、キリスト教信教の自由を強要する西洋列強の外圧によって、外から日本社会へと持ち込まれたものであった。それゆえに、日本人がそれまで有していた信仰世界と、キリスト教を中心に据える宗教という概念にくいちがいを感じるのは当然のことであった(6)。

キリスト教に改宗した者を除けば、多くの日本の知識人にとってもこのような違和感、宗教という言葉のしっくりこなさというのは、やはり日本の社会に暮らしている以上、同様に感じられるところではあった。しかし、かれらはそこで二通りの反応を示すことになる。ひとつは、宗教という概念へとみずからの信仰を改変させていくことであった。その典型が仏教であり、かつての近世的な寺壇制度にもとづき、もっぱら葬式を生業とする儀礼的なものから、個人の苦しみを救済する教義へと、教会・経典・教祖を備えたキリスト教に比肩しうる近代「宗教」へと、みずからを変革していった。それは金光教や天理教などの民衆宗教も同様である。(7) かれらは自分の子弟や幹部たちを帝国大学の宗教学科に送り込むことなどを通して、みずからの宗教を、病気治しを主とする身体的なものから、個人的な回心体験に主眼をおいた教義的なものへと変化させていった。

さらに仏教においては、明治一〇年代半ばに流行しはじめたスペンサーの社会進化論にもとづき、宗教がさらに合理化されて発達したものが哲学であるという主張をとりいれはじめる。その結果、仏教はたんなる一宗教にすぎないキリスト教よりも高度に進化した合理的な哲学体系であるという議論を展開する立場もつよく見られるようになった。ここには、単にキリスト教を核とする宗教概念にみずからをなぞらえるのではなく、より最新の西洋の理論的枠組みを取り入れることで、むしろ宗教という概念が有してきたヘゲモニーを覆そうとする試みが芽生えてきたことが明確にうかがえる。それを抜本的なかたちでおこなったのが、二番目の反応としてあげる神道がたどった近代化の道である。

神道は、宗教概念が移入された当初は「神教」を名乗るなど、みずからを宗教概念になぞらえようともしていた。しかし、同じ宗教としてキリスト教や仏教と信者を獲得する競争に巻き込まれ、敗北することを懸念した明治政府によって明治一〇年代半ばには「神道」という名称にふたたび固定されるようになり、宗教の範疇には収まらないものであることを政府および神社界の公的見解として主張するようになる。かつて神道が名乗った「神教」は「宗教」という言葉をその一部に含むものであったが、「神道」になると「宗教」の言葉とは対応せず、その対語として用いられるようになった「道徳」をその一部に含むようになる。(8)

明治一〇年代後半になると、「宗教」という言葉が個人の私的領域で信教の自由に関するものとして位置づけられる一方、「道徳」という言葉は日本国民の公的領域を表す、臣民の公的義務に関するものとして理解されるようになった。つまり、宗教と道徳という言葉は、人間の活動を私的領域と公的領域にわける二分法的な対語として組み合わされていったのである。ちなみに、ここでいう私的領域とはおもに個人を単位とするものであり、公的領域は国家や社会によって管掌される共同性をさすものである。私的領域が内面というものを重視するのに対して、公的領域は内面よりも外面的な行動を重んじる傾向にある。

明治一〇年代より以前には私的領域と公的領域といった区分をもたない、近世以来の「教」あるいは「大教」という言葉が一般に用いられており、このような〈私的／公的領域〉といった二分法自体が、近代の西洋世界から内的領域と結びついた宗教という言葉とともに、〈宗教／世俗〉という二分法的な概念――私的領域である宗教とは区別された非宗教的な世俗としての公共領域の成立――が移植されるなかで成立した理解だということができる[9]。

〈宗教／世俗〉という二分法は、私的領域である宗教とは区別された世俗的な公共領域の成立を前提とする考え方である。そこにはプロテスタンティズムに代表されるような政教分離的な理念、すなわち公共領域は非宗教的な性格が貫徹されるからこそ、個人の私的領域における信教活動は、公的な利益に違反しないかぎりは自由なものとして保証されるという考え方が明確に存在する。近代の神道は、この西洋の理念である〈宗教／世俗〉という二分法を前提としたうえで、神道が宗教という私的領域ではなく、世俗という公共領域と重なり合うものであるとする。そうすることで、その信奉行為はすべての国民の――彼らがどのような信仰を個人的にもとうが、それとはかかわりなく――公的義務であると規定することに成功したのである。神を祀るという意味では宗教の範疇に属するものでありながらも、あくまで非宗教的な公共道徳と規定することで、国民の義務として強要することができる。そうすることで、神道は宗教よりも合理的な道徳として上位に位置するものへと再規定される。それが神道のたどった近代化の道であった。

神道と天皇制

そもそも、神道がキリスト教や仏教との宗教領域での信者の獲得競争を避けたように、神道は個人救済の教義をもっておらず、明確な教祖や経典もなく、個人の私的問題を解決する宗教としての性格を著しく欠くものであった。一方で、その伝統的な祭祀は地域共同体の日常生活に根づいたものであり、人びとの公共領域の活動に密接に結びついたものであった。たとえば、今日でも夏祭りの神輿担ぎなどを思い浮かべれば、地域共同体と結びついたダイナミックな身体実践は納得がいくところであろう。それゆえに、明治政府の政治家や官僚たちが神道を公共領域の道徳と結びつけたほうが、その性格を規定するにはより適切であると考えたのも無理のないことであった。しかし、一方で神道があくまで神を祀る行為である以上、まったく宗教と無縁なものとは言い切ることはできず、その意味で神道を公共道徳として規定することは、公共領域そのものが宗教的性格を帯びることにもつながりかねない。そこでは、神道の祀る神がいかなる性質のものであるかということが問題になってこよう。

周知のように、神道で祀られる祭神の大半は天皇家ゆかりの神である。今日では、神道とよばれる範疇は、神社、宮中祭祀、神道系民衆宗教、民間信仰など多様な要素から構成されている。神社には靖国神社のような近代的な国家祭祀の色彩を濃厚にもつものと、産土社のように地域の共同体に根ざしたものがある。宮中祭祀は、古代においては神祇祭祀と呼ばれていたもので、天皇が天地の神々を祀る儀礼を指す。神道系民衆宗教は、天理教や金光教のように、天皇家の崇敬や記紀神話を取りこんだ教義・儀礼の体系をもつ。これらは戦前までは教派神道と呼ばれ、他の神道とは異なり、キリスト教と同様にみずからの意思にもとづく信仰集団を構成するという意味で、唯一、宗教に属するものとして扱われた。民間信仰は竈神や流行神など民衆の日常生活に密着したものであり、キリスト教的な宗教とは異なる呪術的性質を多分にもつものであった。

神道という概念が明確に日本の土着的な宗教伝統を指すようになったのは、古代に仏教が中国より伝来し、日本社会に浸透していくなかで、仏教とは異質な、それまでの在地の信仰を意識的に捉えるようになってからと考えられている。しかし、それは仏教やキリスト教のように、はじめから明確な教義体系や教祖を有する信仰者集団として成立したものとは異なって、はっきりとした信仰体系を有するものではない。土着の雑多な民間信仰が複合したところに、天皇制神話が重ね合わされたものであり、最初から習合的な性格を基調とするものであった。そして、仏教とは異なるものとして意識されながらも、その在地的な信仰が仏教の教説の具体的な受け皿になるというかたちで、神道は仏教を支える言説の一部して受け止められていった。

このような在地信仰のあり方を自覚的に「神道」と呼ぶようになったのは、中世になってからのことである。中世は天皇家が政治的権力を失い、記紀神話が政治的制約から解き放たれ、民間信仰のなかに通俗化したかたちで空虚な文化的象徴として浸透していった時期でもある。そのなかで、神道は仏教との習合を深める一方で、記紀神話を以前に増してみずからの教説として流用していくことになる。その記紀理解は記紀のテクストに書かれた内容からは逸脱する内容を広汎に含むものであり、仏教的な説話を多分に含むものであったが、そうすることで天皇家をみずからの歴史的根源と考えようとする人々の数は古代に比して飛躍的に広がっていったと思われる[10]。

しかし、江戸時代になると、国学のように日本独自の純粋な伝統を追求する思想運動があらわれ、神道を仏教から切り離して、天皇家のみと結びつけようとする動きが強まっていく。その動きは近代に入り、明治初年の神仏分離運動によって決定的なかたちを取るにいたり、神道は独立した教説と儀礼の体系を志向していくことになる。そして、ふたたび政治制度の頂きに呼び戻された天皇制との結びつきを、宮中祭祀と神社を介して深めていく。ここにおいて、中世的な記紀神話がもっていた仏教的要素は完全に払拭され、大嘗祭や新嘗祭、あるいは伊勢神宮参拝など、神道は明治政府によって古代の神祇祭祀への回帰をいっそう推進されていったのである。

だが、明治政府が古代的な神道の復興として想起したのは、古代的な伝統そのものではなく、きわめて西洋的な国民国家形成という近代的な政治要請でもあった。すなわち、幕末に西洋世界に開国して以来、日本の政治家や知識人はつねに西洋列強の植民地支配を被る危険性を強く感じてきた。そのような対外的な危機感が幕末の尊王攘夷運動を引き起こし、天皇家を軸にすえた皇国意識を作り出してきたといえる。このようにして近代にふたたび文化的・政治的な象徴として呼び出された天皇制は、たんに古代回帰を称えるだけではその役割をはたすことができず、いかにして天皇制のもとで、欧米列強に比肩しうる近代的な国民国家を形成するかという命題を担わされてきたのである。その意味で近代天皇制はまさに「創造された伝統」にほかならなかった。

近代の国民国家とは、それを構成する国民の一人一人が明確な国民意識を有し、みずからの命を賭して国家を支えるという構造をもつ。その意味で、国民はみずからを単なる国家の客分としてではなく、国家を自分が生きる意味を与えてくれる主体的実存の中核をなすものとして、みずからの内面と国家を直接結びつけなければならない。近代国家が戦争を通して帝国主義的な膨張を目指すものでもあった点を考えれば、その戦争を効果的に遂行するためには、国家のために国民が命をささげる主体化を推進させる装置が必要になる。日本においては、その役割を国家が戦死者を祭る靖国神社が担ってきたのはよく知られている。もちろん、その背後には国民国家を象徴する存在として、すなわち国体の体現者として天皇が存在していた[11]。

そして、その天皇制と国民を結びつける国民教化の場として、天皇家ゆかりの神々を祭神にいただく神社と、明治天皇の御真影と教育勅語をいただく学校が、二つの主要な回路として存在していたのである。明治政府が神社の神主を国家の官吏としたり、その養成を国家が認可した専門学校・大学によって一元的に掌握しようとしたのも、神社という回路を通じて天皇制イデオロギーを国民の内面に効率的に植えつけるためであった。そのような国民掌握のためには、かれらを地域の行政単位で組織するだけでなく、宗教と密接に結びついた個人の内面という私的領域を国家が個別的にかつ直接的に把握する必要があった。その私的領域を、宗教を通して把握するか、教育を通して掌握するか、その政府の方針は時期によって異なる。しかし、日露戦争を契機とする明治三〇年代後半より以降は、明治政府は教育を通じた国民の道徳的把握だけでは、国民が積極的に国家に忠誠を尽くすような情熱を養えないとして、神社をとおした国民教化へと大きく方針を移していく。それが極端なかたちをとったのが第二次世界大戦中の、神祇院の設置であった。そこからは、戦前の神道がいかに戦争をとおした死の共同性を国家に収斂させるかたちで涵養させようとしていたかということが容易に理解される。

ここにおいて、近代の神道は国民を地域的に組織するだけではなく、一人一人の内面を掌握することを目指した点で——いかに公共的な道徳という外観を備えようとしていたとはいえ——、きわめて西洋近代的な宗教概念を、みずからを近代的に再構築する論理として取りこんでいたことが明らかになる。しかし、そこで二つの問題が生じてくる。

ひとつは、すでに述べたように、神道が本来は地域共同体の祭祀であるために、西洋近代的な個人主義を基盤とする国民国家を支える論理には成りきれないということである。そのため、神道を国民教化の起点に選んだ日本国家は、その性質を個人よりも地域共同体を単位とするものへと戦略を移行させていった。しかも、一方で神道はキリスト教との競合を避けるために道徳として規定させていたために、個人の内面に基礎をおく西洋近代的な宗教的側面はもっぱら教派神道にゆだねられることになり、国民教化の立脚点である神社からは宗教的性格をはぐくむ契機がまったく失われてしまったのである。

もうひとつは公共領域の性質の変容である。神道が公共領域として道徳に規定されるということは、公共領域それ自体が——個人の内面を基調としたものではないものの、天皇家ゆかりの神々への忠誠を誓うという意味で——、やはり一種の宗教的な領域に変質していったともいえる。近代の日本社会は、〈宗教／世俗〉の二分法を前提とすることで、建前上は信教の自由を是認した社会になったといえるが、現人神である天皇が国家の頂点に位置するという点で、その世俗という領域もまた宗教的なものの影に覆われていた。ここでいう宗教的とはもはや西洋近代的なプロテスタンティズムの枠組みには収まらない。一方で、宗教というものが日本人にとっては異質なキリスト教的な意味合いをもつものでありながらも、他方で、西洋的なものとは異なるかたちへと読み替えられていくことで社会に浸透していったことが読みとれよう。

より精確に言うならば、神道および天皇制は近代西洋の宗教概念の受容を拒否して、みずからを道徳化しつつも、近代国民国家を支える基盤として機能することを要請されていたため、個人の内面化という論理だけは宗教概念から学びとろうとしていた。しかし、宗教概念が公共領域に道徳化されて組み込まれていく過程で、宗教という言葉はプロテスタンティズム的な私的領域を強調する意味合いを著しく後退させ、一種の公共宗教へとその含意を変容させていった。その点で、神道と天皇制は、西洋近代的な〈宗教／世俗〉の二分法を相対化し、その枠組みから逸脱していく性格を有するものであった。

そして、この天皇制を拠りどころとして、神道をそこにいたる回路として、近代において日本国民の主体化が推し進められてきたのは疑いのないところである。天皇のような歴史的に実在する特定の人格に国民がみずからのアイデンティティの拠りどころを求めることは、明らかに、責任感に裏づけられた自由と権利の概念を個人に育むためには致命的な障害になる。しかし、一方で、歴史的事実として、そのような天皇制を基盤とする国民の主体化が、キリスト教的な絶対的唯一神の観念を欠く日本人にとって、国民国家への凝結力となって人びとの実存的不安を解消させ、近代化を推進させてきたことは確かなことである。むろん、そのような主体化が、戦前の日本帝国の支配下に組み込まれてきたアジアの人びとに多大な苦痛を味わわせてきたこともまた疑いようのない事実である。

以上の点をふまえて言うならば、近代日本において宗教概念の受容のあり方を考えるということは、たんに個人の内面に注目した私的領域として宗教を論じるだけでなく、神道を支えとする天皇制がどのようにしてプロテスタント的な宗教概念を脱臼させていったのか、その結果として日本社会がどのような変化を被ってきたのかという問題までを射程において思考をめぐらしていくことなのだ。そこに、近代の日本社会がたどり着いた、近代西洋とはまた異なる宗教概念の理解のしかたがあると言ってもよかろう。

（1）磯前順一「〈日本宗教史〉の脱臼——研究史素描の試み」（本書収録第6章）。
（2）Junichi Isomae, "Religious Studies in Japan, with Reference to Christianity and State Shinto," in *The Council of the Societies for the Study of Religion Bulletin*, 34, no. 4, 2006.
（3）磯前順一「近代における『宗教』概念の形成過程——開国から宗教学の登場まで」（『近代日本の宗教言説とその系譜——宗教・国家・神道』岩波書店、二〇〇三年）。
（4）ジェームス・ケテラー『邪教／殉教の明治——廃仏毀釈と近代仏教』一九九〇年、第四・五章（岡田正彦訳、ぺりかん社、二〇〇六年）。
（5）Kirir Paramore, *Ideology and Christianity in Japan*, London and New York: Routledge, 2009, chap. 6.
（6）タラル・アサド『宗教の系譜——キリスト教とイスラムにおける権力の根拠と訓練』一九九三年、第一・二章（中村圭志抄訳、岩波書店、二〇〇四年）。
（7）Susumu Shimazono, *From Salvation to Spirituality: Popular Religious Movements in Modern Japan*, Melbourne: Trans Pacific Press, 2004, part 3.
（8）磯前順一「近代神道学の成立——田中義能論」（前掲『近代日本の宗教言説とその系譜』）。
（9）磯前順一「明治二〇年代の宗教・哲学論——井上哲次郎の『比較宗教及東洋哲学』講義」（同右書）。
（10）磯前順一「記紀解釈史の展開——国史・神道・神話」（『記紀神話と考古学——歴史的始原へのノスタルジア』角川学芸出版、二〇〇九年）。
（11）磯前順一「法外なるものの影で——近代日本の『宗教／世俗』」（『喪失とノスタルジア——近代日本の余白へ』みすず書房、二〇〇七年）。

8章　逆説的近代としての神道
近代知の分割線

宗教と道徳

意外なことにみえるが、神道学は近世の国学に直接的な起源をもつものではない。むしろ、明治末年から大正末期にかけて形成された近代的な学問である。

当初、明治政府は神道国教主義を採用し、神祇官の設置を皮切りに太政官への改編、教部省への改組など、さまざまなかたちでその貫徹を模索した。しかし、この政策は仏教・キリスト教側の反発、欧米列強の干渉もあって、方向転換を余儀なくされる。その行きついた先が、明治二二（一八八九）年の大日本帝国憲法の公布であった。ここにおいて国民はとりあえず信教の自由が保証されたことになる。

幕藩体制をこえた国民的統合の実現、そこに明治政府のかかえる大きな課題があった。それは物理的強力だけで達成できるものではなく、国民の支持すなわち人心の吸収が必要であった。周知のごとく、政府はその戦略として天皇制をもちいた。天皇家は最古の歴史をそなえた伝統的家柄として、江戸後期以降、国学や尊王論など神道思想のたかまりのなかで知識人や豪農たちの期待をあつめてきた。そのため来るべき国民国家における人心の結節点として都合のよいものに思われたのであった(1)。

しかし民俗宗教である神道は、キリスト教のような「教祖・教典・教会」といった救済宗教としての特徴をそなえるものではなかった。そのため明治時代に顕在化してきた個人の内的葛藤に十二分に対処することができず、キリスト教や新宗教の布教力にくらべ大きなたちおくれを認めざるをえない。それでも天皇制を軸とする国家主義的政体をとる当時の政府にとっては、あくまで神道を国体として前面に押し出し、国民に心から崇拝させなければならなかった。その結果、政府は形骸化した神道国教主義を放棄し、他宗教と異なる次元へ神道を棚上げする戦略をとったのである。

たしかに大日本帝国憲法は信教の自由をうたった点で政府の国教主義の挫折を言明するものであった。だが、それが自由民権運動の敗北の結果でもある以上、もちろん、その自由を手放しで認めるものではなかった。国民には宗教の自由が保証されたわけだが、同時にそれを制約するために「道徳」なる領域があらたに設けられ、宗教は個人、道徳は国家に属するという分割線がひかれたのである。そして宗教の領域にはキリスト教や仏教、教派神道が属するとされ、国体に反しないかぎりでその選択は個人の裁量にまかされた。他方、道徳には神社参拝をとおした天皇崇敬が属するとされ、個人の信仰にかかわりなく国民の義務となった(2)。

通俗的な意味で、宗教と道徳のちがいは人間の行為を神との関係性においてとらえるか否かにあったが、神を人間の心理的所産と解する心理学の普及によって、神観念を指標とするような両者の境界線は絶対的なものではなくなっていた。神社崇拝も神ではなく、天皇家の祖先への敬意の念の表出という解釈が可能になったのである。むしろここでは宗教がその彼岸的性質から現世批判的機能をもつのに対し、道徳は現実社会の秩序維持を基本とするという相違点が前面に押しだされた。そして社会的行為の規範として倫理と相重なる概念であった道徳が、倫理をもっぱら西洋的な個人主義的傾向に帰することで、日本固有の家族国家主義的なものへと還元されたのである(3)。

このようにして政府は神道を神ではなく、天皇の道すなわち「皇道」として位置づけ、宗教と競合しないかたちで国民に天皇制を崇敬させることにとりあえず成功したのであった。この「国民道徳論」とよばれる理解は国家主義の堅持およびキリスト教などへの対抗のなか、ドイツの国家主義および観念論哲学をとりこんで形成されてきたものであり、その意味で神道の道徳的解釈もまた明治国家の産み落としたものといえる。

西洋的言説と非西洋的言説

だが、近代の波はかつての近世神道をすべて道徳の範疇に編入したわけではない。そのなかには宗教に含まれるものもあったし、たとえ道徳におさめられたものでも旧来の一体性をそのままで保ちえたわけではなかった。たとえば近世後期の国学において神道は、天皇や神社の崇拝、六国史などの歴史書や『万葉集』など文学書の考証、政治論、天地創成および霊魂論などさまざまな面を統一的に包括するものであった。[4] だが近代になると統一性が失われ、それぞれの面が独自の原理をそなえた言説として分立してくる。なかでも国民道徳を実践する場としての「神社神道」、「国民性」を歴史的に究明する「国史学・国文学」など、天皇制をめぐる「国体論」は、いずれも「国民道徳論」の確立普及に関与するものであり、祭祀や学問や政治思想に組みこまれることで、近代国家と結びついた公的言説としての地位を確保したのであった。

そのかたわらで、天皇崇敬と直接的にむすびつかない民衆神道は「宗派神道」として、神道の呪術的側面は迷信として、ともに宗教の範疇に編入された。また、国学の天地創世論や霊魂論は「復古神道」として宗教とも思想ともつかない位置におかれた。その意味では近世神道の分割のあり方そのものが、明治二〇年代以降の道徳と宗教の分離という近代的な枠組にのっとったものであり、同時にその内部でもさらなる言説分割がおこなわれていったと言えよう。[5]

このさい、道徳・宗教の両分野において議論の主導権をにぎったのは西洋的合理性であった。道徳の領域では、ドイツ哲学の影響をうけた国民道徳論や西洋文献学をとりこんだ国史学・国文学などの学問が、その理念にもとづいて現実の神社のあり方を規定していった。実際に神社祭祀をおこなう神職のほうが、当事者ではない知識人たちによって、「本来的ではない」として是正されたのである。記紀神話にそぐわない祭神の変更や呪術的儀礼の除去はその典型であった。[6] そのなかで神職たちは当惑しながらも社会的認知をえるため西洋的言説を身につけてゆかなければならなくなっていった。

一方、宗教の領域において主導権をにぎったのは、文字どおり「宗教」という概念であった。[7] それは近世までの日本社会には存在しなかったもので、教義・教祖・教会・超越性などキリスト教の影響下に成立した西洋的な言説である。そのなかで近世国学の霊魂論や、天皇崇拝とむすびつかない風習は非合理的な迷信と評され、苦しい立場におかれた。後年、それらは柳田国男が「民俗」とよんで再評価することになるが、それさえ柳田という西洋的教養につうじた知識人がいなければ成立不可能であった。

そして、厳然たる格差は道徳と宗教という領域そのものの間にも存在していた。それは啓蒙思想にもとづく、宗教に対する道徳の凌駕である。宗教のもつ非合理性は理性によって解消され、神との関係は祖先崇敬などの倫理意識に進化してゆくと考えられていたのだ。[8] 私たちはここに道徳と宗教という制度的分割にくわえ、西洋的言説と非西洋的言説という分割線の存在をみてとることができる。かつて一体性をたもっていた近世神道は、この二つの線が交叉するなかで複数の言説原理へと分轄されてゆき、そこで与えられた地位には隔たりが生じた。そのなかで国民道徳論や大学の学問のように国家や合理性にむすびついたものが支配的言説の地位につき、これらによって神社や民俗の本質あるいは存否が決定されていたのである。

神道学と宗教学

むろん、道徳と宗教という分割線はその成立事情からいって、それほど説得力のあるものではないため、神道および神社の宗教性をめぐる議論はたえることがなかった。そのなかで宗教学と神道学が明治三〇年代ころから徐々にすがたを現わしてくる。

宗教学は神社神道があきらかな宗教であり、事実上の神道国教主義であると批判し、信教自由の十全なる実現をもとめた。そして宗教に対しては教団主義や偶像崇拝を批判し、個人の意識に基盤をおきながらも、それを国家に媒介する国民国家主義的な理想宗教を創出すべきであると唱えた。そこで構想された宗教にはかつて懸念されたような反天皇制的要素はみられず、不当な国家権力からの自由をねがう宗教者や知識人だけでなく、政府陣営にとっても、より踏みこんだ国民の内面支配にかなうものであった[9]。

それに対し神道学は保守的な国家主義の立場から、信教自由論および神社宗教説を封じ込めようとする。宗教・道徳や政治・学問などの領域に分轄された神道的言説を日本の民族精神という観念のもとに再統一し、民族精神が日本人の存在そのものである以上、宗教などという一範疇をもって云々できるものではないと主張したのである[10]。神道学は神社を拠点として天皇制国家の護持をもくろむ点で国民道徳論の延長上にあるが、国民道徳論が一応は憲法にのっとった合法的戦略をとるのに対し、道徳と宗教という分割線自体を無効にしようとする点で反近代的な傾向をたぶんに含むものであった。

だがいずれにせよ、神道学と宗教学という、ともに明治三〇年代以降に登場してきた言説においては、宗教という要素が以前にもまして国家にとっても個人にとっても明らかに大きな比重をしめるようになっていた。それは日露戦争後にいっそう台頭してきた国家主義や、形式主義的な国民道徳に不満をおぼえる人々など、さまざまな方面からの精神世界に対する関心の高まりを背景とするものであろう。そのなかで宗教学は個人主義に比重をおいた立場から宗教の領域の拡大を主張し、神道学は国家主義の立場から宗教の領域を包摂しようとしたのであった。

そして、両者の出現はそれまで道徳の領域にとどまっていた学問という言説形式が、宗教の領域に流入してきたことも示している。西洋的言説が主導権をもつのは明治以降の日本社会に共通するものであるが、従来、宗教の領域ではキリスト教的な宗教概念が最終的な審級をもっていた。ここではそれをさらに対象化する、近代科学という学問的言説が出現してきたのである。この帝国大学にところをえた言説は、宗教的な関心をもつ個人を教団にかわって国家的次元にとりこむものであり、世俗的権力が宗教をその制御下においたことを物語るものでもあった。

以上のような観点から神道学をとらえてみるならば、この学問はその超歴史的主張にもかかわらず、道徳と宗教、西洋的言説と非西洋的言説という明治時代に成立した分割線の存在を前提として、そのなかから生まれた近代の逆説的な動きということができよう。今日では戦前の神道研究は、反動的とするか伝統的とするかの、単純な評価基準のなかで語られがちだが、そのような選択肢をあたえている場自体が、明治以降に形成された歴史的産物なのである。

神道学にかぎらず諸学問のもつ自律性は、この場のもつ相互関係のなかで生み出されたものにすぎない。しかも今日のような専門分化がすすんだ状態では、各言説原理はその内部に属する者にとって一層客観的な厚みをもって屹立してみえる。西洋的言説の覇権的地位も依然として揺らぐことはなく、その他者規定的な力を羨望する人の数も減ることはない。このような状況だからこそ、わたしたちは自分の所属する言説の場に安住することなく、相異なる諸言説のはざまに身を晒すことで、これら言説全体の場のもつ権力的構造を少しでも明るみにだしてゆく必要があろう。

（1） 宮地正人『天皇制の政治史的研究』（校倉書房、一九八一年）、遠山茂樹編『日本近代思想大系2　天皇と華族』（岩波書店、一九八八年）、安丸良夫『近代天皇像の形成』（岩波書店、一九九二年）、タカシ・フジタニ『天皇のページェント――近代日本の歴史民族誌から』（日本放送出版協会、一九九四年）、原武史『可視化された帝国――近代日本の行幸啓』（みすず書房、二〇〇一年）など。

（2） 村上重良『国家神道』（岩波書店、一九七〇年）、安丸良夫・宮地正人編『日本近代思想大系5　宗教と国家』（岩波書店、一九八八年）、阪本是丸『国家神道形成過程の研究』（岩波書店、一九九四年）、新田均「『国家神道』論の系譜」（『皇学館論叢』三二巻一・二号、一九九九年）、島薗進「国家神道と近代日本の宗教構造」（『宗教研究』七五巻二号、二〇〇一年）など。

(3) 当時の宗教をめぐる社会状況および知識人の宗教観については、岸本英夫編『明治文化史 宗教篇』(洋々社、一九五四年)、比較思想史研究会編『明治思想家の宗教観』一九七五年(改題『人間と宗教――近代日本人の宗教観』東洋文化出版、一九八二年)を参照のこと。

(4) 田原嗣郎ほか編『日本思想大系 平田篤胤・伴信友・大国隆正』(岩波書店、一九七三年)、芳賀登・松本三之介編『日本思想大系 国学運動の思想』(岩波書店、一九七一年)。

(5) 磯前順一「近世神道から近代神道学へ――東大神道研究室蔵書を手掛かりに」、同「近代神道学の成立――田中義能論」(『近代日本の宗教言説とその系譜――宗教・国家・神道』岩波書店、二〇〇三年)。

(6) 羽賀祥二『明治維新と宗教』(筑摩書房、一九九四年)、森岡清美『近代の集落神社と国家統制――明治末期の神社整理』(吉川弘文館、一九八七年)、櫻井治男『蘇るムラの神々』(大明堂、一九九二年)。

(7) 磯前順一「近代における『宗教』概念の形成過程――開国から宗教学の登場まで」(前掲『近代日本の宗教言説とその系譜』)、阿満利麿『日本人はなぜ無宗教なのか』(ちくま新書、一九九六年)、山口輝臣『明治国家と宗教』(東京大学出版会、一九九九年)、島薗進「『宗教』と『Religion』」(『季刊悠久』八七号、二〇〇一年)など。

(8) 磯前順一「明治二〇年代の宗教・哲学論――井上哲次郎の『比較宗教及東洋哲学』講義」、磯前前掲「近代における『宗教』概念の形成過程」(前掲『近代日本の宗教言説とその系譜』)。

(9) 磯前順一「宗教学的言説の位相――姉崎正治論」一九九五年、同「姉崎正治における国家と宗教――西洋体験とナショナリズム」(前掲『近代日本の宗教言説とその系譜』)、磯前・深澤英隆編『近代日本における知識人と宗教――姉崎正治の軌跡』(東京堂出版、二〇〇二年)、小口偉一「宗教学五十年の歩み」(『宗教研究』一四七号、一九五六年)、篠田一人「明治以降の日本における宗教の学問的研究の推移」(『キリスト教社会問題研究』八号、一九六四年)、竹中信常「日本宗教学の軌跡」(『宗教研究』五七巻四号、一九八四年)、鈴木範久『明治宗教思潮の研究――宗教学事始』(東京大学出版会、一九七九年)など。

(10) 磯前前掲「近代神道学の成立」、同「宮地直一の神社史――『熊野三山の史的研究』」(前掲『近代日本の宗教言説とその系譜』)、島薗進・磯前編『東京帝国大学神道研究室旧蔵書 目録及び解説』(東京堂出版、一九九六年)、「特集 神道の研究——方法と業績」(『神道宗教』四一号、一九六五年)など。

9章　神道的エクリチュールの世界
版本から活字本へ

1　近代から近世へ

今日、わたしたちが読むのは活字で印刷された書物である。大半の本には口語体の文章が明朝体で印刷されており、そこに文体や書体のちがいを見出すことはむずかしい。そのような均質さは、漢文訓下し文や擬古文、連綿体や行書など、ほかの文体・書体による記述も存在することを忘れさせ、あたかも明朝体で記すことが唯一の選択肢であるかのように思わせる。さらに、そこで採られる明朝体が、横線をせばめ曲線を少なくすることで、文字のもつ肉感をそぎ落とした書体であることもあって、文字という存在はいっそう実感しにくいものになっている。その結果、文字は思考の内容を映すだけの透明な表象であるかのような装いをまとい、読み手にテクストに書かれた思想が直接理解できるかのように思い込ませてしまう(1)。

だが、近世版本の世界に足をふみ入れると様相は一変する。思想や階層による文体や書体のちがいがあらわれ、文字は固有の存在感をうったえはじめる。近世版本とは江戸時代に盛行し、文字を彫刻した版木（整版）で印刷した紙を冊子に綴じたものである。日本における整版印刷の歴史は古代の仏教経典にはじまり、仏教書・儒学書を中心として近世まで続けられてきたが、その数はごくわずかで、書物の大半は写本によって占められていた。ところが江戸時代も寛永期（一六二四―四四年）をすぎると、写本をうわまわる勢いで版本が広まりをみせるようになる。[2]

じつは、江戸初期には木製活字による古活字本が盛行したこともあったが、ほどなく整版本に駆逐されてしまった。古活字本はおなじ文字活字の使いまわしで別の書物の版はもちろんのこと、おなじ書物の別丁も組むことができるため、版作りにかける労力を大幅に省略できるという利点をもつ。一方で、版組を保存しておくことができないため、増刷を念頭においた大量生産には適さない。それに対し、整版印刷は版木さえ保存しておけば何度でも増刷が可能であり、その数は千部におよぶとも言われている。この点からみて、近世版本が盛行するようになった背景には、版や丁ごとに彫刻する労力や費用をおぎなってあまりある大量生産への社会的な需要、すなわち読者人口の増加があったと考えられる。事実、近世版本は書店資本によって運営されている点で、それまでの寺院版や官版とは決定的に異なっている。[3]

このように整版技術と商業資本が結びついた近世版本は、それまでの写本を中心とする書物文化に比べて格段のひろがりを示すようになった。そして、わたしたちにとってより重要な点は、そこに記される書体が著者の意向をある程度反映することができるようになったことである。版本には版木を彫るための下書（版下）があり、版下書きの専門家がいたが、著者やその関係者によって作成することもできるため、書体や異体字を書き手の管理下におくことが可能であった。たとえば、本居宣長の版下には本人の筆はもちろんのこと、愛息春庭や門人栗田土満の手になるものがあり、平田篤胤の版下にも義子鉄胤や門弟のものがある。[4] 版木の彫刻という行為には莫大な労力がともなうものの、彼らがその思想性をエクリチュールに込めて表現するさいには、それに見合うだけの自由さが存在したのである。

整版のもつ表現の随意性は、あらかじめ書体の定められた文字を組み合わせるだけの活字本にはない特徴であり、筆勢を生かすという点ではむしろ写本にちかい。これまで、近世版本の歴史的意義はもっぱら書物文化の拡大過程から国民文化形成の先駆と評され、書体や異体字などの表現の場としては問題にされてこなかった。あたかも文字は思想内容の純然たる表象にすぎず、固有の存在主張をもたないかのように。しかし、思想家が漢文体や擬古文など文体を意図的に選択するのと同様に、書体や字体も書き手の意志にゆだねられていたはずである。

ものを記すという行為は思想内容の表現であると同時に、文体・書体・字体にわたる表現行為なのだ。現代に生きる私たちのほうが、それを忘れてしまっただけなのである。本章では、文体・書体・字体の総体を、仮にエクリチュールと呼ぶことにしよう。以下、近世版本におけるエクリチュールのあり方、その歴史的位置を考えていきたいが、近世版本の種類は仏教書から草子まで多岐にわたるため、神道関係書に焦点をあてることにしたい(5)。

思想は、本来それが宿るべき身体を必要とする。しかし、近代宗教においてビリーフがプラクティスから分離されてきたように、思想もまたその身体から分離され、抽象的な観念として純化されてきた。本章で明らかにするように、神道言説もまた近代化されるなかで、そのようなエクリチュールといった日常的実践の次元から、このような観念の純化作用を被ってきたのである。だが、それは宗教概念と同様に、近代西洋化の影響を被ることで成立した一理解に過ぎない。タラル・アサドがプロテスタンティズム的な宗教概念を批判することで、ビリーフとプラクティスを統合した主体形成を再度試みたように、わたしたちもまた神道をめぐるエクリチュールの系譜をたどることで、思想を身体に受肉化させ、身体を思想によって抽象化させる相互作用を模索していかなければならない。

2　近世版本の世界

拮抗するエクリチュール

近世版本のなかで、現在、わたしたちがあまり違和感をもたず読めるものに儒家神道書がある。松岡雄淵『神道学則大和魂』(図1―1左)に代表されるように、漢文を訓み下した文章には、楷書の漢字および片仮名が一文字ずつ

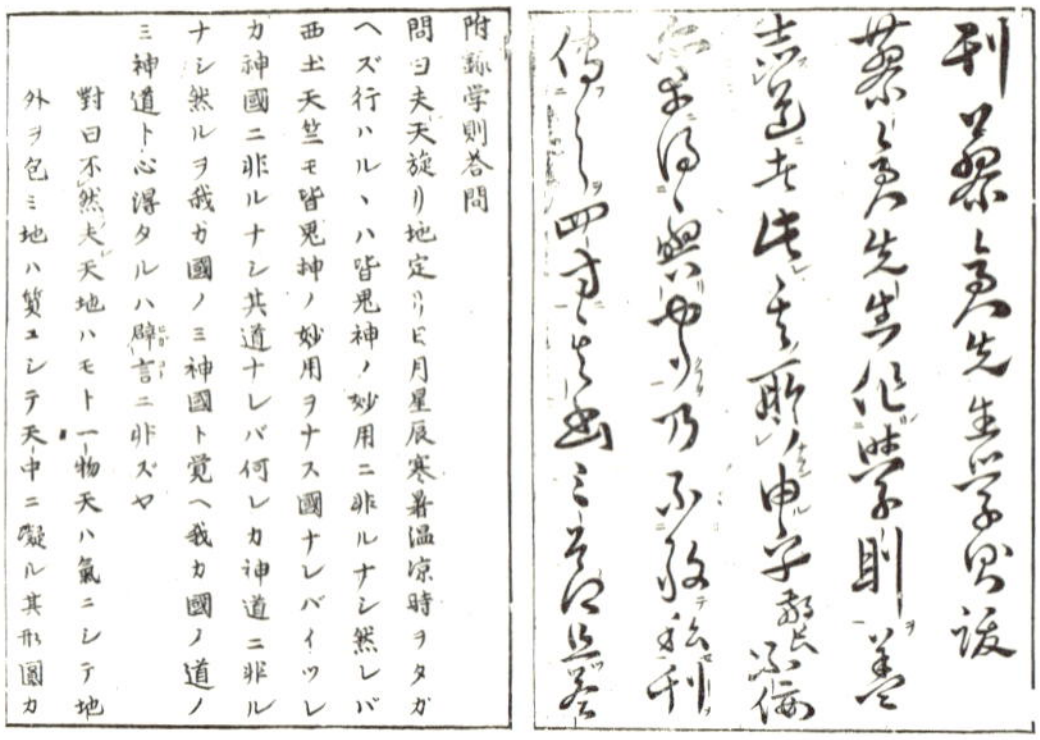
附録学則答問
問曰夫天旋リ地定リ日月星辰寒暑温凉時ヲタガヘズ行ハルヽハ皆鬼神ノ妙用ニ非ルナシ然レバ西土天竺モ皆鬼神ノ妙用ヲナス國ナレバイツレカ神國ニ非ルナシ其道ナレバ何レカ神道ニ非ルナシ然ルヲ我カ國ノミ神國ト覚ヘ我カ國ノ道ノミ神道ト心得タルハ僻言ニ非ズヤ
對曰不然夫天地ハモト一物天ハ氣ニシテ地外ヲ包ミ地ハ質ニシテ天中ニ凝ル其形圓カ

図 1-1　『神道学則大和魂』

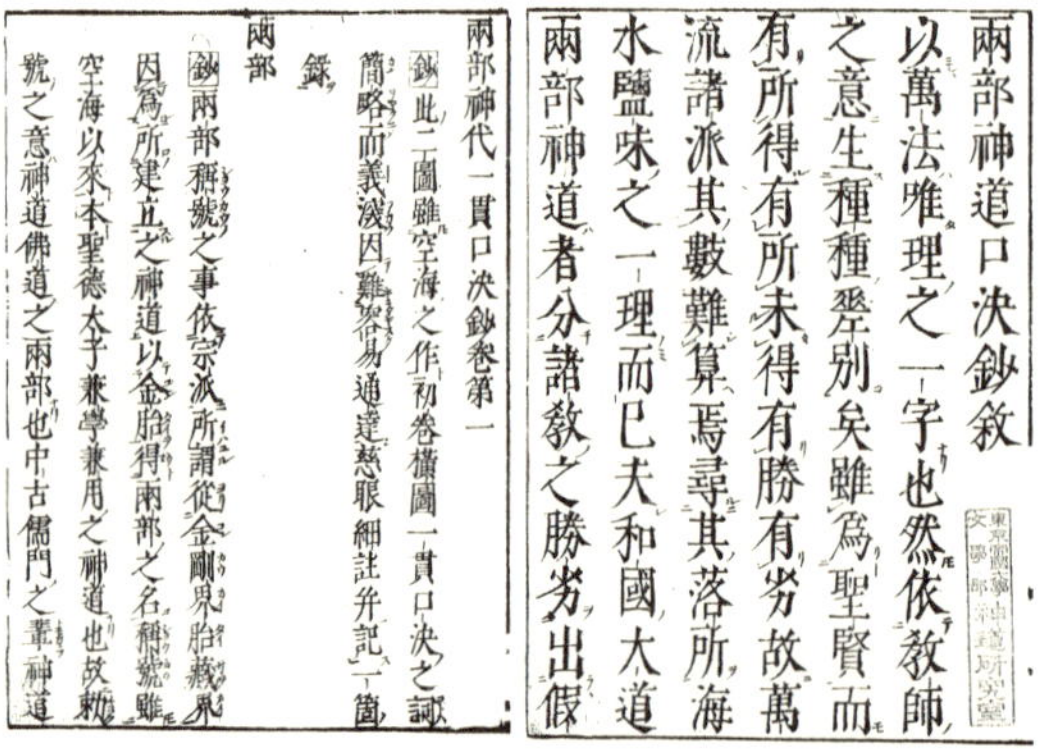
兩部神道口決鈔敘
以萬法唯理之一字也然依教師之意生種種差別矣雖為聖賢而有所得有所未得有勝有劣故萬流諸派其數難算焉尋其落所海水鹽味之一理而已夫和國大道兩部神道者分諸教之勝劣出假

兩部神代一貫口決鈔卷第一
鈔　此二圖雖空海之作初卷横圖一貫口決之謌簡略而義淺因難容易通達愁眼細註并記一箇
錄
兩部
鈔　兩部稱號之事依宗派所謂従金剛界胎藏界因為所建立之神道以金胎得兩部之名稱號雖空海以來本聖徳太子兼學兼用之神道也故称號之意神道佛道之兩部也中古儒門之輩神道

図 1-2　『両部神道口決鈔』

区切って表記され、漢字のかたわらにはルビが付される。松岡は垂加神道家だが、この特徴は吉田神道、伊勢神道など、学派をこえて儒家神道の著作にひろくみられる。

今日とちがうのは、異体字が頻繁にもちいられ、仮名に片仮名があてられている点である。近世までは、儒学者や国学者などの別にかかわりなく、異体字は公文書から草子本にいたるまで広く用いられていた。「國・圀・国」のように構えの内側を異にするもの、「群・羣・裙」のごとく偏・旁の位置を上下左右に変えるものなど、ひとつの文字表記には幾種かの字体が存在していた。一文字の表記形が一字体、いまでいう正字に限定されたのは近代の理解にすぎない。歴史的にみれば、むしろ私たちのほうが例外的なのである。(6)

片仮名の使用は、訓読するために漢文のかたわらに小書きされた送り仮名に由来する。それが書き下されるさいに、大書きにされて本文として漢字のあいだに組み込まれたのである。今日の口語体では、片仮名はおもに外国語や外来語の表記にあてられるにとどまるが、近世までは日記や聞書で普通に記されるものであった。片仮名は文字どおり漢字の一部を独立させたものであり、その字体の単純さのせいもあって当時の平仮名のように異体字をもつこともほとんどない。そのため、正字という観念になれた私たちには、かえって読みやすいものとなっている。

儒家神道家がその名のとおり儒学的素養をもつ以上、その文化的出自からいっても漢文の派生文体である訓下し文をもちいるのは、当然のことといえる。もちろん、儒家神道書には、林羅山『本朝神社考詳節』（図2―1）など、漢文体そのもので記されたものも少なくない。これらの文体は、山王一実神道の源慶安『両部神道口決鈔』（図1―2左）など仏家神道書や漢籍一般にひろくみられ、儒学固有というより儒仏両方にわたる漢文教養層に属するものというべきである。儒学は仏教のもつ現世超越的性格をはげしく批判してきたが、漢文的素養を知的背景とする点では、彼らの経済的援助者であり思想的受容者でもある公家・上級武士層をふくめ同じ立場にたつ。出版文化をはじめ日本の文字文化は、長いあいだ彼らが担ってきたのである。(7)だが、江戸時代もなかばを過ぎ

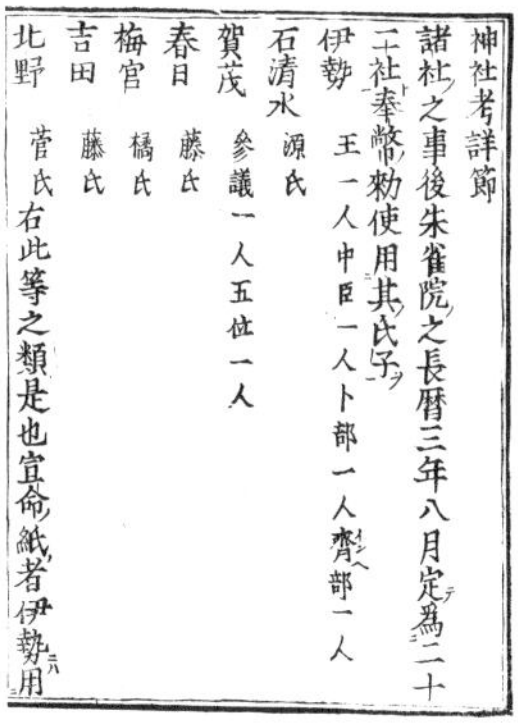
神社考詳節
諸社之事後朱雀院之長暦三年八月定テ為二十
二社奉幣勅使用其氏子ヲ
伊勢　王一人中臣一人卜部一人齋部一人
石清水　源氏
賀茂　参議一人五位一人
春日　藤氏
梅宮　橘氏
吉田　藤氏
北野　菅氏右此等之類是也宣命紙者伊勢用

図 2-1　『本朝神社考詳節』（漢文）

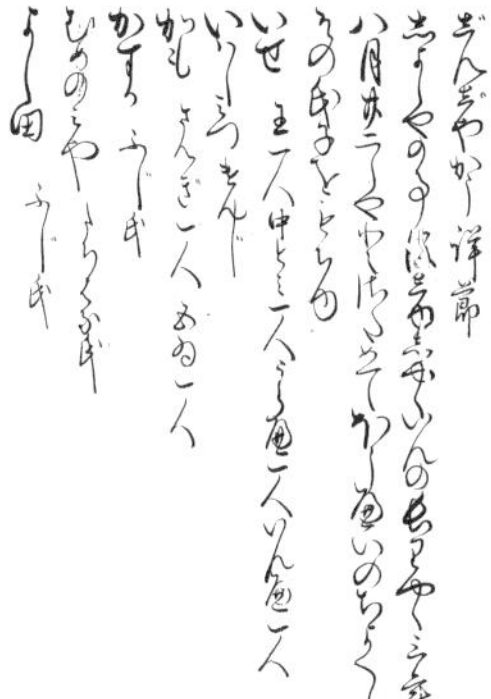

図 2-2　『本朝神社考詳節』（仮名書）

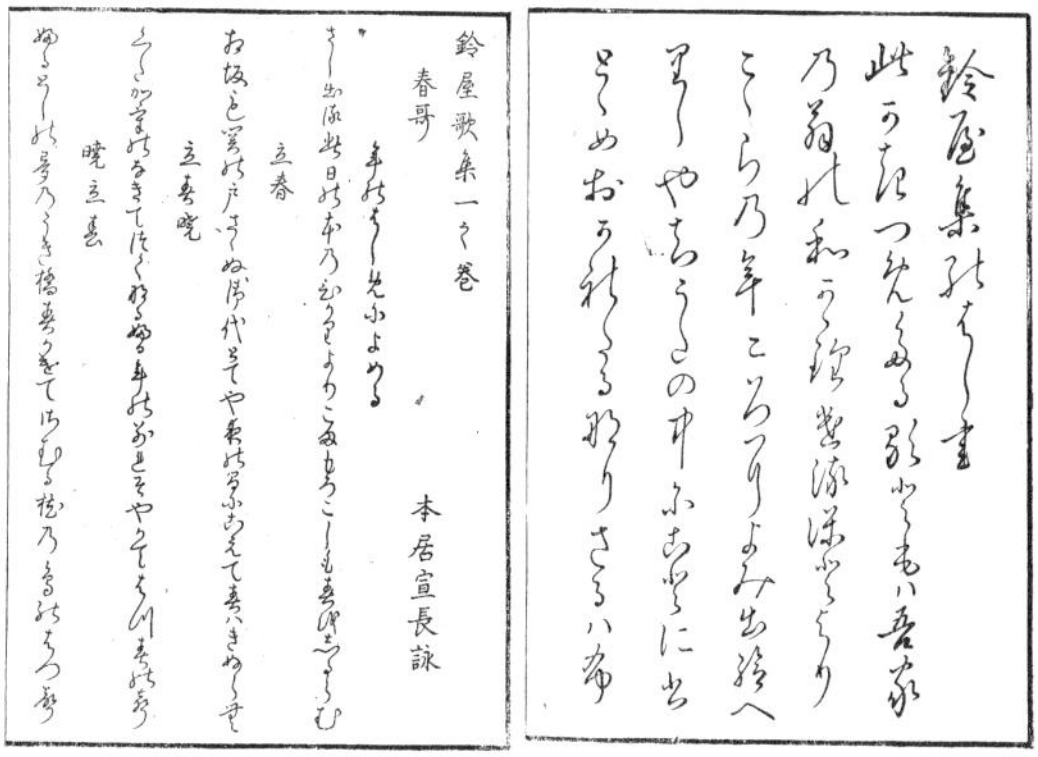
鈴屋歌集一之巻
春哥
本居宣長詠

図 2-3　『鈴屋集』

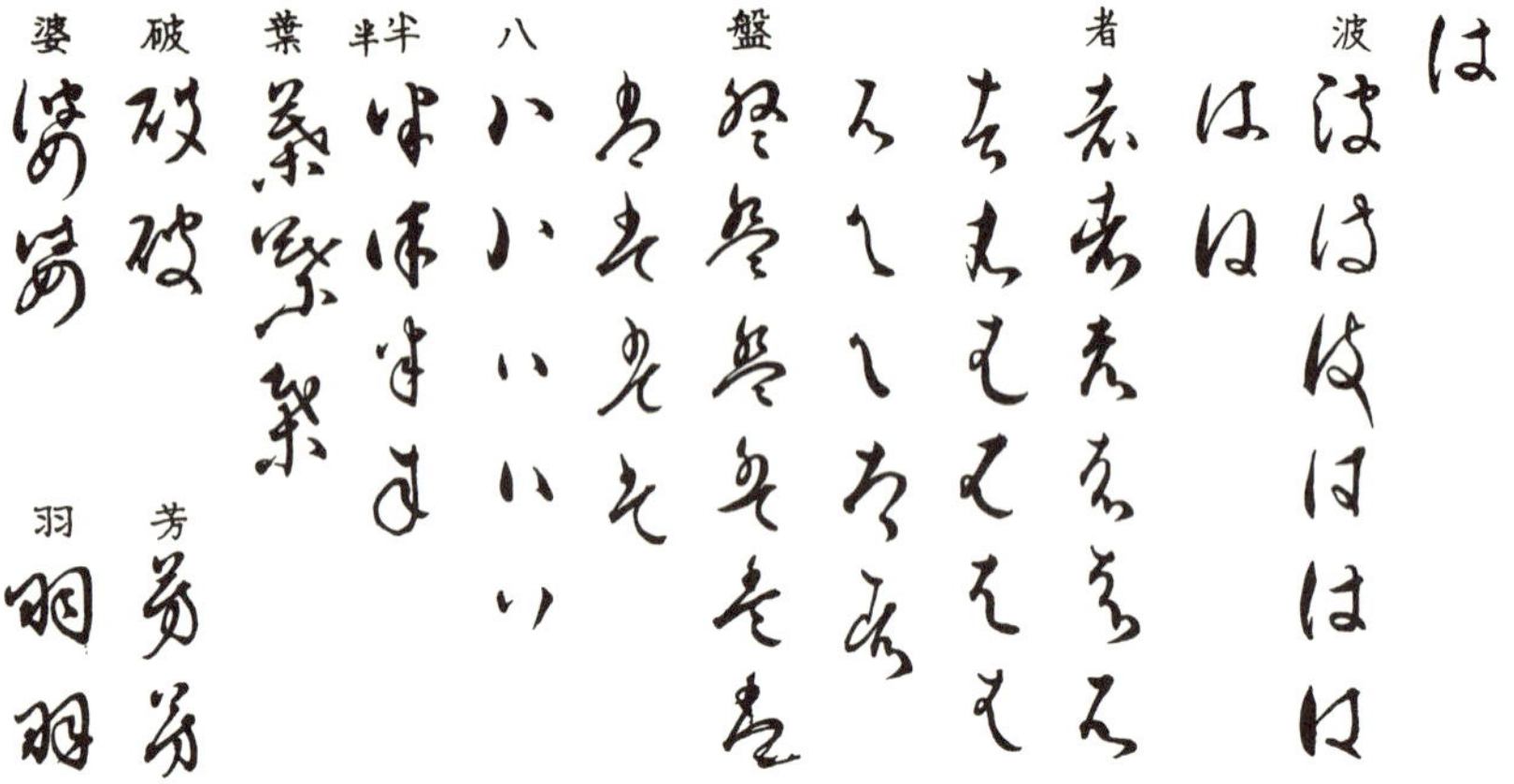

図3　変体仮名および崩し字のヴァリエーション
（児玉幸多編『くずし字解読辞典』東京堂出版より．一部改変）

ると、あらたな思想勢力、国学が登場してくる。

国学は、儒学の説く道徳的厳格主義や仏教の彼岸志向をきらい、日本には中国・天竺の文化と異なる長所があると主張する。国学者によれば、日本人は現世志向的で、禁欲主義をとらずとも生来の気質によって、君臣・親子関係など現実の秩序を守り、和楽の世界を維持してきたという[8]。彼らはその思想的淵源を、中国文化が移入する以前の日本土着の文化にもとめ、自分たちの思想の歴史的正当性を説いたが、そのためにも中国文化の遺産たる漢文やその変形体の訓下し文をみずからのエクリチュールとして認めることはできなかったのである。

彼らがかわって用いたのが、擬古文や和漢混淆文であった。擬古文とは平安時代の平仮名の日記・物語に書かれた文体を後人が模したもの、和漢混淆文とは漢文直訳体と和文体とを融合させたものであり、国学者が人間性来の心情を謳ったとする源氏物語や古事記のエクリチュールである[9]。これらは文体としてみれば、平仮名に漢字をまじえ書き下しているため、私たちにとっては儒家神道書よりも読みやすいはずである。ところが本居宣長『鈴屋集』（図2―3）にみられるように、実際の文章は文体だけでなく書体と字体が一体なため、国学書のほうが読みにくい印象をあたえる。連綿体と変体仮名の存在が、文体への親しみやすさを覆い消してしまっているのである。

なかでも中心的役割をはたすのが連綿体である。連綿体はその名のとおり、草書の漢字と平仮名を書き連ねたものであり、運筆の強弱や文字の大小によって言葉の単位や文の区切りを示す(10)。宣長や賀茂真淵の文章で句読点がしばしば省かれるのは、連綿体が区切りの機能を担っているためである。また、同音の平仮名が複数の字形をもつ変体仮名も頻繁につかわれているが、それは始点・終点の異なる字形をおおく備えることで、連綿体における文字間の接合が容易になるためである。さらに、おなじ字体でも崩し方を変えることで接合の種類はいっそう増え、連綿体の展開は簡単になる（図3）。

現在では、平仮名は一文字に一字形のみが存在し、しかも一文字ずつ区切って書かれている。そのため、私たちは連綿体や変体仮名をもつ国学者のエクリチュールを弁別することができず、儒家神道家が書いた楷書の漢字と片仮名交じりの訓下し文のほうに読みやすさを感じるのである。

以上みてきたように、近世の神道

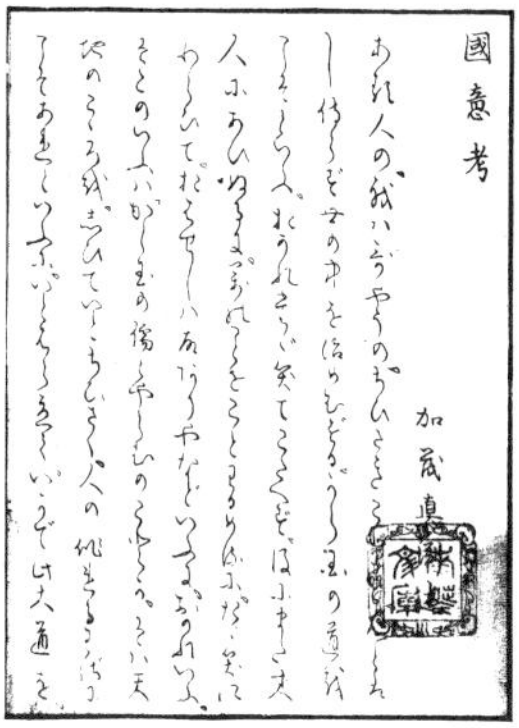

図 4-1 『国意考』

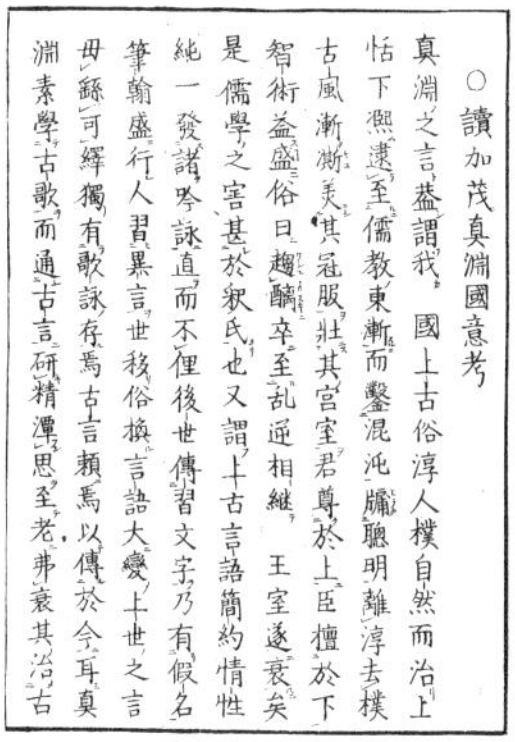

図 4-2 『読加茂真淵国意考』

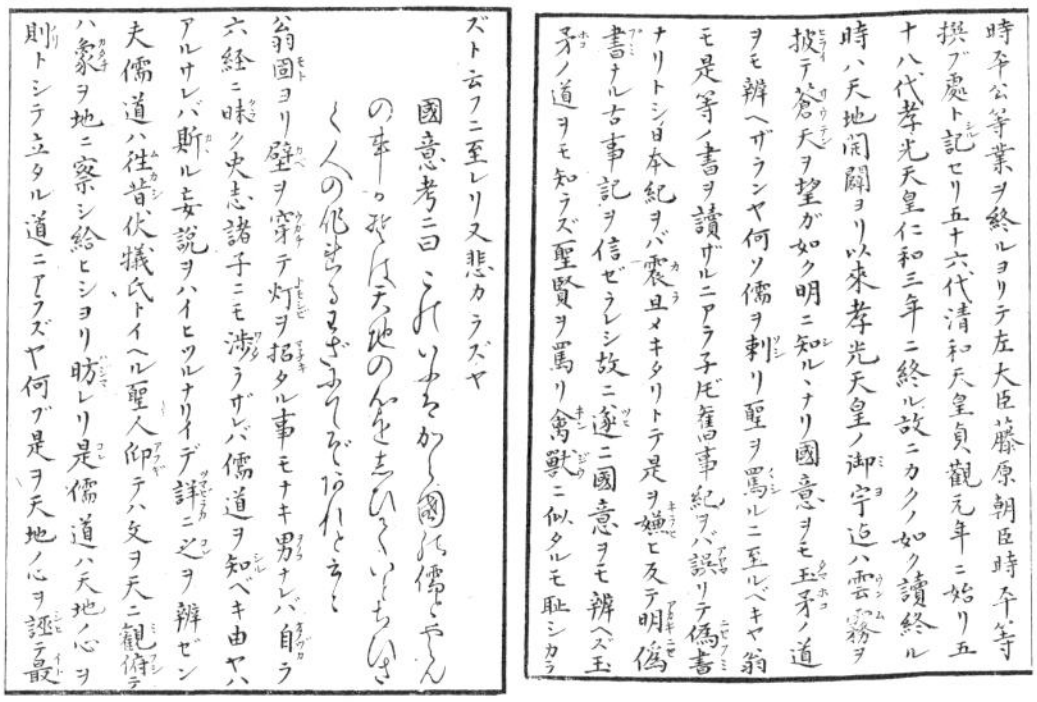

図 4-3 『国意考弁妄』

をめぐるエクリチュールにはふたつの種類が存在した。ひとつは儒家・仏家神道家がもちいる訓下し文および漢文という漢文系のもの、もうひとつは国学者がもちいる擬古文や和漢混淆文という和文的要素をつよく含むものである。これらのエクリチュールすなわち書き記す行為は、文体だけでなく、書体・字体があいまって生み出されていく。とくに書体は、漢文系が楷書、和文系が連綿体というように、明確なちがいをもつ。

その格好の例として、賀茂真淵『国意考』をめぐる議論書がある。本稿に掲げる『国意考』は、題名書『国意考』(図4―1)のほかに、その論駁書『読加茂真淵国意考』(図4―2)、および再論駁書たる橋本稲彦『辨読国意考』を附し、合わせて一冊としたものである。同一本に収録されているにもかかわらず、国学者が著した『国意考』と『辨読国意考』は連綿体の擬古文によって、儒学者による『読加茂真淵国意考』は楷書の漢文でと、書き手におうじて文体はもちろんのこと、書体も使い分けられている。

さらに三芳野城長『国意考弁妄』(図4―3)の場合では、エクリチュールの弁別意識がより鮮明に現れる。儒学の立場から真淵批判を試みたこの書は、『国意考』の文章を引用しながら具体的な論駁をくわえるという体裁をとっているが、三芳野自身の地の文章が楷書書きの訓下し文をとるのに対し、一字下げて引かれる『国意考』は連綿体の擬古文のままで記されている。

整版が著作者の原稿の写しとして存在する以上、これらの違いは版本や書肆に起因するものではなく、著作者の次元にもとめられる。事実、版本にみられるエクリチュールの区別は、そのまま写本にもあてはまることなのである。そのさい、エクリチュール弁別の指標となる文体と書体の二要素は切り離されることなく、つねに一体をなす。稀にではあるが、写本などで本来は漢文であったものを平仮名書きに変えるものもみられる。しかしその場合には、同時に連綿体への書体の変換がおこる。図2―2にあげた林羅山『本朝神社考詳節』などはその典型的な例である。

このようにみてくると、書体に対する鋭敏さを私たちがずいぶん失ってしまったことに気づくであろう。それは冒頭にも述べたように、今日の印刷書体が明朝体で統一されているためなのである。ひとつに統一された書体は参照すべき外部を欠くがゆえに自明化し、透明な表象であるかのような錯覚をひきおこす。その一方で、文体では口語体が近代日本語として確立し、口語体を起点とする日本語の形成過程が一系的に想定されていく。擬古文や和漢混淆文が口語体の先駆形にまつりあげられる一方で、漢文と訓下し文は中国から借りた非本来的ものとして貶められる。こうした系譜的な操作がくわえられた結果、かつての文体の並立状態も書体と同様に消去されていったのである。(11)

近世神道書にみられるエクリチュールの並立は、江戸の社会ではごくあたり前な事態であった。候文体や記録体などを数え入れれば、神道書にみられる種類はむしろその一部にすぎなかろう。それは江戸時代にかぎったことではなく、古代に仮名が発明されて以来、延々と続いてきたことである。しかし、江戸時代はその意味づけにおいて、それ以前とは決定的なちがいを有していた。

中世までの社会では印刷技術が普及していなかったこともあって、文字文化は写本を通して公家や僧侶を中心とする狭い範囲に保持されるにとどまっていた。そこでのエクリチュールは、同一の人間が用途におうじて使い分ける手段にすぎなかった。たとえば、平仮名系の連綿体は和歌や物語あるいは女房奉書とよばれる私信に、漢文は国史などの公式記録や公文書、漢籍や仏典に、と区別されていた。(12)江戸時代でも同様の状況がつづいていたが、国学の登場を契機に変化が起きた。新興勢力である国学者たちは、エクリチュールを思想の立場性を表明するものとして再解釈し、擬古文・和漢混淆文と漢文・訓下し文のちがいを日本土着文化と中国移入文化という対立物に仕立てあげたのである。

版本が社会にひろく浸透するにしたがい、エクリチュールは特定集団内で用途に応じてもちいられるものから、複数集団間の思想的な拮抗関係を表出したものへと変わっていった。どのようなエクリチュールを採用するかは、とりもなおさず、みずからの思想をどのような伝統に根ざしたものとして理解するのかという、文化的アイデンティティをめぐる問題になったのである。

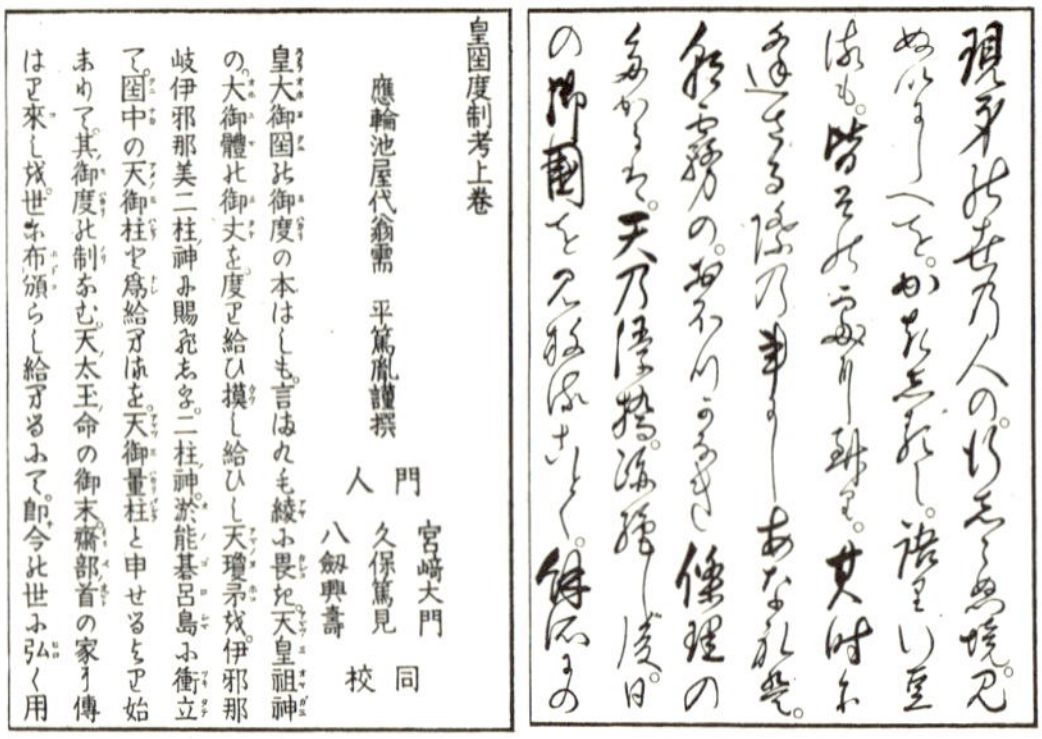

皇国度制考上巻

應輪池屋代翁需　平篤胤謹撰

門人　宮崎大門

久保篤見　同

八劔興壽　校

皇大御国の御度の本はしも。言はれも綾に畏き。天皇祖神の。大御體の御丈を度て給ひ摸し給ひし天瓊矛を。伊邪那岐伊邪那美二柱神に賜ひき。二柱神。淤能碁呂島に衛立て。国中の天御柱と為給ふを天御量柱と申せるよて始まりて。其御度の制は。天太玉命の御末齋部首の家に傳はり來し。世に布領らし給ふるにて。即今此世に弘く用

図 5-1　『皇国度制考』

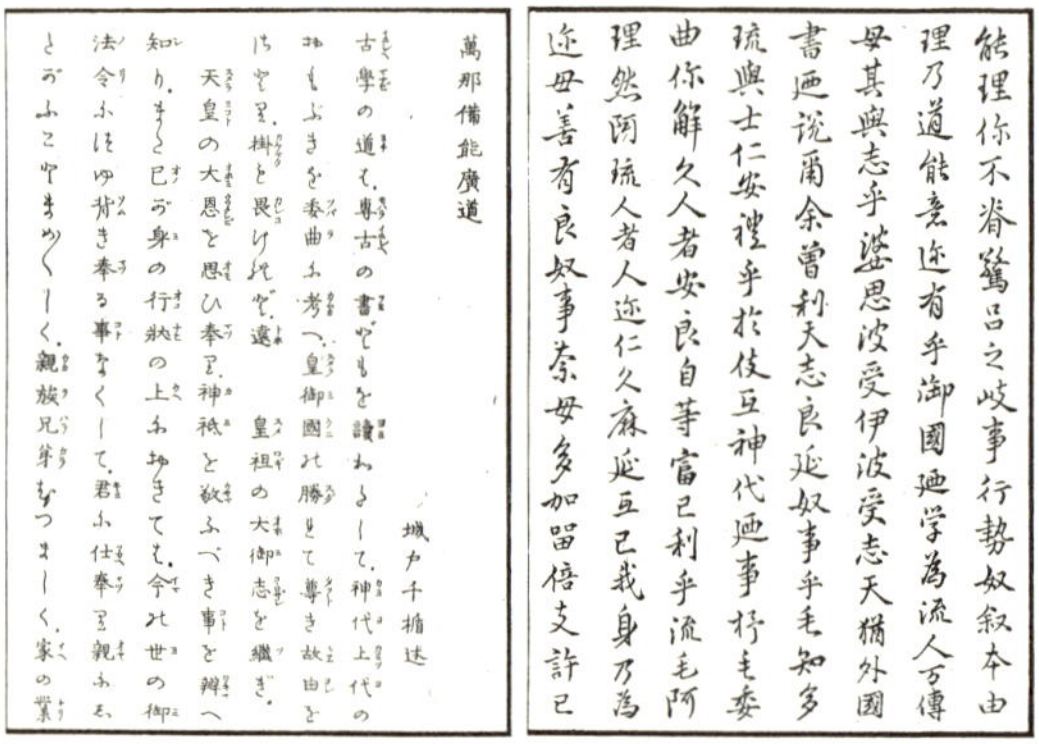

能理你不脊鷲呂之岐事行勢奴叙本由理乃道能意迩有乎御國廼学為流人万傳母其與志乎鑑思波受伊波受志天猶外國書廼説爾余曽利天志良延奴事乎毛知多琉與士仁安禮乎於伎互神代廼事抒毛委曲你解久人者安良自等富已利乎流毛阿理然阿琉人者人迩仁久麻延互已我身乃為迩母善有良奴事奈母多加留倍支許已

萬那備能廣道

城戸千楯述

図 5-2　『万那備能広道』

思想のマニフェストとして位置づけられるようになったエクリチュールは、国学内部でさらなる分裂をひきおこす。古道論を専学とする平田派の登場である。それは、連綿体をとらず各文字を独立表記する章草、漢字の楷書書き、変体仮名の減少、ゴチック体的な幅太の書体などを特徴とする。加えて句読点も常用されるが、それは連綿体の筆勢変化による文章の区切ができなくなったためである。

　この形式は幕末にいたり完成する。平田篤胤の『皇国度制考』（図5—1左）や六人部是香『産須那社古傳抄』などがその類である。なかでも、国学のマニフェストと目される荷田春満『荷田大人啓』は、春満の死後、平田派がみずからの思想を春満に仮託するために、篤胤の義子、鉄胤が書体をわざわざ自派のものに書き改めたものであり、そこには平田派のエクリチュールへのこだわりがよく現れている。

　篤胤の著作でも早い時期のものには片仮名交じりのものもあり、それほど強いエクリチュールへのこだわりはみられない。他の国学者でも古道論を論ずる場合には、城戸千楯『万那備能広道』（図5—2左）のように章草をもちい

ることがしばしばあった。平田派は思想面において宣長国学の文学論的性質を排して古道論の実体的体系化をはかっていくが、思想表現の容器たるエクリチュールについてもそれに見合うものを求め、古道論一般の形式から分離して自派独自のものを確立していったと考えられる。

一方、和歌や物語の世界を背景にする平仮名連綿体は、文学的関心を欠く平田派には魅力的に映らなかったのであろう。篤胤『神字日文伝』（図6）に代表されるように、平田派は神代文字肯定論を大々的に展開し、平安時代の仮名書きをとびこえ、より始原的な象形の探究をおこなっている。それまでも中世の『釈日本紀』をはじめ、神代文字の存在を積極的に論じた書物はあったが、具体的な文字の復元をおこなったのは平田派がはじめてである(13)。妄想的ともいえるその熱意は、連綿体を遠ざけた平田派が、自派エクリチュールの歴史的系譜に空白を感じ、それをなんとか埋めようとした焦燥感のあらわれとみることもできる。

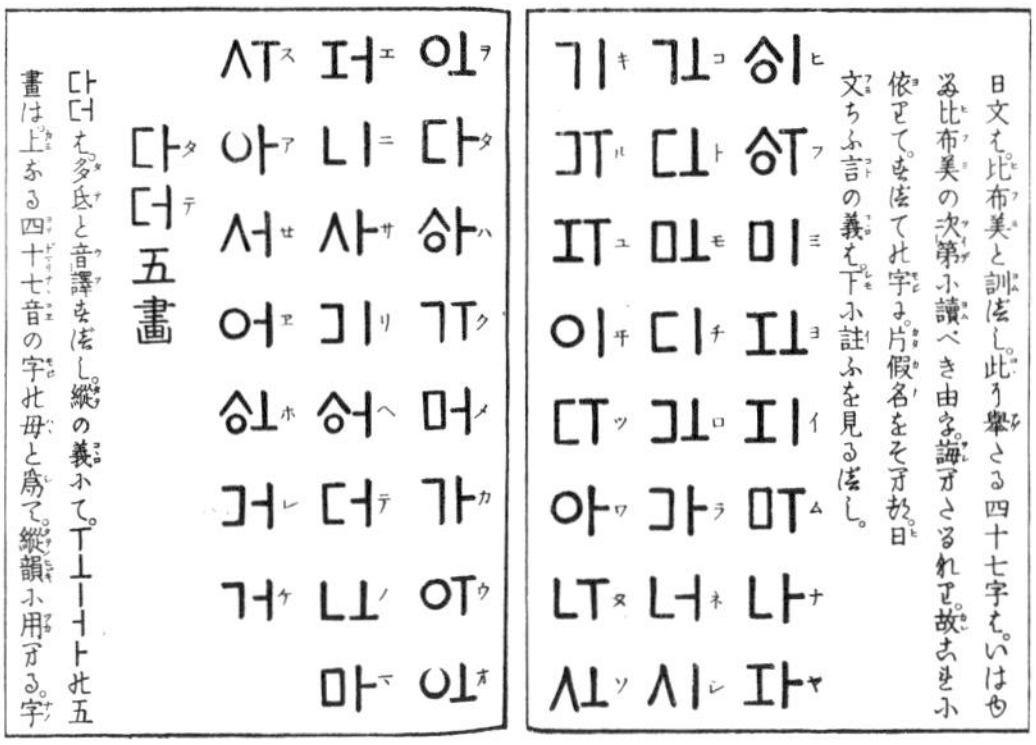
図6　『神字日文伝』

エクリチュールを思想的表現行為としてとらえる傾向は、序跋においていっそう強調したかたちであらわれる。序文の特徴は、儒家・仏家神道書（図1—1右・1—2右）、国学書（図2—3右・図5—1右）ともに文字が大書にされ、ルビ・返点がしばしば省略されることにある。文字が小さいほど本に収められる情報量は増え、ルビや返点がおおいほど読解は容易になるはずである。序跋では情報量や読みやすさを犠牲にしてまで、書体をはじめとするエクリチュールのもつ形象美を表現したものとみられる(14)。

このような志向性は、「感情と思想を力強く表現し、書かれた文字が本来持っている意味を浮かび上がらせる」書道の発想へとつらなる。[15] とくに平田派国学書（図5―1右）の序跋では、文字の太さや筆のかすれの変化が十二分に展開されている。儒家・仏家神道書の序跋で、楷書のみならず行書・草書など様々な書体で漢文が記されるのも、同様の書への関心のあらわれであろう。そして、その揮毫者名がしばしば著述者にならべて明記されるという扱いにも、序跋を書ととらえる当時の評価がよくあらわれている。

序跋にはその他にも、万葉仮名交じりのものもある。『万那備能広道』に寄せた藤高尚の序文（図5―2右）もそのひとつである。連綿体の平仮名書きよりも古い起源をもつ万葉仮名は、国学者たちの憧憬の的であったが、楷書の漢字を表音文字としてもちいるため、言葉の単位の弁別が困難であり、すでに古代のうちに廃棄されていた。もちろん、近世版本の本文につかわれたことなどない。日常の文体との乖離があまりに大きくなってしまったこの例は、近世の思想家たちのエクリチュールに対する尋常ならざる熱意をものがたるものとも言えよう。

読者のエクリチュール

前項では、神道書のエクリチュールが書き手の思想によって異なることをみてきた。これらの書物はいずれも「物の本」――伝統文芸や道徳・思想に関する本質を究める書物――と呼ばれ、ある程度の読み書き能力をもつ知識人層に読まれていた。[16] その一方で、庶民を対象とする通俗・娯楽的で廉価な「草子」類――読本・黄表紙や軍記・伝記物など――と共通したエクリチュールをもつ書物も、神道書のなかにはみられる。垂加神道の岸大路洗斎『神道一枚起請』（図7―1）、平田国学の大国隆正『鼻くらべ』（図7―2）、通俗神道の浅井家之『神国芦分草』（図8）など、それは学派を越えてひろく存在している。

そのエクリチュールは草子とおなじく、斜行細字の連綿体によるルビ付きの和漢混淆文を特徴とする。ルビはすべての漢字に付されると言ってもよく、物の本での部分的なルビとは度合いを異にする。文章にくわえて版画を挿入したものも少なくない。いずれも漢文的素養に乏しい庶民の識字力を考慮して、手軽に読めるために本の作り手が工夫したものと思われる。その文体が学派の別にかかわりなく和漢混淆文をとるのも、やはり漢文体に馴染みのない庶民の読者を意識したためである。細字を強度に傾斜させた独自の書体にしても、一丁に収める文字数を増やすことで本の丁・冊数を減らし、薄手で安価な本を作ることで、少しでも多くの人に本を流布させる狙いがあったと思われる。物の本との区別はそれだけでなく、表紙のうえでも認められる。赤本や黒本など草子に類した色調がおおく、物の本たる儒家神道書の茶色や国学書の藍色とは異なっているのである。

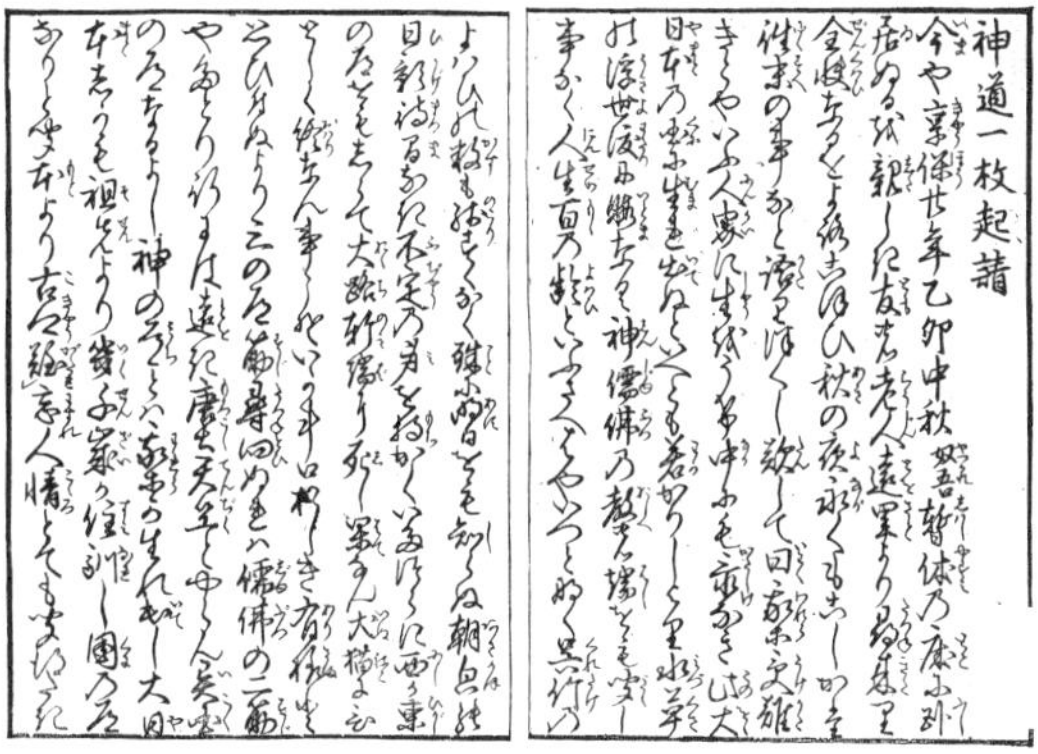

図 7-1　『神道一枚起請』

図 7-2　『鼻くらべ』

その文中でしばしば「愚夫愚婦」(17)のためにと執筆したとあるように、これらの本は庶民教化を目的とする神道家によって作られたものである。神道学者の河野省三は次のように説明している。

> 假字交りの平易な文章で、成るべく趣味多く解りやすいやうに教訓を説く傾向

……特に神道に関して啓蒙教化の目的を以て試みられる運動はこの中期に及んで可なり著しくなつた。……山崎闇斎の垂加神道派に属する伴部安崇、跡部光海などの事業の一面たる通俗平易な神道書の弘通についで、京阪に於ける増穂残口や熊本の武士道学者井沢蟠竜などの俗神道宣伝は特に注目すべき現象であり、又その教化の影響も多少見るべきものがあつた。(18)

江戸時代になると、神主や公家、一部の知識人だけでなく、多くの思想家・宗教家が歴史的正当性を主張するために自分の思想を神道に仮託するようになった。その広がりは、朝儀や神社とかかわりのない庶民相手の講談・教説の場にも及び、版本はその思想を吹舞する格好の道具であった。また、書肆や貸本屋にとっても、庶民を中心に広がる通俗本は、物の本とくらべものにならない読者層をもつため、きわめて魅力的な商い物であった。

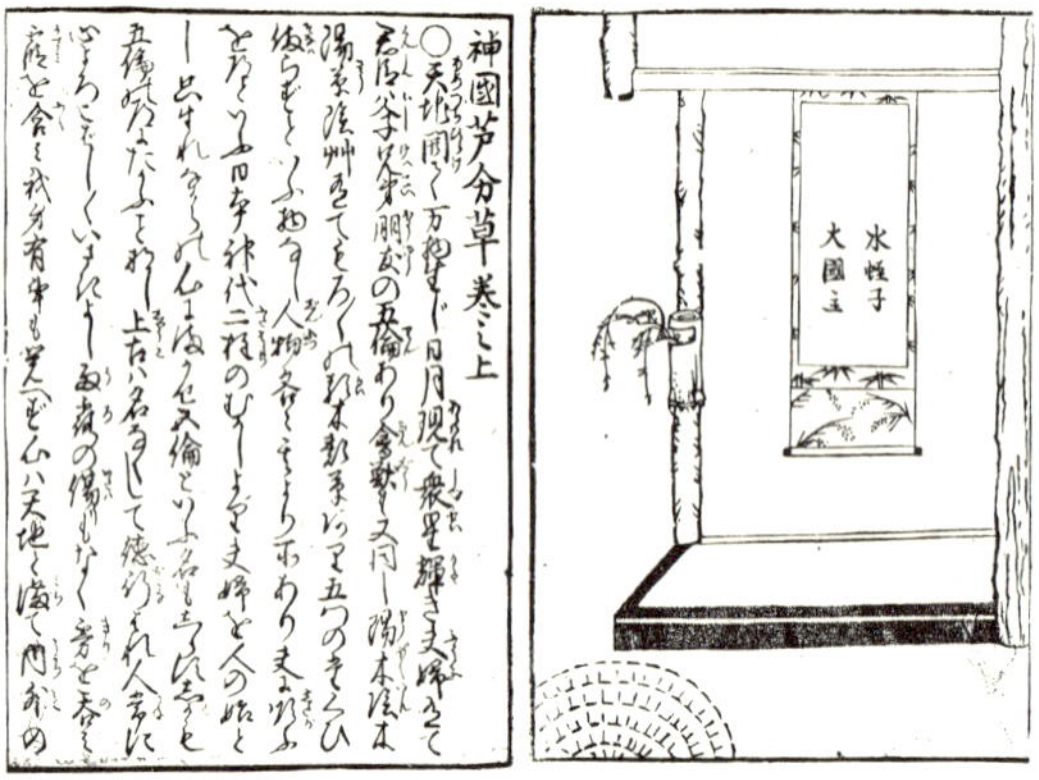

図8『神国芦分草』

どれだけ庶民に自分の思想が受け入れられるか、どれだけ冊数をさばくことが出来るかが神道家と書肆・貸本屋の関心事となるとき、読み手の識字能力に応じた本作りになるのは当然である。その結果、さまざまな思想的立場からの著作があるにもかかわらず、通俗本では書き手特有のエクリチュールが消え去り、斉一的に読者主体のものへと統一されたのである。私たちはそれを神道の通俗本と呼んでおこう。(19)

そこにはもはや、儒学者流の片仮名を交えた訓下し文も、国学者流の連綿体もみられない。存在するのは、斜行細字で書かれた和漢混淆文だけである。このように近世版本には、儒家・仏家神道と国学という思想の作り手という対立だけでなく、その受け手である庶民というもうひとつの極が存在していたのである。そして、このような異なるエクリチュールが拮抗し交錯する場がはじめて成立したのが江戸時代であった。それは、明治時代になってエクリチュールが統一されるまで、ごく当たり前の状態として続いていく。

ただし、庶民が書物において完全な独立勢力を形成していたわけではない。たとえば垂加神道においては、奥義伝授者のみの口伝、秘伝の厳守が要求される写本、公開を前提とした版本、の三種にその思想が大別されたうえで、さらに版本が『神道学則大和魂』（図1—1）のような物の本と、『神道一枚起請』（図7—1）のような通俗本に分けられる。秘伝を批判した国学でも平田国学では、子孫のみが閲覧できる「内書」と、版本化が可能な「外書」に区別された[20]、そのうえでやはり版本が物の本と通俗本に分けられる。

同様に多くの神道教派にはなんらかの知の修得階梯が存在し、入門者はそれを順次歩んでいくわけだが、そのなかで「愚夫愚婦」のためにすぎない通俗本だけは知の階梯の埒外におかれていた。知の参入階梯にかかわることがない分、作り手と受け手のあいだに移動は起こりにくくなり、その境界は絶対的なものとなる。斜行細字のエクリチュールしか有さない通俗神道の場合[21]、庶民の教化をもっぱらとし、知の習得階梯など存在しないが、それゆえに作り手と受け手の区別はより固定的になるといえる。

当時の私塾教師が「手習ひの軽きと学問の道のおもきとは、雲泥ほどもちがひ候[22]」と述べたように、庶民と知識人は、みずからも思想の作り手——それがいかに亜流であろうと、まがりなりにもテクストを産出しうるという意味で——になりえるか否かの点で明確に区別され、読書にいそしむだけの庶民は思想の受け手というヒエラルキーのもとに囚われた存在の域を出ることができなかったのである。

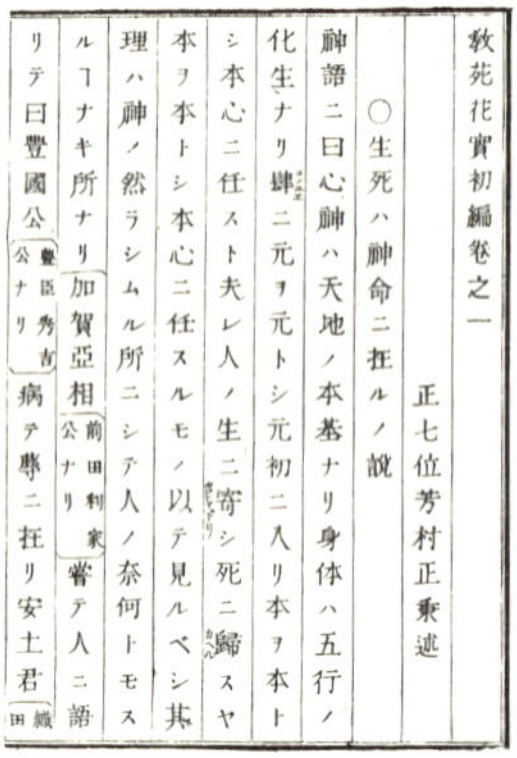
教苑花實初編卷之一
正七位芳村正秉述
○生死ハ神命ニ在ルノ說
神語ニ曰心神ハ天地ノ本基ナリ身体ハ五行ノ
化生ナリ肆ニ元ヲ元トシ元初ニ入リ本ヲ本ト
シ本心ニ任スト夫レ人ノ生ニ寄シ死ニ歸スヤ
本ヲ本トシ本心ニ任スルモノ以テ見ルベシ其
理ハ神ノ然ラシムル所ニシテ人ノ奈何トモス
ルヿナキ所ナリ加賀亞相（前田利家公ナリ）嘗テ人ニ語
リテ曰豊國公（豊臣秀吉公ナリ）病テ專ニ在リ安土君

図 9-1 『教苑花実』

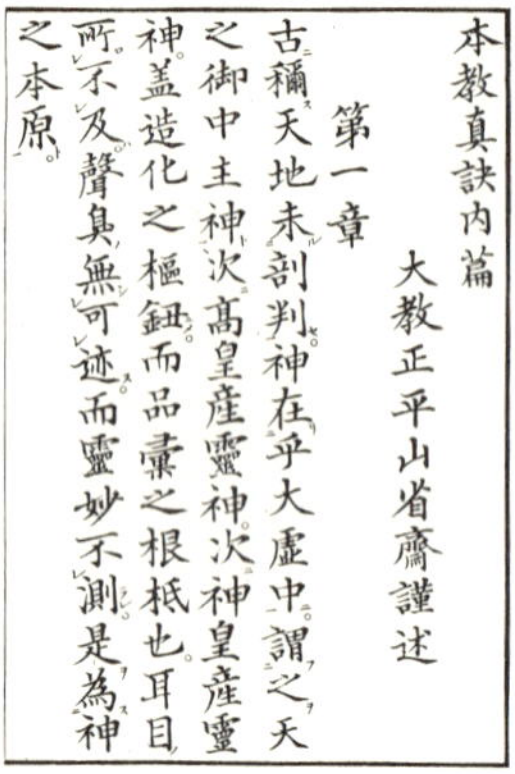
本教真訣內篇
大教正平山省齋謹述
第一章
古稱天地未剖判神在乎大虚中謂之天
之御中主神次高皇産靈神次神皇産靈
神蓋造化之樞紐而品彙之根柢也耳目
所不及聲臭無可迹而靈妙不測是為神
之本原

図 9-2 『本教真訣内編』

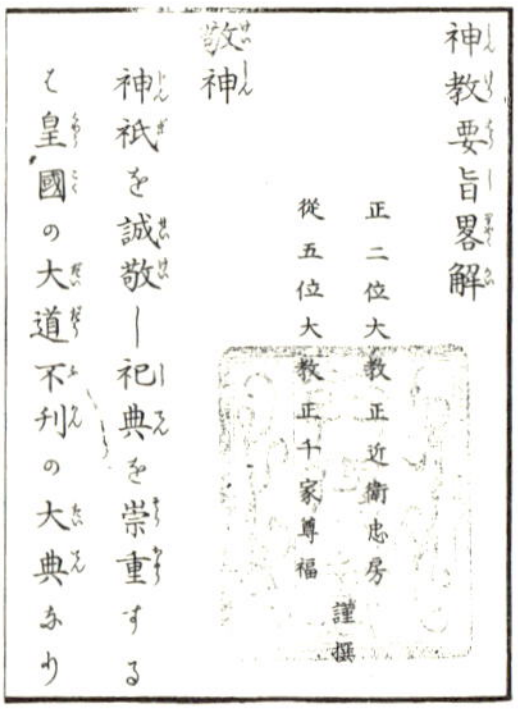
神教要旨畧解
正二位大教正近衛忠房
從五位大教正千家尊福
謹撰
敬神
神祇を誠敬し祀典を崇重する
は皇國の大道不刊の大典なり

図 9-3 『神教要旨略解』

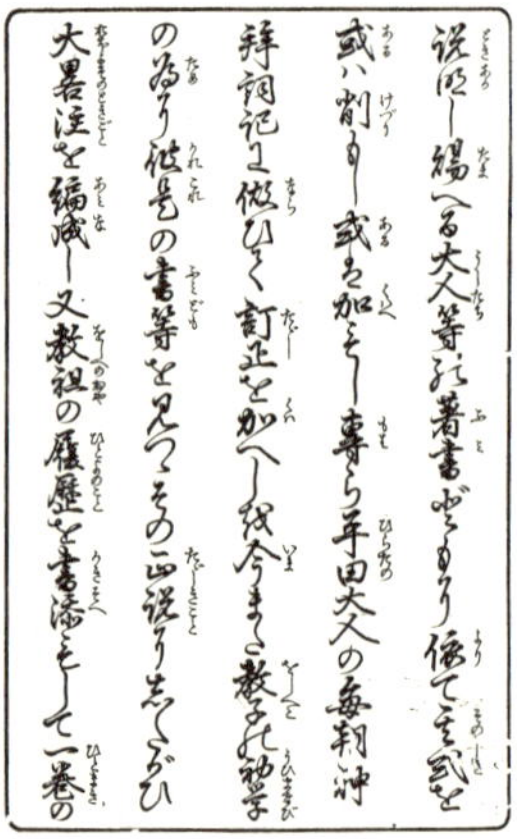

図 9-4 『道のしおり』

3　近代的エクリチュールの形成

明治一〇年代にはいると西洋伝来の金属活字による印刷本が登場し、版本にみられた多様なエクリチュールは収束していく。当初は和綴の装丁をのこしていたが、同二〇年前後からは装丁も洋装本に切り替わり、今日みられる洋装活字本の形式が確立するようになる(23)。

だが、それまでは版本が主流を占め、エクリチュールの複数性は依然続いていた。しかも儒家・仏家神道の訓下し文や漢文、平田派の和漢混淆文は自派だけでなく、思想的類縁性のある教派神道の書物にもみられるようになる。たとえば、神道実行教の芳村正秉『教苑花実』（図9—1）は訓下し文で、神道大成教の平山省斎『本教真訣内編』（図9—2）は漢文で、出雲大社教の近衛忠房・千家尊福『神教要旨略解』（図9—3）は和漢混淆文で、それぞれ記されている。そして教派神道が庶民教化を旨とする以上、禊教の坂田鉄安『道のしおり』（図9—4）のごとく、通俗本のエクリチュールも当然継承されている。

一方で、既にそこには近世にはなかった特徴もみられる。本居国学のエクリチュールは神道書の領域から姿を消し、文学書のなかに引きこもる。それは、のちに国文学・国語学と復古神道への分裂というかたちで顕在化する、国学における神道と文学の決定的な亀裂を反映したものである。また、平田派のエクリチュールでも、鉄胤流のゴチック体が勢いをもつかたわらで、西洋活字の登場を予期させる明朝体風のものも現れてくる。

図10 有栖川宮幟仁親王による題辞（『本教真訣』）

だがもっとも特徴的なのは、有栖川宮幟仁親王や久我建通ら教導職上級者による題辞・序文（図10）が、教派神道・国学・仏教などの宗派にかかわりなく書物の冒頭に掲げられたことである。大教院による序文の存在は、テクスト内容は多様でありながらも、それが国家の管理下におかれていたことを示す。諸宗教が協力して国体教育をおこなうために明治政府が組織した大教院・教部省こそ、まさにその施行機関である。[24] その点で明治前半期の神道言説は、いまだ本文のエクリチュールの多様性を温存していたものの、公的権力による直接的な統一支配がないまま存在していた近世とは異なった状況下におかれていたのである。[25]

その後、明治一七（一八八四）年に教導職が廃止されるにともない、このような序文もすがたを消す。国家が宗教による人心統合政策を断念し、道徳を前面に押し出す国民道徳論に切り替えたのである。それは同二二（一八八九）年の大日本帝国憲法発布にひとつの画期を迎えるが、そのころには洋装活字本が一般的になっており、今度は国家権力とは直接的にはかかわりのないところで、テクスト本文のエクリチュールが統一されていく。

新たなエクリチュールは、平田国学と類縁性をもつ章草の和漢混淆文であった。平田派もそうであったが、異体字とくに変体仮名の使用がさらに抑制される。しかし漢字が楷書の明朝体で記され、ルビが片仮名で付される点は、儒家・仏家神道書にならったものであり、平田国学書とは異なる。通俗神道書や本居国学にみられた連綿体も存在しない。活字では連綿体の表現が容易でないため、この書体は消えざるをえなかったのであろう。その結果、平田国学書と通俗書が共有する和漢混淆文が前面に押し出されるようになった。文体でいえば、和漢混淆文は庶民にもっとも馴染みやすいものである。もし、解読が容易でない漢文が採用されていたなら、かれらは文字文化の埒外におかれてしまったにちがいない。

こうして、かつて分立していたエクリチュールは、学派の別にかかわりなく統一されていき、庶民の識字学習もかなりたやすいものとなった。その意味で、新しいエクリチュールは、庶民の識字能力を念頭においたものであり、彼らの取り込みを前提とした国民主義国家にふさわしいものであった。

そして、このエクリチュールを実際に普及させたのが、金属活字印刷をもちいた書物の大量生産である。摩滅しにくい金属製の活字は、千部が限界といわれる木活字とは比較にならないくらいの大量印刷に耐えることができる。しかも鋳型で同じ字型をいくつでも作れるため、近世の木製活字のようにすでに組んだ版をくずさずとも、新たな版をつくることが可能になる。字体と書体の種類が減少したため、活字作成の労もかなり省かれ、文字寸法の縮小化によって、紙面への情報収録量も格段にふえた。たとえば『西洋立志編』は当初、版本で一一冊本として出版されたが、洋装活字本に改められたさいには一冊本に収まっている[26]。これらは大量生産だけでなく、価格を抑えることにもつながり、より広汎な社会層への書物の普及をもたらした。

このように、近世の並立したエクリチュールは、思想上の対立、作り手と読み手の格差を喪失し、平田国学を中心としたエクリチュールに統一されていった。それは、中世での公家を中心とする文字文化の独占的状況とも、近世の広範囲にわたるエクリチュールの分立状況とも異なる、あらたな事態であった。江戸時代以来の文字文化をになう人々の広汎さがさらに発展し、そのうえでエクリチュールの統一が実現したのである。そのさい、一助をなしたのは国民教育であろう。かつて分立していた修学院・諸藩校・寺子屋と異なり、基本的な識字は階層にかかわりなく同じものとなった。こうして、明治時代以降、国家内部が共通のエクリチュールのもと、かつての差異が統一されたのである。

同一のエクリチュールに翻刻されることで、思想固有のエクリチュールは脱落し、学派に左右されることのない均質的な表象に化する。もちろん、まったくの等質性というものではない。他の時代とは異なる特質をもっているわけだが、同一範囲内の差異が消失したため、参照する外部を失って己れの存在を意識できなくなったにすぎない。印刷文字の主流をなす明朝体は、「言葉の存在だけを残し、形象的存在感を限りなく削ぎ落とした形状」として、エクリチュールのもっていた存在感を消失させるに最もふさわしい書体であった[27]。ほぼおなじ頃から口語体の模索もはじまり、さらに「語り手の存在性は限りなく希薄化[28]」していく。こうして言葉は思想的立場性に制約されない透明な装いをまとい、その使用者は自分が社会的に制約された存在であることを見失い、みずからの言葉を超越的なものと信じ込んでしまったのだ。

そして、ここでも新たな格差が生じる。その共有性の外部に西洋語という新たなヒエラルキーが生じたのである。大学という象牙の塔から西洋文化の紹介という啓蒙がはじまる。西洋文字はその成立がまったく異なるため、漢文以上に解読不可能なエクリチュールであり、そこでのイニシャチヴの確保は、共同体内部での指導権の確保につながる。均質な初等教育に加えて大学教育を受けた一部の人間だけが解読可能であり、彼らが均質性の外部から統一されたエクリチュールに翻訳し、人々を教育していく。

それは、啓蒙というかたちでの思想の作り手による、受け手への覆い尽くし欲求に支えられたものといえる。このとき内部での均質性は、啓蒙が容易に広まることのできる共約可能な場として作用し、その均質性がより広汎なヘゲモニーを生み出すのだ。かつては各教派がその内部で銘々に有していた階梯に代わって、社会的規模で学問という斉一的に制度化された知の階梯が設けられたのである。それは現在でも変わるものではなく、私たちもまたこのような言説の場に取り込まれている。だが、そのさいに言葉のまとった透明さがむきだしの現実を覆い隠す役割をはたし、自分たちがあたかも等質な文化に加わっているかのように〝想像〟させてしまうのである。

身体から切り離され、純化した思想はビリーフ同様、その透明で中立的な装いのもとで、特定の政治的イデオロギーによった主体を均質化させる役割をも果たしてきた。一方で、思想を欠いた身体は、みずからの欲動に呑み込まれ、時の政治権力によっていともたやすく馴化されてきた。それは近代神道の果たしてきた、天皇イデオロギーのもとでのナショナル・アイデンティティの形成の役割を考えれば、容易に理解されることであろう。その分離された思想と身体、ビリーフとプラクティスを重ね合わせる瞬間に、その重ね合わせの仕方において、私たちは抵抗や転覆といった批判的主体を構築することも可能になるのである。

以上、本章ではエクリチュールの多様性に着目し、それを社会階層の問題とからめることで議論を進めてきた。これまで歴史学からは図書整理の手段にすぎないとみなされがちであった書誌学を、思想史研究の文脈に組み込むことで、旧来の歴史学では見落されがちであったエクリチュールが含意する文化・社会的階層の問題に踏み込もうとしたのである。本章を終えるにあたって、フランスの書物研究の第一人者であるロジェ・シェルチエの言葉を引いて結びとしよう。

テクストの形態が意味におよぼす影響についての問いかけは、古典的な意味でもっとも学識豊かな学問分野に、文化史という場での中心的地位をあたえる……ことになる。たとえば書誌学、古書体学、写本学といった学問分野がそれである。……これらの学識は、ながいことないがしろにされてきたのだが、テクストが読者に達するための媒体の素材や形態上の仕掛けを、厳密に記述することを可能にしてくれるがゆえに、「領有と解釈の歴史学」にとっては本質的な資産となるものにほかならない。(29)

(1) ロジェ・シャルチエ「文化史の方法と課題――表象・プラチック・領有」一九九一年(『読書の文化史――テクスト・書物・読解』福井憲彦訳、新曜社、一九九二年、三頁)。
(2) 長澤規矩也『和漢書の印刷とその歴史』第五章(『長澤規矩也著作集　第二巻』汲古書院、一九八二年)、今田洋三『江戸の本屋さん――近世文化史の側面』(NHKブックス、一九七七年)。
(3) 中野三敏『書誌学談義――江戸の板本』(岩波書店、一九九五年、三四―三五頁)、上里春生『江戸書籍商史』(出版タイムス社、一九三〇年、二二四―二三四頁)。
(4) 上里春生「七　出版工程」(前掲『江戸書籍商史』)、『本居宣長全集第九巻』(筑摩書房、一九六八年、一六―一九頁)、平田篤胤『皇典文彙』『春秋命歴序考』など。
(5) 本章であつかう和漢書の詳しい書誌記述はおもに、島薗進・磯前順一編『東京帝国大学神道研究室旧蔵書――目録および解説』(東京堂出版、一九九六年)に収録されている。

(6) なお、字体は文字の弁別にかかわる形、異体字は字体が異なるにもかかわらず同一字として通用しているもの、「書体」は異なる文字間に共通してみられる筆画をさす。杉浦克己『書誌学・古文書学——文字と表記の歴史入門』(放送大学教育振興会、一九九四年、一四七頁)。

(7) 津田左右吉『文学に現はれたる我が国民思想の研究』は、文字文化の拡大とその変容過程を論じたものである。ただし、津田はその結果成立した近代の国民文化を基本的に均質なものと捉え、その内部に存在する格差までは問題にしていない。

(8) このような思想は本居宣長『くずはな』などに典型的なかたちでみることができる。

(9) 築島裕『国語学』(東京大学出版会、一九六四年、二二五—二二六頁)。なお、両者の区別は、漢字が文意把握の要所をしめるか否かにあるという(小池清治『日本語はいかにつくられたか?』ちくま学芸文庫、一九九五年、一一三頁)。

(10) 石川九楊『書と文字は面白い』(新潮社、一九九三年、三六—三七頁)。

(11) 酒井直樹『死産される日本語・日本人——「日本」の歴史—地政的配置』(新曜社、一九九六年、第六章)。

(12) 築島前掲『国語学』第六章。

(13) 山田孝雄「所謂神代文字の論」(『芸林』四巻一—三号、一九五三年)、吾郷清彦『日本神代文字研究原典』(新人物往来社、一九九六年)など。

(14) 「座談会　江戸の出版(上)」(『江戸文学』一五号、一九九六年、六頁〔市古夏生の発言〕)。

(15) ジョルジュ・ジャン『文字の歴史』一九八七年(高橋啓訳、創元社、一九九〇年、一五九頁)。

(16) 物の本と草子については以下の論述を参照のこと。長友千代治「江戸時代の読書事情」(『近世の読書』青裳堂書店、一九八七年)、上里前掲『江戸書籍商史』二八—三一・八〇—九六頁、浜田啓介「板行の仮名字体——その収斂的傾向について」(『国語学』一一八号、一九七九年)、神保五彌・杉浦日向子『江戸戯作』(新潮社、一九九一年)。

(17) 『神道一枚起請』三丁表。

(18) 河野省三『近世神道教化の研究』(国学院大学宗教研究室、一九五五年、二九頁)。

(19) ただし、草子にくらべると版画の占める割合がすくなく、版画のなかに文章が記されることもない。また、一冊につき五丁程度の草子よりは丁数もかなり多くなっている。その点でいえば、通俗神道書の読者層は草子本よりもやや知識人にちかいと思われる。なお、通俗神道およびその既成神道とのかかわりについては、河野前掲『近世神道教化の研究』、遠藤潤・

黒崎浩行「民衆神道」（島薗・磯前前掲『東京帝国大学神道研究室旧蔵書――目録および解説』）、井上智勝「神道者」（高埜利彦編『シリーズ近世の身分的周縁1』吉川弘文館、二〇〇〇年）をみられたい。

(20) 書目「門人　生田国秀　河内盛征等記」（谷省吾『平田篤胤の著述目録――研究と覆刻』皇学館大学出版部、一九七六年）。

(21) 厳密にいえば通俗本にも斜行細字のほか、浄瑠璃本などに共通する、太めで丸っぽい書体も存在する。山崎闇斎『大和小学』もその一例だが、和漢混淆文をとることをはじめ、一丁に収める文字数を増やすため文字を詰めて書くなど、斜行細字の場合とかわらない原理に貫かれている。浄瑠璃本については、時松孝文「浄瑠璃中字正本刊行の事情」（『江戸文学』一五号、一九九六年）を参照されたい。

(22) 「天保七年十一月八日付、吉田清助宛、谷梅所消息」（高井浩『天保期、少年少女の教養形成過程の研究』河出書房新社、一九九一年、一三二頁）。

(23) 長澤前掲『和漢書の印刷とその歴史』一四七―一四八頁、今田洋三「板木よさようなら、活字よ今日は」（『国文学――解釈と教材の研究』二一巻一〇号、一九七六年）、本田康雄「版本から活字へ――稿本の終焉」（『国語と国文学』一九八八年一二月号）。

(24) 阪本是丸『国家神道形成過程の研究』（岩波書店、一九九四年）、宮地正人『天皇制の政治史的研究』（校倉書房、一九八一年）など。

(25) 磯前順一「近世神道から近代神道学へ――東大神道学研究室旧蔵書を手掛かりに」（『近代日本の宗教言説とその系譜――宗教・国家・神道』岩波書店、二〇〇三年）。

(26) 紅野謙介『書物の近代――メディアの文学史』（筑摩書房、一九九二年、一三三頁）。

(27) 石川前掲『書と文字は面白い』一〇九頁。

(28) 李孝徳『表象空間の近代――明治「日本」のメディア編制』（新曜社、一九九六年、九一頁）。口語体については、山本正秀『近代文体発生の史的研究』（岩波書店、一九六五年）などを参照のこと。

(29) シャルチエ前掲「文化史の方法と課題」六頁。

10章 いま、天皇制を問うこと

例外状態

歴史家の安丸良夫は、その著書『近代天皇像の形成』のなかで、天皇制がいまなお日本に存在していることを、「それは、……自由な人間であろうと希求する私たちの生につきつけられた、屈辱の記念碑である(1)」と指摘してみせた。安丸によれば、日本の民衆は江戸時代末期になると徳川幕府の支配に不満を覚えるようになり、それに対抗するために新たな権威として天皇を引き合いに出すようになる。明治の新政府はそのような民衆の不満を上手く吸い上げながら、天皇制を近代的文脈のなかで再創造し、天皇を民族的伝統に根づいたものであると同時に、西洋近代的な文明の体現者に仕立てあげていったのであった。このような天皇制の存在は、民衆がみずからが責任と権利の双方をになう自律的主体であることを回避させ、天皇によって責任と権利を肩代わりしてもらうような他律的な主体を近代の日本社会に生み出させることになる。安丸が天皇制を、わたしたちの「屈辱の記念碑」であるとする理由も、日本の民衆がこのような自立的主体を創出しえなかった点に求められる。

西欧マルクス主義を思想的背景とする安丸の立場からすれば、民衆がいかに自ら望んだ権威であるにせよ、最終的には近代の天皇制というものが主体を抑圧する否定的な権力であったということになろう。ミシェル・フーコーが指摘するように、暴力的な強制を行使するのは権力の末期的な姿であり、支配が上手くいっているときには権力は抑圧者的な容貌をまったくもたない[2]。しかし、さらにフーコーの言葉に耳を傾けるならば、まったく権力から自由な主体というものもまた存在しない。むしろ、主体を確立するためには、権力という真理を担った働きが不可欠とされる。フーコーのいう権力（pouvoir）とはニーチェのいう力（Macht）のことであり、それは上から下に向かう国家権力のようなものだけでなく、国家権力に立ち向かう民衆もまた自らを構築する力（power）を、下から上に向かう働きとして必要とする。国家や民衆など、そのおかれた社会的位置に関わりなく、主体を確立する力が権力であり、その確立を自発的におこなわせるための説得力が真理とよばれるものなのである[3]。

主体自身がその存立のために権力を不可欠なものとするなら、権力から自由な主体などはどこにも存在することはなく、天皇制による国民という主体の確立もまた想定可能な選択肢のひとつということになろう。自民党政権が推進しようとした政府首脳による靖国神社の公式参拝、あるいは明治神宮が掲げる天皇の恩徳のもとでの国民のための憩いの森といった戦略もまた、天皇制こそが国民という主体形成を可能にするという立場をとるならば、当然支持されるべき帰結ということになる。周知のように、日本の保守的思想というものは、このような天皇制による主体形成を日本人にとって不可避の選択肢とする立場をさす。彼らからすれば、天皇制があったからこそ、日本は他のアジア諸国と異なって西洋の植民地化を免れてきた。そして、西洋諸国に劣らない近代的な国民国家を形成できたのだということになろう。

そのさいに靖国神社と明治神宮は、戦前は国家神道の支柱として、戦後は国民の自発的な天皇崇拝の空間として、そのような国民国家を形成するために重要な役割をはたしてきた。靖国神社は国家のために戦争で命を捧げた国民を天皇が祀る場として、明治神宮は逆に国民が天皇の徳を慕う場として、天皇と国民が互いに祀りあう親密な関係を構築してきた。とくに、戦後は学校教育が天皇制から切り離されたがゆえに、靖国神社や明治神宮は、国営から民営に移されたにもかかわらず、メディアによる皇室報道とともに、天皇制による国民の主体形成を推進させるための要石となってきた。天皇制が今日大半の国民から支持を受けていることはメディアの調査から確認されるところである。数年前の、女性の天皇を認めるか否かといった皇室典範をめぐるさいにも、天皇制そのものを廃止したほうがよいという声は国民のなかから全くと言ってよいほど聞こえてこなかった。保守的な立場の者が主張するように、天皇制が近代日本における国民の主体形成の推進役を担ってきたのは動かしがたい歴史的事実なのである(4)。

天皇主権である戦前も、国民主権である戦後も、天皇制は一貫してその超－世俗的性格ゆえに、例外的状態を生み出すことを可能とする根源的権威として機能してきた。例外的状態とは、ナチスに関与した政治学者、カール・シュミットの悪名高い概念であるが、それをイタリアの哲学者、ジョルジョ・アガンベンは次のように読み替えた。「例外状態は、独裁ではなく……、法の空白な空間であり、すべての法規定が——そしてとりわけ公的なものと私的なものとのあいだの区別それ自体が——作動しなくなるようなアノミー地帯(5)」である。「一方では、例外状態において問題となる法的空白は、法にとっては絶対に思考不可能なものに見える。しかし他方では、この思考不可能なものは、法秩序にとっては、まさにあらゆる犠牲を払ってでも取り逃がしてはならない決定的な戦略的重要性を帯びているのである(6)」。アガンベンが言うように、例外的状態があるからこそ社会秩序は存立しうる。秩序は例外状態を前提とすることで、その余白に絶え間なく代補されることで存在可能になるものなのだ。

戦前の社会において、天皇は国家の主権を掌握する至高の存在とされた。彼は憲法に規定された立憲君主であると同時に、現人神として、憲法の規定を越え出る人間以上の存在と目された。アガンベンが言うように、「主権者とは、例外状態に関して決定するかぎりにおいて、どのような生が殺人罪となることなく殺害されうるかを決定する権力をもつ者であるが、……近代の生政治においては、主権者とはありのままの生の価値や無価値に関して決定する者である(7)」のだ。

主体化形成

かなりの程度で政治と宗教が分離された近代の西洋社会では、原則的に政治は非宗教的な公共空間に属するものとなった。しかし戦前の日本では、建前としては信教の自由を唱えるものの、それは天皇制に抵触しない限りにおいてであり、政治をふくむ公共的な社会空間そのものが天皇制という法外なるものに根拠づけられていた[8]。その根拠づけの発想は、近世後期の本居宣長の国学および民衆宗教の生き神思想[9]、さらには古代の律令制にさかのぼる部分を有するものの、やはり基本的には幕末の開国以降、日本に移入されてきたプロテスタンティズムとの対抗関係のなかで、個人の内面を拠点として社会全体を支配するキリスト教的な牧人社会のシステムを横滑りさせたものと考えるべきであろう。フーコーは牧人社会について、次のように説明している。

キリスト教社会においては、〈牧人＝司祭〉は、他者に対して〈絶対の服従〉を要求することのできる人物なのです。……絶対的な精神的価値とは、キリスト教にあってはまさによく服従することにほかならない。……そして誰に対して服従するかといえば、それは〈牧人＝司祭〉に対してなのです。……彼は、彼らを内部から、つまり心の中で、〈魂〉のなかで、個人の最も深層の秘密の部分で生起していることをすべて知っていなければならない。このような個人の〈内面性〉についての認識は、牧人＝司祭職の遂行の上で絶対に必要なものとされていたのです。……この〈真理の産出〉こそが……〈牧人＝司祭〉を、その羊の群ならびに羊の群の構成員一人一人に結びつけている恒常的な絆なのです。〈主体内部の（subjective）〉真理の産出こそは、〈牧人＝司祭制〉の行使に根本的な要素なのであります[10]。

そこでは個人の主体化を推進する存在論的な根拠は天皇制の超越的で宗教的な性格に求められ、国民は天皇制に依拠することで自らの国民としての実存を、万世一系の不変なる国体によって保証づけられたものとして確信することができたのである。天皇制は、法を含め何ものにも規定されない超越的な存在であるがゆえに、しかも同時に現人神という受肉した神であるがゆえに、イエス・キリストと同じように、天と地とを結びつける存在でありえたのである。当時の国体をめぐる議論が示すように、天皇が体現する国体が具体的に何を意味するものなのか、どれほど議論をしてもその意味は定まることのない空虚さにみちたものであり、それゆえにどのような国民の願望をも現人神である天皇は自身に投影させることを可能とした。まさに、キリスト教の神ヤーヴェが信徒に対して沈黙を守る不可視な存在であるがゆえに、かれが万能な存在であるという信憑性を成り立たせたようにである。

このような、例外状態を包摂する天皇によって国民は視られ、また見つめ返すことで、その主体の根拠づけを宗教と同じ論理にのっとって可能にしたのである。しかし、学校で生徒たちを見つめる天皇の御真影は奉安殿に安置され、子どもたちには不可視の存在だったのであり、しかもその下賜された写真も実際の天皇のものではなく、理想的に描かれた肖像画を撮影したものであった[11]。その点で、国体の本義と同様に、つねにその本性は国民たちからは掌握不可能な超越的なものとして存在していた[12]。

たしかに、戦後の国民主権となった社会において、御真影はなくなったが、それでも国民の象徴である天皇は天照大御神という神の血をひく末裔として、天神地祇をまつる祭祀を国民の代表として執り行っている。そして、代替わりの際には国民はその死を悼んで喪に服し、天皇霊を継承するといわれる大嘗祭もまた事実上の国事行為としておこなわれているにもかかわらず、その具体的内容はいぜん神事として国民には秘されたままである。その意味で、戦前の国家神道体制のかなりの部分は解体されたものの、天皇制の公共宗教的な性質は戦後の社会において、現在に至るまで、時代的な変質を被りながらも温存されたままにある[13]。日本国民にとって天皇制とは、日常的にはけっして意識化されないものの、依然としてその主体形成にとって超越的な根拠をなしている。

では、そのような天皇制の存在論的根拠を考慮においたときに、安丸のように「それは……屈辱の記念碑である」と考えることは、誤りなのであろうか。天皇制がなければ、日本人は自己形成をすることは困難なのであろうか。ここで主体と権力の関係に加えて、主体における自由ということが問題になろう。さきに述べた主体と権力をめぐる議論を規律＝訓練論として監獄や性の告白を通して展開していったフーコーは、晩年になると、古代ギリシア・ローマにおける自己の配慮といった、主体の自己構築をめぐる議論に大きく方向を転換する。そこでは、国家権力に規律＝訓練されるかたちとも異なり、キリスト教のような牧人社会型の自己放棄とも異なる、他者との関係をふまえながら、自己の主体を構築すると同時に統治する技術が模索される。(14)

たしかに主体の構築は、それが権力によって推進されるものである以上、そこに自由の介在する余地はないように思われがちである。しかし、権力の存在するところにはまた抵抗も存在する。権力は上から来ることもあれば、同時に下から来るものである。その下から来る力の働きをフーコーは抵抗と名づけた。だとすれば、国家権力のように上から来る規律＝訓練化する力に対して、わたしたちは抵抗する力も有することになる。ここで、なぜ上から来る力が問題かといえば、それは主体化される人間を、批判的な判断をもたないものに変えてしまうからである。一方的な力の働きに服従してしまい、それを批判的にとらえ返す力が作動しなくなるとき、ひとは自由を失う。フーコーが、「批判とは、みずからの意志によって不服従を求める技術であり、省察を重ねたあげくに不従順になるための技術なのです」(15)と定義していることを思い起こす必要がある。

だとすれば、天皇制による主体形成の問題点は、それが主体における自己や状況に対する批判的な契機を失しめる同化作用を引き起こすことにある。それは、アジア・太平洋戦争における戦争責任をめぐる世論の論理が如実に示している。天皇が戦争責任から免責されてしまえば、戦犯に帰せられた一部の国民だけが責任を負い、天皇とともに国民もまた、かつての国家主権であり、戦後の国民の象徴である天皇が責任を免ぜられるのだから、自分たちもまた責任はないという論理に入り込んでしまう。天皇が国民の超越的根拠になるがゆえに、天皇の振る舞いによって、国民の判断は委ねられてしまうのだ。戦前の社会が天皇主権であったがゆえに、その主権者である天皇が罪に問われなければ、国民もまた免責されてしまい、むしろ一部の戦犯たちが企てた戦争の被害者として自分たちと天皇をともに無垢な存在へと祭り上げることになってしまう(16)。それは現在の日本人の反戦論が、多くの場合、自分たちが戦災を被った被害者であるという立場から為されていることからも確認されよう。

そこにはアジアに対する自分たちの加害者としての立場の考慮、さらには戦勝国と敗戦国という境界を越えて、戦争という殺人行為に加担した者はひとしく裁かれるべきだという自己批判の論理が生じる余地はない。そこには自分たちの暴力性を批判的に見つめる、他者の眼差しを内面化する契機が欠落しているのだ。そのような昭和天皇の免責、さらには戦後へと続く天皇制の温存がアメリカ合衆国の占領政策の政治的判断によってもたらされたことは、合衆国の日本研究を批判的に検証している酒井直樹が強く指摘するところである(17)。

帝国の喪失

さらに酒井の議論が興味深いのは、天皇制の性格が敗戦を境にまったく変化したとしていることである。戦前の社会においては、日本帝国が沖縄やアイヌ、さらには朝鮮や台湾の異民族を併合していったために、当然のことながら異民族間に葛藤が生じ、次第に天皇制は一民族の伝統にとどまる神道を基軸とするだけでは、異民族を自発的に同化させることに困難を覚えるようになる。朝鮮半島や台湾、さらには東南アジアなど、日本帝国の植民地には相次いで神社が創建されていったが、居留民である日本人による崇敬をこえて、宗教的慣習の異なる現地の人々に信奉させるには大きな困難があった。しかし、日本民族の信奉する天皇制が、自民族のみならず他民族にも崇敬されていくことで、天皇制の普遍性、そして日本の民族の優越性が裏づけられていくことになる(18)。

支配民族である日本人がみずから国体を体現する天皇の臣民たることを確信し、それに誇りを感じるためには、自分たちの崇敬だけでは十分ではなく、宣教する他者としての他民族の存在もまた必要とされる。酒井が言うように、宣教とは、自分が真理を握っているから他者にそれを布教するのではなく、自分が真理にあずかっていないのではないかという不安に脅かされているからこそ、他者を改宗させることで自分が真理の立場にあると思い込もうとする行為なのだ(19)。

そのような天皇制を帝国の植民地において正当化させる試みは、多民族を包摂しえない神道の教説に代わって、アジア・太平洋戦争が拡大していく一九三〇年代から一九四〇年代にかけて、稲と祖先崇拝を共通要素とする民族学の文化圏説、さらには仏教を土台におく京都学派の近代の超克論によって、大東亜共栄圏と呼ばれる支配領土を維持すべく積極的に推進されていく(20)。その当時、時代状況に鋭敏な日本の知識人にとって、もはや神道と天皇制は一体化した支配のイデオロギーではありえなくなっていたのである。

このように拡大する日本帝国のもとで、天皇制は神道にもとづく単一民族的な伝統から離脱する矛盾をはらむようになり、アジアの諸民族の伝統のもとへと日本の国体は横領されていく危険域に近づきつつあったともいえる。とくに戦時体制という逼迫した状況のもとでは、日本人のみならず、二級国民とみなされていた他民族をも、天皇およびそれが体現する日本帝国に殉じさせるために、彼らが率先して日本国家のために命を捧げるために、一級国民である日本民族に近い権利を天皇の名のもとに等しく認めなければならなくなっていく。天皇制は日本民族の統合原理だけでなく、大東亜共栄圏下の諸民族にとっての普遍的な同化原理にならなければならなかったのである(21)。

しかし、そのような可能性は、一方で文化・政治的な転覆を恐れる日本帝国の物理的暴力によって牽制されつつ、ついには敗戦がもたらした日本帝国の瓦解によって、西洋という外部からの啓蒙化という非自発的なかたちで摘み取られてしまった。そのため、実際には戦後になっても国内に依然として帝国が遺棄したマイノリティーや、沖縄やアイヌといった植民地の人々が存在しているにもかかわらず、もはや日本社会は戦前とは異なって、他民族を搾取することのない健全な単一民族国家になったのだという幻想が、合衆国の占領政策との共犯関係のもとに成り立ってしまったのである。戦後、天皇制は普遍性への主張を放棄することで、日本人の特殊性を支える新たな国民の主体形成のイデオロギーへと、他者と向き合う必要のないナルシシスティックな存在論的根拠へと退行していったともいえる。[22]

おそらく、合衆国の占領政策が今日知られるようなかたちで介入することなく、天皇戦犯論が成り立っていたとすれば、あるいは西洋列強によってではなく、日本帝国の版図の内部――植民地あるいは日本人――からその支配が倒壊していったならば、アジア・太平洋戦争の敗北は日本人が天皇制による国民の主体形成と決別する絶好の機会にもなりえたのかもしれない。そして、天皇制が自覚的に批判されえたとすれば、当然のことながら、その天皇制が主体化を促しつづけてきた「日本人」という国民あるいは民族の自明性にも亀裂が走ったはずであろう。しかし、戦前の日本人の国民化形成が他民族の眼差しを内在化せざるを得なかったのとは異なって、戦後の、他者を意識化しにくい状況は内閉的な主体形成を日本人にもたらすことになってしまった。

そして、実際に戦前から戦中期の近代日本の体験を総括しようとした、戦後日本の知識人たちの試みは――安丸良夫や酒井直樹、あるいは喜安朗や丸山真男を除けば――そのような天皇制のもつ、日本国民の主体形成をめぐる存在論的根拠の秘密を解き明かす手掛かりを得ることができないままに今日に至ってしまったのである。それは、日本人と呼ばれる私たちの均質な民族幻想が成り立たしめている超越的根拠を、私たちが今なお明確に批判しえる新たな主体化形成のあり方を有していないところから来るものであろう。

ただし、この主体化形成という言葉を想起するときに、「フーコーはまず主体性を否定しておきながら、それを再発見し、取り戻したのだ、と解釈することは、『人間の死』をめぐる誤解と同様、じつに根本的な誤解なのです」として、「主体化と主体はほとんど無関係だとすらいえる」と留意するジル・ドゥルーズの発言が、主体形成との違いとして十分に顧みられなければならない[23]。ドゥルーズが言うように、「〔主体化の〕プロセスが意味をもつのは、それが形成されるときに既存の知からも、またそれと同時に支配的権力からも自由である場合にかぎられます。……主体化がおこなわれる時点を見るかぎり、主体化のプロセスにはたしかに反抗の自発性があるのです。そこにはいわゆる『主体』への回帰などありはしない[24]」のだ。なぜならば、主体化とは主体の特異性に根ざした脱領土化と再領土化を、そのつどそのつど一回かぎりの独自のものとして反復していく行為にほかならず、その点で固定化された静態的なアイデンティティとは全く異質なものであるためである[25]。

この点をわきまえておかなければ、天皇制的な主体形成の欲求は、かつてそれがキリスト教を退けた後に、人格神無きそのシステムに憑依されてしまったように、何度でも私たちに憑りついて止まないであろう。なぜならば、依然として天皇制こそが例外状況を作り出す、日本人にとっての法外な主権者であり続けているからである。私たちの存在する根拠は何なのか。どのようにして自らの存在に意味を与えるべきなのか。そもそも「私たち」とは、日本人という主体をとるにせよ、とらないにせよ、どのようにして主体化をおこなうべきものなのだろうか。国民という物語が相対化されるグローバル状況の今日において、私たちはなおも天皇制という主体形成の超越的論拠を必要とするのか、それともそこから新たな自己批判的な主体化形成のあり方を模索しようとするのか、今いちど考えていかなければならない。フーコーがキリスト教の牧人社会を問題化したように、今もつづく日本の天皇制社会への問いは、私たち一人一人の、私たちが私たちである主体化形成を新たに模索していくための避けて通ることのできない契機だと思われる。

(1) 安丸良夫『近代天皇像の形成』(岩波書店、一九九二年、二九二頁)。
(2) ミシェル・フーコー『性の歴史1 知への意志』一九七六年(渡辺守章訳、新潮社、一九八六年、一一九―一二〇頁)。

（3）　同右書、一二三―一二四頁。
（4）　そのような天皇制に依存する主体形成を積極的に今も推進する明治神宮の姿勢を端的に示すものとして下記のものがある。今泉宜子「内と外から見た明治神宮」（『卓話』二〇一〇年一一月、六本木ロータリークラブ（http://www.tokyoroppongi-rc.jp/takuwa/docs/101115.pdf））。その視点がいかに他者の眼差しに対する意識を欠いたナルシスティクなものであるかについては、磯前順一「閾の思考――他者の眼差しのもとで」（『閾の思考――他者・外部性・故郷』近刊）。
（5）　ジョルジョ・アガンベン『例外状態』二〇〇三年（上村忠男・中村勝己訳、未來社、二〇〇七年、一〇二頁）。
（6）　同右書、一〇三頁。
（7）　ジョルジョ・アガンベン『ホモ・サケル――主権権力と剝き出しの生』一九九五年（高桑和巳訳、以文社、二〇〇三年、一九五―一九六頁）。
（8）　磯前順一「法外なるものの影で――近代日本の『宗教／世俗』」（『喪失とノスタルジア――近代日本の余白へ』みすず書房、二〇〇七年）。
（9）　酒井直樹『過去の声――一八世紀日本の言説における言語の地位』一九九一年（酒井直樹監訳、以文社、二〇〇二年）、桂島宣弘『幕末民衆思想の研究――幕末国学と民衆宗教』（文理閣、一九九二／二〇〇五年）、島薗進「生神思想論――新宗教による民俗〈宗教〉の止揚について」（宗教社会学研究会編『現代宗教への視角』雄山閣出版、一九七八年）。
（10）　ミシェル・フーコー「〈性〉と権力」一九七八年（渡辺守章訳『ミシェル・フーコー思考集成Ⅶ』筑摩書房、二〇〇〇年、一五〇―一五二頁）。
（11）　多木浩二『天皇の肖像』（岩波書店、一九八八年）、タカシ・フジタニ『天皇のページェント――近代日本の歴史民族誌から』（米山リサ訳、日本放送出版協会、一九九四年）。
（12）　喜安朗「ある皇国少年の近代」（『記憶の縁へ』山川出版社、二〇〇〇年、二二頁）、磯前前掲「法外なるものの影で」。
（13）　島薗進『国家神道と日本人』（岩波書店、二〇一〇年）。ただし、戦後の天皇制を、戦前から続く国家神道体制に依拠したものと単純に捉えることは難しい。
（14）　ミシェル・フーコー『コレージュ・ド・フランス講義1981―1982年度　主体の解釈学』二〇〇一年（廣瀬浩司・原和之訳、筑摩書房、二〇〇四年、五九九―六〇一頁）。

(15) ミシェル・フーコー「批判とは何か――批判と啓蒙」一九七八年(『わたしは花火師です』中山元訳、ちくま文庫、二〇〇八年、八一頁)。
(16) 酒井直樹『日本/映像/米国――共感の共同体と帝国的国民主義』(青土社、二〇〇七年、二三四―二三五頁)。
(17) 酒井直樹「間太平洋政治の視座と帝国的国民主義」(葛西弘隆訳『JunCture 超域的日本文化研究』第一号、二〇一〇年)。
(18) 磯前順一「植民地朝鮮と宗教概念」(本書収録補論)。
(19) 酒井前掲『日本/映像/米国』一五三―一五五頁。
(20) 磯前前掲「植民地朝鮮と宗教概念」。
(21) 金泰勲「イデオロギーと希望――天理教の三教会同」(『日本研究』第一四号、高麗大学校日本研究センター、二〇一〇年)。
(22) 酒井直樹「『日本人であること』――多民族国家における国民的主体の構築の問題と田辺元の『種の論理』」(『思想』第八八二号、一九九七年)。
(23) ジル・ドゥルーズ『記号と事件』一九九〇年(宮林寛訳、河出文庫、二〇〇七年、一八八―一八九頁)。
(24) 同右書、三五三―三五四頁。
(25) 特異性の理解に関しては、磯前順一「故郷への帰還――スピヴァク、山尾三省、そしてアガンベンへ」(前掲『閾の思考』)。

補論　植民地朝鮮と宗教概念

植民地に対していろいろ語っている方々も、わたしと同様に結局は近代の国民国家の教育を受け、現にこの世界の中に生きているのですね。わたしたちはだれもが自分の中に植民主義的な問題を否応なく抱えこんでいるのです。これは言語や概念、感覚、味覚や匂いのようなものにまで浸透している。——西川長夫[1]

このたび、拙著『近代日本の宗教言説とその系譜』（岩波書店、二〇〇三年）[2]が韓国語に翻訳されることになり、著者である私は大きな喜びをかみしめている。しかし、それとともに韓国版の読者に対して恥じ入る気持ちを隠せないでもいる。それは、日本人である私がたとえば研究報告のために韓国に赴くときに感じる戸惑いと深く通じる感情である。

それほど数は多くないが、これまで私が韓国で研究報告や講演をおこなった時には、かならず私は日本語で話すことが認められ、韓国語への通訳がついてくれた。それはいまだ韓国語を話すことのできない私にとって、とてもやりやすい状況ではあったが、同時に恥じ入る感情が湧き上がってくることを抑えることができなかった。私が韓国を訪問するようになったのは二〇〇八年からだが、そのずいぶん前から、私はアメリカ合衆国などの英語圏で研究報告をする機会を有するようになっていた。そのさいには、当然のように私は、自分が日本語を母語とするにもかかわらず、英語で報告をすることを要求されてきた。もちろん、英語で報告ができないのならば、研究報告や講演をする機会自体が与えられないのである。

しかし、一方で合衆国の研究者が日本で報告をする場合には、彼らが日本学の研究者でないかぎり、日本語を話すことが要求されることはまず存在しない。彼らは当然のように英語で話し、日本側が日本語に通訳することになる。そこには、戦後の合衆国と日本の国際関係を体現するかのように、英語と日本語をめぐるあからさまに不平等な関係が存在する。それは決して私にとっては心地の良いものではないが、そのような不平等さを受け入れなければ、日本の研究者がその学問の社会的地位や学知形成を達成することが困難になってしまう国際的状況が現実に存在していることも明らかな事実である。それゆえに、私はその不平等さを受け入れ、積極的に英語圏で活動することで、英語圏の世界のみならず、日本の学界においても自分の地位を獲得しようと試みていったのである。もういちどいえば、それは私にとって決して愉快な出来事ではなかった。ただ、事実として現実の社会にはそのような不平等な傾斜が合衆国と日本の間に存在しているのである。

このような言語に代表される不平等さを、身をもって体験してきたからこそ、私は韓国に来たときに恥じ入る感情を抑えることができなかったのだ。そこには合衆国が日本に対して作り出した社会的な不平等さが、日本によって韓国に対する関係としても作り上げられていたのである。そして、さほど敏感でない日本人でも容易に気づくように、そのような韓日間の不平等さは米日間の関係よりも歴史的に根深いもの、あるいは直接的なものといえる。つまり、米日関係の言語的不平等は直接には、一九四五年におけるアジア・太平洋戦争における日本の敗北、それに続く合衆国による日本の占領に由来する。そして間接には、一八五八年の日米修好通商条約にさかのぼる、日本に対する強制的な開国の産物である。だがさらに、韓日間の不平等さは直接には一九一〇年の日韓併合に由来するものであり、間接的には一八七六年に江華島条約で李氏朝鮮の鎖国を強制的に開国させたことにまで遡る。見方によっては合衆国と日本の関係よりも古い歴史にもとづくものである。そこには、西洋と自国をめぐる〈加害／被害〉の関係を、朝鮮半島と自国の関係において逆転させたかたちで実現させようとする、近代日本のアジアに対する態度が端的に見てとれる。

まさに、ポストコロニアル状況という言葉が如実に示すように、そのような韓日間に存在する不平等な歴史が現在もなお存続しているのだ。その事実が、今の日本人である私が韓国に赴いたときに、自分がどの言語をしゃべることが認められるかといった翻訳の問題を通して、私の目にも露呈され、訪韓するたびにその歴史が刻んだ傷跡を確認させられるのである。そして、そのような歴史の不平等さは私の研究報告だけでなく、このたび韓国語に翻訳されたこの私の本自体が帯びている、否認しようのない歪みなのである。まさに、それが私をして、しかも無意識のうちに見事なかたちで、自分をその不平等さの体制に乗じさせてきた当人として恥じ入らせる原因なのである。

＊　＊

以下、拙著『近代日本の宗教言説とその系譜』がかかえる不平等さを明らかにしておきたい。そのことは、この本を韓国の読者がどのように受け止めていったらよいのか、その方向性を示すうえで意味のないことではなかろう。まず、本書の概要を説明しておこう。

この『近代日本の宗教言説とその系譜』は近代日本における西洋の宗教概念の受容の仕方を論じたものである。近世末の日本社会が西洋世界に対してそれまでの鎖国状態を取りやめて、開国する状況を余儀なくされた時に、どのように西洋世界の概念を理解して取り入れていったのか、それにともない、知識人を中心とする日本社会のあり方もどのように変化していったのかということを、「宗教 religion」という概念に焦点を当てて描いている。日本が西洋世界に対して正式に開国をしたのが一八五八年の日米修好通商条約のときである。そして約二〇年の時間を経て、一八八〇年代冒頭には"religion"という西洋語の訳語が「宗教」という日本語（漢語）に定着するにいたる。その過程で、「基督教」「仏教」「神道」という言葉も定着するようになり、一八九八年に日本帝国憲法が出来上がる頃には、宗教と世俗の二分法を基軸とする社会体制のなかで、基督教や仏教は個人の私的なものとしての「宗教」の領域に、神道は公共的な「道徳」の領域へと振り分けられていく。そして、民衆宗教は「宗教」と「迷信邪教」のはざまで、何とか社会的承認を得ようと、みずからを宗教の範疇に合致するものへと再編制を試みるようになる。

しかし、このような宗教をめぐる日本社会の言説編成は、たんに西洋社会の模倣に終始するものであったと理解されるべきものではない。まず興味深いのは神「道」や儒「教」が、ときには神「教」や儒「学」と呼ばれていたように、道徳か宗教か明確に判断がつかない「グレイ・ゾーン」として、その二つの範疇のあいだで揺れつづけていたことである。そこには、宗教を内面的で個人的なもの、道徳を世俗的で公共的なものとする西洋近代的な〈宗教／世俗〉の二分法には収まらない、同じ近代の空間に属しながらも、日本の宗教的諸言説をめぐる土着的分節化の問題が見られるのだ。

さらに、神道については、それがキリスト教を核とする西洋的な宗教概念に対抗し、そのような西洋的な言説が日本に浸透することを阻もうとする反西洋的言説として存在したにもかかわらず、その反西洋的言説の装いのもとで、日本人や後にはアジアの人々の信教の自由を抑圧する帝国統治のシステムへと組み込まれてしまう。そこには、西洋的な言説に抵抗することが非西洋の民衆を解放する運動に結実するとは限らず、むしろ西洋的な国民国家さらには帝国へと邁進する非西洋の国家権力を擁護する要素に改変されていってしまうという、土着化をめぐる難しい問題が提示されているのだ。

そして、もっとも注目すべきことは、天皇制という日本のナショナル・アイデンティティを支えてきた統治制度のあり方である(3)。それは、西洋近代的な〈宗教／世俗〉の二分法が近代社会の所産として日本社会でも承認されるべきものであることを是認しつつも、最終的には天皇制という制度そのものはその二分法のどちらにも帰属しない、いかなる西洋的範疇をも超越した、真に普遍的なものであると主張されていった。このような理解は、明治中期には日本人にとっては自明な考え方として根づいてしまい、自分たちのナショナル・アイデンティティを根拠づけるものとして受け容れられ、天皇制がいかに暴力的に国民の同質化を推し進める統治装置であるかという根本的な疑問が閾下に押しやられてしまったのである。

神道については、それを国民道徳として崇敬を強要する政府の見解に対して、宗教団体や宗教学者がそれはあくまで一宗教に過ぎないものであるという批判を日本の知識人が加えることも可能ではあった。しかし天皇制については、一九三〇年代に登場したマルクス主義者の一部の発言を除いては、それが国民の信教の自由を蹂躙するものであるという批判は日本国内ではまったく見られなかった。天皇制とは宗教の範疇にも道徳の範疇にも属することのない、それを超出した法外なるものなのだ。むしろ、その法外なる天皇制に積極的に依拠することで、日本人は自らのナショナル・アイデンティティを構築し、西洋列強に並ぶ東洋の帝国として自国を再構築することに成功していったのである。もちろん、それは日本が西洋列強の支配下に入ることを回避した代わりに、アジア諸国を植民地化することを意味するものではあったのだが。

そのような規律化あるいは統治が日本国民に対して成功した秘密は、少なくとも日本人にとって天皇制が強制的な支配装置にとどまらず、既存の宗教にとって代わる、人間の実存的不安を埋めることのできる超越的根拠として機能していったためと考えられる。おそらく、そのような超越的根拠づけの発想を天皇制はキリスト教から学びとり、日本の社会状況へと換骨奪胎して見せたのである。むろん、キリスト教自体が単なる個人的な宗教にとどまるものではなく、その司牧制度をもって西洋社会の人民統治に大きな力を振るってきたのは、ミシェル・フーコーの後期の仕事が明らかにするところである(4)。

それゆえに、天皇制はキリスト教を人民掌握の競争相手として警戒して、厳しく弾圧したと考えられる。そして、最終的には日本のキリスト教徒も、天皇制によるナショナル・アイデンティティの付与を承認することで、日本国民へと馴化されていく。こうして人民統治の術を換骨奪胎されたキリスト教は、日本では独自の存在意義を十全に主張することができなくなり、マイナーな存在にとどまることになった。言い方を変えれば、天皇制が法外な超越的根拠として日本人のアイデンティティをナショナルなものへと固定することに成功をおさめたがゆえに、日本にはキリスト教が根づかなかったのである。

＊　　＊

残念ながら、『近代日本の宗教言説とその系譜』の叙述はここまでである。その結果、この本はあたかも戦前の日本が単一の国民国家であったかのような叙述になっている(5)。日本の近代の歴史は、西洋化と同時に、一九一〇年の韓国併合のみならず、一八七一年のアイヌの日本国民への併合、一八七九年の琉球王国の正式統合、一八九五年の台湾併合、一九三二年の満州国建国、アジア・太平洋戦争に伴う大東亜共栄圏の拡大と続く、アジア諸国の植民地化を推し進める過程でもあった。本書は一八五八年の日米修好通商条約からはじまり、一八六七年の明治維新、一九一〇年代から一九二〇年代前半における大正デモクラシーの隆盛、そしてアジア・太平洋戦争が終結する一九四五年にいたる宗教言説の歴史を、当時の国内外の歴史的背景を念頭において叙述したものである。しかし、そこに西洋諸国との関係は日本における宗教概念の移入と変遷を促した決定的な要因として描かれてはいても、自らがその過程で植民地へと編成していったアジア諸国との関係はまったくと言ってよいほど考慮されていない。自らが作り出した他者との不均等な関係にもとづく過去を、私もまた他の多くの平均的日本人と同じように、自覚できていなかったのである。

もちろん、そのような暴力的な過去が存在したことは知識としては知っている。しかし、それを自らの歴史的叙述の中に収めることのできる構想力とその必然性を逼迫したものとして感じとる感受性を自分の学問はもっていなかったのだ。そのことが、本書が韓国語に翻訳されるに際して、著者である私が恥じ入らざるを得ない原因なのである。ここで私の言う、恥じ入る感情がどのようなものであるかは、次の酒井直樹の文章が明確に説明するところのものである。

> 醒めたまなざしをもつ者がいるとき、酔っていることそれ自身が恥として感じられる可能性が生まれる。
> 「同胞」とは恥を感じなくても済むような「身近な人々」のことである。それは一緒に酔ってくれるだけでなく、酔っていることを論難するような冷たい、醒めたまなざしを持たない暖かい人々の集団、つまり、なかよしの仲間のことだろう。……日本人だけの間だったら、従軍慰安婦の存在自体の否認も、昭和天皇の有罪判決の拒絶も、恥ずべき光景を生み出すことはないだろうと彼らは信じているのである（傍点は磯前）[6]。

それは、日本人の問題点は、他者の痛みに対する鈍感さとでも言うべきであろうか、他者に対する倫理というものが欠如しているということである[7]。先に指摘した韓日間に存在する言語の不平等さという問題もまた、このような暴力的な歴史がもたらしたポストコロニアル状況の産物にほかならない。かつての日本帝国が、韓国をはじめとするアジアの人々をそのようなポストコロニアルの空間へと投げこんだことは、今日もなお十分には日本社会に共通した理解にはなっていない。もちろん、後述するように、日本人もまたそのようなアジアとの関係において、ポストコロニアル空間に投企された存在にほかならないことなど、当の日本人には思いもよらぬことなのである。

しかし、近年、機会が増え始めた韓国の研究者との交流は、韓国近代史の研究者であるにもかかわらず、彼らがなぜ日本の研究をしなければならないのか、あるいは日本が依然として韓国社会で嫌われる存在であるにもかかわらず、韓国人である彼らが日本の近代社会を研究せざるを得ないのか、そういった、かれらの根源的な研究の動機がどこにあるのかを私に指し示してくれる。それは、韓国の近代史というものが日本——かつての宗主国であった日本帝国——から切り離すことができないものだからである。かれらによれば、戦後の韓国社会はそのような日本帝国に支配された記憶を否定し、韓国が自律的な国民国家であるというナショナル・アイデンティティを確立しようとしてきた。しかし、今日のポストコロニアル研究が示すように、植民地の記憶は、政治的に解放された後も依然として帝国の記憶と痕跡から解放されることはない。その苦痛に満ちた事実を引き受けざるをえないがゆえに、戦後もまた多くの韓国の知識人たちが日本近代史の研究に従事してきたのだと言えよう(8)。

だが、宗主国である日本もまた、当人たちの自己意識はともあれ、植民地という他者を欠いては自己を確立することはできなかった。そもそも、宣教という行為は、自分が真実であると信じる教説を布教する他者がいなければ、自分が真実の教説に関与していることを確信することはできない(9)。スチュアート・ホールが指摘するように、自己のアイデンティティを確立させることは、その正当性を保証づけてくれる他者の存在というものが前提とされていなければ不可能なのである(10)。そして、そのような植民地の存在は、たんに宗主国の自意識を強化するだけでなく、確実にその歴史のあり方そのものを変容させてきたのである。しかし、おそらく日本人は——そして、残念なことに本書『近代日本の宗教言説とその系譜』の欠点もまたここに存在する——、自分たちの近代をめぐる考察は、西洋との関係は無視することのできないものであるけれど、アジアの植民地になった国々との関わりは副次的なものに過ぎないと思っている。それは旧植民地に対する加害者として「罪悪感」を覚える、いわゆる「良心的な」日本の知識人とて、さほど異なる意識ではないだろう。

たしかに、彼らは「良心的な」義務感から、旧植民地との関係を考えなければならないと思ってはいる。しかし、彼らにしても、本音のところでは近代の日本は、アジアに対しては影響を一方的に与えた加害者にすぎないと考えているように思われる。つまり、その植民地から影響を与えられることで日本社会が自己形成をおこなったという事実、日本の近代という空間はアジア諸国から切り離しては存在しえなかったという事実まではきちんと認識されていないのではないのだろうか。このような良心的日本人の罪悪感とは、自分たち日本人が韓国人に悪い影響を与えてしまったことは申し訳ない。しかし、さらに申し訳ないのは、その影響は自分たちから彼らに対して一方的に与えたものであり、自分たちは彼らから何の悪い影響も良い影響もうけていないという高慢な優越感に由来するように、少なくとも私には思える。

しかし、実のところ植民地という経験は、すでにホミ・バーバや尹海東が明らかにしているように、植民地側の人間だけでなく、帝国の支配者側をも異種混淆的なアイデンティティへと、「グレイ・ゾーン」的な公共空間へと均しく人々を投げ込むものである。[11] もちろん、支配という政治的過程が絡むだけに、植民者と被植民者の異種混淆性を直接に同じ次元で扱うことはできない。しかし、異種混淆的なアイデンティティやグレイ・ゾーン的な公共性はいかなる人間をも均しく規定する根源的な存在のあり方であり、私たちが純粋性への欲求に強く憑りつかれているがゆえに日頃は認めようとしていないこともまた事実である。そして、その認識の欠如が、身体的な次元からの認識の欠如が、一見すると日韓併合百年を契機として、今日流行しているかに見える日本での帝国論を、日本人だけのあいだでの自己満足の議論とし、あるいは日本人に謝罪だけを求める韓国人の被害者意識との共犯関係を生みだすに終わり、世界のほかの国々の人々へと伝えるべき翻訳可能な内容を生みだしえない自足的なものとしていることも確かである。[12]

その意味で日本の加害者意識は、それがどれほど良心的なものであれ、そこに無自覚に埋没しているかぎりは、かつての帝国の末裔の傲岸さを依然として温存させたものなのだとして、批判されていかなければならない。[13] そうすることで、かつての宗主国意識に憑りつかれた内閉的な「罪悪感」は、他者の存在を意識した「恥じ入る」感情へと、まずは変質させられる必要がある[14]。そうすることで、ポストコロニアルな過去の経験を踏まえた、真にトランスナショナルな歴史認識が、旧宗主国の人間も旧植民地の人間にも均しく、かつ同時に異なる視座から成立していくことになるだろう[15]。

*　　　*

さて、ふたたび話をアジア・太平洋戦争が終結する以前の、日本帝国に戻すことにしよう。日本がアジアの各地に植民地を拡大していくなかで、日本の国体の中核をなす天皇制は西洋的な価値観に抵抗することのできる、日本的かつ普遍的なイデオロギーという装いをまとって、その支配地の人々を覆っていく。その天皇制と密接な関係を主張することで、国家神道をはじめとして、仏教、キリスト教、新宗教、一九三〇年代以降には比較民族学、さらに一九四〇年代に入ると近代の超克といった様々な教説や実践が相次いで、日本からアジア各地へと移入されていくことになる。むろん、それは同時代的に日本が西洋諸国から受けてきた、文明国から非文明国へという歪んだ帝国主義的な傾斜を、日本とアジア諸国との間に転化したものにほかならない。

日本帝国は西洋に対しては虐げられたアジアとして、アジアに対しては西洋列強の一員として、二重の性格をもって西洋化という近代の空間を生き延びる戦略をとってきた。そのような状況のなかで、朝鮮半島や中国は西洋世界による植民地化あるいは文化的同化の危機にさらされただけでなく、それ以上に、アジアにおける西洋の代理人たる日本帝国とも格闘せざるをえない状況に置かれたのである。この問題を本書の主題に即して言うならば、西洋から東アジアへと移入された「宗教」概念は、朝鮮半島と中国、そして日本において同時発生的に翻訳されて成立したものではない。まず、日本で「宗教」という漢語がレリジョンの翻訳語として成立したのちに、日本の漢語を媒介として朝鮮半島や中国へと普及していったのだ[16]。

朝鮮半島について言えば、「宗教」という言葉がはじめて登場したのは新聞誌上であり、一八八三年のことであるという。[17] 一方、宗教という言葉が"religion"の訳語として日本で最初に登場した例は、一八六〇年代後半の欧米諸国とかわした外交文書のなかだと考えられる。しかし、その当時は宗門や宗旨などその他の言葉も"religion"の対応語として複数用いられるにとどまる段階であった。日本において、宗教という言葉が知識社会および政治的用語として統一された含意のもとに"religion"の翻訳語として独占的に用いられ始めるのは、一八八〇年代になってからのことであり、公共的な非宗教的領域を意味する道徳と対をなす術語として明確に意識されるようになるのは、一八八九年の日本帝国憲法公布の時期まで待たなければならなかった。

たしかに朝鮮半島における宗教概念の移入は、一九一〇年の韓国併合より以前の動向ではあるが、一八七六年の日本への強制的開国以来、朝鮮半島が日本の強い政治・文化的な影響下に置かれていたことを考えれば、日本の文化・社会的動態に敏感に反応した動きとして捉えることができる。しかし、それだけでなく、同時に日本を媒介とすることで朝鮮半島が西洋化を推進せざるをえなかったという、屈折した近代化の進展過程を物語るものでもある。そして、このような宗教概念を前提として、朝鮮半島でも日本と同様に「基督教」「仏教」という概念が新たな意味合いのもとに定着していった。[18] その一方で、「儒教」が同時に「儒学」や「儒道」とも呼ばれたように、朝鮮半島にも「宗教」概念だけでなく、その対語として「道徳」という概念も用いられるようになり、〈宗教/世俗〉といった西洋プロテスタンティズム的な二項対立的の思考が定着していくとともに、そこには収まらない非西洋的な観念の存在もまた明らかになっていったのである。

さらに、「天道教」「大倧教」「甑山教」といった民衆宗教は、つねに迷信邪教を意味する「類似宗教」とのはざまで弾圧の危険性にさらされるものであり、日本において天理教や大本教がそうであったように、それは天皇制国家に対する抵抗運動を生みだす母体になり得ると同時に、天皇制や神道へと同化されてしまいたいという欲望も胚胎するものであった[19]。そこには、〈宗教／道徳〉だけでなく、〈宗教／迷信〉といった二項対立軸までをも、日本から移入せざるをえなかった朝鮮半島の宗教をめぐる不均等な「言説編成」のあり方が見てとれる。すなわち、宗教概念の移入問題は単にひとつの言葉の概念史として片づけられるべきものではなく、その概念と他の概念が連動して、どのような言説の座標空間のなかに配置されていったのかを、当時の政治的背景と結びつけて考察していくべき問題なのである[20]。

　むろん、一九一〇年の韓国併合は決定的な画期をなすものである。さらに、一九一九年の三・一運動を直接的契機として、民衆の抵抗運動の母体と見なされた天道教らの新宗教の弾圧が本格的にはじまり、朝鮮総督府に公認された「宗教」と、弾圧の対象になる「類似宗教」といった政治的範疇として区別を推し進めるために宗教調査が行われていく。そして日本の内地でも、内務省が管理する公認教制度というものが存在し、天理教や大本教は宗教としての政府の認可を得るために、天皇制の積極的な受容というものを余儀なくされていた。問題は、日本の内地において政府の認める宗教の範疇から逸脱しがちな新宗教が、植民地にわたると、みずからが天皇制と近代的文明を推進するものとして、植民地の人々を馴化する宣教的な役割を積極的に果たしていった点にある。そこに、植民地における宗教をめぐるねじれた状況がある。

　明治前期において天皇制と対立する緊張関係を強くはらんでいた日本のキリスト教、あるいは非社会的な性格をもつと批判された日本の仏教にしても同じ志向性をもっていた。植民地布教を媒介とすることで、日本の宗教者自身がより深く天皇制に同化していき、公認された開明的な宗教という地位を確立していった。では、植民地に生まれ育った新宗教においては、天皇制に代表される日本帝国の権威にどのような態度を示したのであろうか。それは一九三七年の日中戦争の勃発以降、朝鮮人の分離政策から同化政策に転じた時期において、とくに注目される事態であろう。しかし、私たちは、いまや崔南善の檀君論[21]などを通して、天皇制や神道への同化の仕草が完全な同一化に終始するものではないこと、それは、同化への危険性をはらみつつも、日本帝国のイデオロギーの内部に深く入り込むことで、その正統性の論理を換骨奪胎し、朝鮮人の地位を向上させると同時に天皇制や神道の言説を変質させる抵抗の可能性を含むものでもあることを知っている。朝鮮半島における宗教概念の研究は、このような抵抗と同化のポリティクスのはざまで深く考察されるべき主題なのだ[22]。

そして、このような宗教概念をめぐるポリティクスを、内地という制約のもとであれ、国家神道および天皇制との関わりとして考察した点で、やはり本書『近代日本の宗教言説とその系譜』は、朝鮮半島における宗教概念をめぐる問題群を考察しようとする者にとっても、研究の前提をなす不可欠な知識と問題構成の枠組みを提供するものとなろう。なぜならば、宗教概念をめぐる抵抗と同化の問題はひとり植民地のみならず、日本の内地をはじめ、西洋化のもとに確立した近代国家の支配形態を考察するさいには避けて通ることのできない共通した問題だからである。とくに、宗教概念に媒介されるかたちで、日本においては個人の内面が国家権力とより強固に結びつくことになった事実は見逃されてはならないであろう。たしかに、個人の内面に属するとされるプロテスタント的な宗教概念が日本に定着することで、国家神道制度を社会に定着させようとする政府に対して、一部の日本人の信仰者や知識人は信教の自由という抵抗の論理を獲得することができた。しかし、同時にその抵抗は神道に対するものにとどまり、むしろ宗教概念という私秘的な領域を通して天皇制に象徴される国家権力に積極的に結びつくことで、国民としてのアイデンティティが陶冶されていったのである[23]。フーコーの言葉を借りるならば、権力は全体的かつ個別的にはりめぐらされていったのである。このような宗教概念の権力的性格は日本の内地のみならず、おそらくは植民地においても同様のものであり、生き延びるために日本人にならざるをえない非日本人たちを同化させるメカニズムとして大きな役割を果たしていったと考えられる。

そこで考慮に入れておく必要があるのが、神道と天皇制の関係である。朝鮮半島においても、日本帝国憲法が建前としていた信教の自由は、天皇制に従うかぎりにおいて、すくなくとも形式的には保証されていた。しかし実際のところは、内地と同様に、神道は宗教ではなく道徳の範疇に属するという「神社非宗教論」が支配のレトリックとして採用されており、朝鮮人の信教の自由はつねに危機に曝されていたのである。事実、当初は神社は日本の居留民のためという名目で各地域に創建されていったのだが、アジア・太平洋戦争への突入を契機として、他民族である植民地の人々にも神道の強制参拝というかたちをとって暴力化していった(24)。

今日、日本の神社界の一部の勢力は神道の国際化ということを盛んに謳う。つまり、神社がアニミズム的な森林崇拝の施設であり、日本の人々のみならず、国際的に異なる宗教伝統を有する人々にも普及させることのできる普遍的な宗教あるいは文化伝統であると主張する。しかし、近代の神道が天皇家に連なる神々とその忠臣たちを祀った政治的な性格をその中核に有する以上、かれらの国際化の欲望は過去の日本人が他者にもたらした苦痛に対してあまりにも無自覚なものであると言わざるを得ない(25)。アジア・太平洋戦争に日本が敗北したさいに、直後の数日間で朝鮮半島をはじめとする植民地の諸地域で日本が創建した神社がことごとく破壊されていったという事実は、むしろそのような神道の普遍化欲求があまりにも植民地の被支配民にとって受け入れがたい屈辱をもたらしたものでしかなかったことを物語っている。さらに、このような神道と天皇制の不可欠な結びつきは、植民地の人々だけにとってではなく、神道が日本人にとっても暴力的な抑圧装置になりかねないことを示している。その危険性を日本人が自覚していないとすれば、それだけ日本政府の過去の政策によって、神道を通した天皇制イデオロギーが日本人にとってあたかも自然なものであるかのように規律化されてしまったからにすぎない。

その一方で、たしかに朝鮮総督府はこの「神社非宗教」政策を一貫して保持していったものの、一部の日本の知識人たちは、所詮は日本民族の伝統の域を出ることのできない神道を植民地支配のイデオロギー的中枢に据えることに対して危惧を覚える。そして、アジア・太平洋戦争の戦火が拡大するなかで、大東亜共栄圏の支配権に組み込まれたアジア諸国の人々が自発的に日本帝国に同化することを可能にするような別の言説を模索し始める。帝国主義はその本質において暴力的な搾取体制にほかならないが、国家権力というものが、できるかぎり被支配層の抵抗を引き起こさず、かれらの自発的な服従をもくろむことが効果的な支配である以上、表面上は植民地においても彼らの同意を得るものであることが望ましかった。そこに帝国支配の手段として、文化的イデオロギーが果たす大きな役割がある。その一つが宗教民族学であった。例えば宗教民族学者の宇野円空は、大東亜共栄圏における日本精神の指導的役割を次のように述べている。

最小限度東亜の新秩序を打ち立てるため関係諸民族を指導するには、かれらの民族精神を理解し尊重すると同時に、何よりもそれら全体の指導原理たるべき我が日本精神を十分に了解させ、それに合流帰服させなければならぬ。武力による強制や利害関係からの協同より以上に、東亜諸民族をかゝる道義的結合にまで指導することが最後の目的だとすれば、こゝにまた外に向つて日本精神の闡明、異民族までが納得するやうなその真理性の基礎づけが絶対に必要である。(26)

宇野によれば、大東亜共栄圏に属する諸民族は稲作文化と祖先崇拝という文化的類似性、すなわち宇野のいうところの民族の類似性を強く有するものであり、キリスト教などの一神教とは異なる文化原理を有する日本精神によって導かれていくことが望ましいとされる。宇野と親交のあった赤松智城が宗教社会学と宗教人類学の知識をもって、秋葉隆とともに京城大学で朝鮮半島の民間宗教の調査を行ったことは、そのような文脈のなかでも考察されるべきであろう。(27)

そして、アジア・太平洋戦争の時期、とくに一九四〇年代になって知識人を魅了した言説として浮上したのが、京都学派の哲学者たちが中心になって唱えた「近代の超克」である。たとえば、宗教哲学者の西谷啓治は、西洋宗教の欠点を、「人間性の絶対否定即肯定といふことに欠くる所があつた」として、京都哲学的な表現を用いつつ、「文化や歴史が世俗化して信仰を離れるのを如何ともなし得なかつた」と指摘している。[28] そして、このような西洋宗教のもつ欠点を克服しえるのは、「東洋的な宗教性の特色である」「主体的無の立場」であるということを主張する。

真の主体性はかゝる物や心の彼方のもの、其等の否定即ちいはゆる「身心脱落」に現れるものであり、意識的自己の否定、いはゆる小我を滅した「無我」、「無心」として現れるものである。……これは身体とその属する自然的の世界、心とその文化の世界に対する絶対の否定、絶対の超越を含む。そこにまた、世界からの全き自由、宗教的な自由がある。……それ故に、こゝでは文化や科学をも含めて一切に対する絶対の否定が直ちに絶対の肯定へ転じ得る。[29]

彼の師である西田幾多郎と異なり、東洋と西洋をまったく異質なものとして把握する西谷は、そこから日本がこの東洋的宗教性の体現者として、アジアさらには世界全体を救済すべき任務を負っているという主張へと拙速に結びついていく。

かの東洋的宗教性が国家倫理と深く結びついてそれを基礎付けるものとなり、国家のエネルギーの原動力となり得た国は、東洋自身に於ても日本の外にはなかつたのである。……わが国が現在直面してゐる課題は、いふ迄もなく世界新秩序の樹立と大東亜の建設といふ課題である。……その世界史的必然は、わが国が唯一の非欧羅巴的な強国にまで成長し、亜細亜に於けるアングロサクソンの支配に対して対決を迫られたことによるものである。[30]

アジア・太平洋戦争の激化のなかで書かれた西谷の論文が、結果として体制に追従するだけの無残なものに終わったことは今日では周知の事実である。それは、「国家は個人の恣意的な自由を抑圧せねばならぬ。……即ち滅私奉公といふことが強調されてゐる所以である」[31]という文章にみられるように、植民地の人間のみならず、内地の日本人をも日本帝国という国家に無条件に服従せしめる論理を対象化しえなかったためである。そこには、西田の唱えた「絶対矛盾の自己同一」の論理のうち、「自己同一」の部分のみが肯定され、「絶対矛盾」を凝視する契機がまったく欠落するという、戦中期以降の京都学派のたどった思想的な敗北の姿がみてとれる。

たしかに、このような「近代の超克」の論理は、西谷に代表されるように少なくとも日本の知識人においては、反西洋列強という装いのもとに日本帝国を肯定する論理の域を出るものではなかった。しかしそれは、近年の韓国や日本の若い世代の研究者たちが明らかにしはじめているように、朝鮮半島や台湾の植民地の知識人にとっては、西洋化に抵抗する論理的根拠となると同時に、日本帝国の支配を内部から浸食せしめる転覆の論理にもなり得る可能性をはらむものであった[32]。アジア諸民族の対等な立場での東亜協同体の形成を唱えたのは――むろん、その主張の帰結も日本帝国の支配の肯定に終わったのだが――同じ京都学派でも左派の立場に立つ三木清であったが、右派の西谷でさえも、それが観念的な綺麗事にすぎないにせよ、次のように他民族の国家と共存する必要性を言明していた。

> 現在、国家生命が現して来た世界性は、寧ろ従来一般の国家の有り方からいへば、その有り方の否定を意味するものでなければならぬ。国家が単に自国だけを中心とする立場から、自他不二の国家間的な共同性の地平へと自覚して来たことである。……即ち自己否定性の故に反つて正しい自己肯定をなし得る。征服による世界帝国とは根本的に違つた、各々をしてその所を得しむるといふ八紘為宇の理念が、現在わが国の理念として新たに自覚さ

れて来たのも、その故であると思ふ（傍点は磯前）[33]。

そこに朝鮮人や沖縄あるいはアイヌといった、独立国家としての主権を失った植民地の人々までが対等なパートナーとして想定されていたとは考えにくい。しかし、それでもその論理は他民族の社会的立場を支配民族である日本人に近づける「東亜協同体」的な考えを含むものであった。もちろん、それは単に支配民族である日本人の善意から出たものというよりも、そのようなかたちで植民地の人々の同意を得ないかぎり、もはや日本民族だけでなく、多民族から構成される大東亜共栄圏および日本帝国は保持しえないという支配者の危機感覚から来るものであったろう。事実、直接には西谷の宗教論によるものではないにせよ、近代の超克という論理は朝鮮半島を含む日本帝国の支配下の諸民族にとっては、日本帝国の存在を認めたうえで、その帝国の支配を形骸化させ、その内部に属することで、日本民族と対等な社会的権利を主張する〈同化を通した抵抗の論理〉を提供するものとなった。ただ、彼らの「近代の超克」の読み替え行為が現実に日本帝国を内部から腐食せしめる行為となり得たのか、それとも単に日本民族による同化政策を追認するものに終わってしまったのかは、現在では議論の分かれるところである。私たちはさらに根気強くこの議論を深化させていく必要があるだろう[34]。

しかし、従来は同化への追従として安直に決めつけられていた「近代の超克」の論理が、そのような抵抗への契機を内包するものであるという近年の理解は、すくなくとも他民族を包摂して膨張していった日本帝国の支配が、どれほど戦争末期に近づくに従って苛烈なものになっていったにせよ、それほど容易なものではなく、つねに他民族による転覆を恐れる不安定なものにならざるを得なかったことを明示している。私たちは抵抗という行為を政治的独立に直結しえたか否かという結果論だけで判断するのではなく、たとえ敗北に至ったとしても、その過程において支配の構造をどのように腐食し変質させていったのかということを考慮しておく必要があるだろう。近年、カルチュラル・

スタディーズやポストコロニアル批評の唱える、「横領 appropriation」あるいは「ミミクリィ mimicry」といった概念は、そのような支配構造の腐食過程を捉える新たな視点を切り開いてきた。

このような自帝国内に転覆と横領の不安を抱えながら、支配圏域を拡大してきた日本帝国は一九四五年八月についに倒壊する。しかし、その崩壊のしかたに問題があったとすれば、いかに植民地や占領地から、あるいは日本の批判的知識人による帝国内部からの抵抗があったにせよ、結局のところその解体は帝国の外部からもたらされたという点であろう。つまり、帝国内部からの腐食過程の結末としての倒壊ではなく、政治的にも思想的にも西洋近代の諸矛盾はアジア諸地域によって克服されないままに、西洋列強という外部からの、もう一つの帝国主義の力によって、日本帝国は解体されたにすぎない。日本および東アジアの知識人が超克しようとした西洋近代によって、アジアはふたたび超克されてしまったのだ。そのため、日本帝国とアジアの知識人とのあいだで展開された思想的苦闘の軌跡は、アジア・太平洋戦争以降のアジア知識人へは十分に継承されないまま、アメリカ的な民主主義があまりにも楽天的なかたちで称揚されていく。もちろん、今では、そのようにして喧伝されていった民主主義が帝国主義的なアメリカ合衆国のアジア戦略と表裏一体をなすものであり、彼らの人民統治戦略の一端でもあったことは明らかである(35)。

同様に、日本の天皇制もまた、合衆国が戦後日本の社会改革をより容易に遂行するために、「象徴天皇制」というアメリカ式のデモクラシーと共存するかたちへと再編され、温存されていった。このような政治的配慮から、かつて日本唯一の主権者であった天皇の戦争責任は免責され、同時に天皇に体現される日本人の戦争責任もまた、一部の戦犯のみに罪を負わせるかたちで、不問にされていった。こうして、一九四五年以降の日本社会は、かつて日本帝国が多民族支配のゆえにはらまざるを得なかった亀裂や矛盾を忘却し、依然としてその内部に在日コリアンやアイヌ、沖縄人といったかつての帝国臣民を含みながらも、単一国民国家という共同幻想を紡ぎだしていく。そして、日本に住むマイノリティの葛藤はもとより、朝鮮半島や台湾といった独立してもなお日本帝国および戦後日本社会の暗い影響に悩まされている諸地域の人々に対して、戦後の日本人は向き合う能力を喪失していったのである。二〇〇三年に日本語のオリジナル版が刊行された本書もまたその影響から逃れ出ているとは言い難く、それがまた筆者をして韓国の読者の前に恥じ入らせる原因となっている。

＊　＊

幸いなことに、本書『近代日本の宗教言説とその系譜』は日本の国内においては、日本近代史を研究する歴史学者や社会学者、あるいは非西洋世界を研究する人類学者たちによって、近代日本がたどった軌跡を批判的に読み取る系譜学の実践として好意的に受け止められてきた。しかし、その一方で、日本の宗教学者たちからは、自分たちの学問が政治的な社会状況といかに深くかかわってきたかが浮き彫りにされたことに対して、不愉快であるという反応が示されてきた。彼らからすれば、宗教および宗教学は依然として本質的に政治とは無関係な、他者に対する暴力など含むはずのない、「反省的自己解釈のカテゴリー」（傍点は磯前）[36]でありつづけている。たとえ、日本の宗教および宗教学が政治的な暴力に加担したとしても、それは宗教とは本質的にかかわりのない、副次的な要素に影響されたために過ぎないと説明されてしまう。

たとえば今日、このような宗教の脱政治性を主張する東京大学出身のある宗教学者は、戦前に内務省主導の宗教政策に深くかかわった東大教授の姉崎正治が教育勅語ならびに天皇制を「勅教」という国民宗教的なカテゴリーを用いて説明したことに対して、「少なくとも姉崎が……勅教をいわば大教宣布のごとく国民宗教として前面に出す意図などはなかったことはおそらくたしかである」（傍点は磯前）[37]として、姉崎の政治的無謬さをいまなお擁護する。この宗教学者にとって、「宗教のそもそもの出発点をなすのは、日常的現実のアイロニカルで批判的な異化にほかならない」[38]かぎり、そのような本質規定を受けた宗教およびその概念を定義する宗教学が現実の政治・社会的状況のなかで暴力に加担する事態は、たとえ現実にそのような出来事が起こったとしても、それは宗教および宗教学の本源的な問題ではないとして撥ねつけることができるからである。そこには、自分の宗教をめぐる認識や行為に対して違和感をもつ「他者」との対話に開かれる余地は全くない。彼にとって宗教およびそれに従事する宗教学とは無限の「自己解釈のカテゴリー」ではあっても、自分を否定するような異質な他者によって交渉され、自己否定を余儀なくされる場ではない。事実、そのような自閉的な語りゆえに、その言説は宗教を肯定的に語りたがる同じ東大系の宗教学者のあいだでのみ流布し、海外はおろか、日本における他の人文学の研究者にも言及されることは少ない。

そして、このような宗教および宗教学をめぐる語りが、一九九五年のオウム真理教による毒ガス散布事件が起きた後に、日本の宗教学に顕在化していったものであることは、宗教学の言説が陥りがちな落とし穴を回避するためにも明確に認識しておくべきであろう。オウム真理教事件においては、当然のことながら宗教の暴力的側面が批判されたが、それと同時に、この教団を肯定的に語ってきた一部の、東大出身の宗教学者たちに対する批判が展開された。そのときに、宗教学者のなかから「なぜ宗教学だけがそのような批判をうけなければならないのか」といった類いの反応が出てきたのは、彼らの思考法を知るうえで典型的なものといえる。つまり、このような一般社会からの批判をどのように宗教学が受け止めるかといった議論の方向にではなく、宗教学にとってそのような批判は不当なものであり、しょせんは宗教の本質を知らない世俗主義者たちの誤解にもとづく批判に過ぎないとして、宗教学は自分の学問に対するそのような問いかけを引き受けることを拒否してしまったのだ。

それは、アジア・太平洋戦争中に「近代の超克」や「種の論理」を駆使して、日本やアジアの若者を戦争に駆り立てていった京都学派の宗教哲学において、戦後の後継者たちが彼らの政治的誤謬を引き受けて、それを超えて思考することを拒否したことと同じ轍を踏むものといえよう。戦後の京都学派と同じように、戦後の宗教学もまたオウム真理教事件以降、自らを肯定する脱政治性の言説へと引きこもることで、日本の社会に積極的に介入する立場性を放棄してしまったのである。そのような自閉的な状況へと落ち込むなかで、宗教学を「『未来』へとむけて、討議と思考を駆りたてるもの」としてのみ肯定的に語り、その立場をいかなる歴史的な存在拘束をも超越した「未決定性」へと祭り上げる[39]、先ほどの東大系宗教学者の語り口が、自分の学問の存在意義に不安を覚える多くの宗教学者にとってナルシシスティックな慰安を与えるものとして歓迎されていったのも当然の帰結であろう。

宗教学および宗教を歴史的制約の外部へ逃そうとするそのような立場は、いつまでも宗教学の立場が透明であり、中立であり、純粋な脱政治的なものであるという自己幻想を肯定しつづけていくことであろう。姉崎に対する評価が端的に示しているように、そこでは「意図などなかった」という、行為者の意図が好意的に憶測されることによってその政治的責任が回避され、それが現実の社会状況にどのような結果をもたらし、異なる立場の者にはどのように映っていたのかといった、他者のまなざしへの配慮が全く抜け落ちてしまっているのだ。

そのような他者の存在を欠落させた言説は、他者とかかわらざるをえない身体性を排除したビリーフ中心主義の宗教観とも密接な関係をもつ。宗教および宗教学を「自己解釈のカテゴリー」という規定におしこめているかぎり、その自意識が他者の闖入によって攪乱されることはない。ここにエマニュエル・レヴィナスの言葉を引用するならば、このような日本の宗教学にはびこる言説の問題点は容易に明らかになるであろう。

> 重要なのは、他者との関係が目覚めであり、まどろみからの覚醒であるということであり、この目覚めが責務であるということです。……他者に目覚めないことの可能性が人間のうちにあることは明白です。悪の可能性があるのです（傍点は磯前）[40]。

もちろん、ここで言う他者とは、宗教学の批判者だけでなく、旧植民地の人間やマイノリティのことでもある。たしかに他者に出会わないかぎり、暴力を行使することも行使される状況も生じないとも言える。しかし、そのような他者との出会いを排除した空間自体がきわめて暴力的な行為を前提としてしか存立しえないことを、私たちは見逃してはならない。もちろん、筆者は宗教のもつ可能性を否定しているのではない。ただし、それは他者に対する可傷性を自分の存在そのものがはらむものであることを引き受けてこそ、初めて語る権利が与えられるものだと考えている。

筆者にとって、宗教とは暗い側面と明るい側面とを同時に併せ持つ両義的なものでしかありえず、宗教のもつ暗い暴力的な側面をもその本質として引き受けていくことで、宗教ははじめて他者に開かれた倫理になりうるものなのである。(41) このような暴力性に対する感受性を自分自身の問題として徹底的に身につけてこそ、初めて宗教の可能性は開かれうる。その点で、人間関係の本源的暴力性を抑止するために、発話の暴力性を自覚することを唱えたデリダの左の発言は、きわめて示唆的である。

言説が根源的に暴力的なら、言説は自らに暴力を加えるのほかなく、自らを否定することによって自らを確立するのほかない。つまり言説は、言説を設定するにあたって言説としてこうした否定性をけっして自らのうちにとり入れることのできない、またそうすることを当然としない戦いに対して、戦いを開くほかないのである。というのも、言説がそれを当然としないならば、平和の地平は夜(暴力以前としての最悪の暴力)のなかに消滅していくにちがいないからである。この、同意としての……戦いは、可能なかぎり最小の暴力であり、最悪の暴力を抑える唯一の方法である。つまり原始的で論理以前の沈黙の暴力、昼の反対ですらないような想像もつかない夜の暴力、非暴力の反対ですらないような絶対的暴力の暴力、すなわち純粋無もしくは純粋無意味を抑える唯一の手段なのである。(42)

人間関係が本源的に暴力的な加害性に満ちたものであるというこの認識は、レヴィナスの「可傷性」の議論を引き継いだジュディス・バトラーによってさらに、九・一一以降のアメリカ合衆国の社会状況の批判へと展開されていく。それは、本書『近代日本の宗教言説とその系譜』での宗教概念およびそれに関連する学問をどのように考えるべきかといった議論にも益するところが多い。「自分自身の傷つきやすさを否定するという代償のもとに、自らの周りに壁を築き、自己の想像上の全体性を再構成すること。アメリカは可傷性や相互依存、自分が他人の前にさらされる体験を自らにおいては否認し、それらすべてを他者のものとして利用することによって、そうした人間の生にそなわった基本的な特性を自己の『他者』としてしまったのである」[43]。自らに潜む可傷性を否認することで、合衆国の社会全体がメランコリー状態に陥っているのだとバトラーはここで批判している。それは、開祖である姉崎以降、アジア・太平洋戦争期における宗教学者・宗教哲学者と帝国主義との密接な関係に目を閉ざし、さらにオウム真理教事件でその自閉的な傾向を深めていった日本宗教学の自己認識のあり方を顧みるうえでも、核心をついた言葉になっている。

このような日本宗教学のナルシシスティックな状況に対して批判的な介入を試みる本書は、日本人の宗教学者よりも、むしろ韓国の宗教学者さらには人文学の知識人たちに良い読み手を見いだしていくことになるのかもしれない。この韓国語版に続いて、目下、本書は英語版も準備されつつある。本書が日本という国民国家の制約を超えて、異なる言語を話す世界各地の人々のもとへと散種されていくこと。そして、それぞれの社会の固有の文脈のなかで、筆者の当初の意図を超えて、その欠点が代補されながら、本書が読み解かれていくこと。それが筆者の願いである。酒井直樹が言うように、主体は乗り継ぎされるもの（subject in transit）である[44]。本書が最初に日本語で書かれたからといって、日本の知識社会の評価だけに拘泥しなければならない理由はどこにもない。主体は、一部の日本の宗教学者たちが思うように、けっして自己意識などに収斂するものではない。逆に他者の介入によって自意識は転覆され、「人間関係の網の目」の中へ能動的かつ受動的なエージェントとして身体の次元から埋め込まれているものなのだ。

まさに、このような乗り継がれ、脱臼させられていく主体のあり方を受け容れていくこと。それこそ、グローバル資本主義という暴力的状況のなかで、それに批判的に介入していこうとするポストコロニアル的な生にふさわしいあり方と言えるだろう。かつて日本帝国の支配に覆われ、解放後もまたアメリカ合衆国の東アジア戦略に悩まされる韓国社会こそ、依然としてナショナリズム的な強迫概念につきまとわれているとはいえ[45]、このようなポストコロニアル的生を自覚的に身につけていくのにふさわしい面を持っている。過去の負の遺産は、いまや現在を生きる財産へと転じうる。そして、遠からず日本の知識人たちも、韓国からそのようなポストコロニアル的な生のあり方を、否定しがたい過去の歴史を共有する者として学びとっていくことになるだろう。

*　　*

本章は『近代日本の宗教言説とその系譜』への序論と題するには、かなり長い文章になってしまった。しかし、これだけの問題に触れておかなければ、戦後の日本社会に住む日本人に向かって執筆当初に書かれた本書が、かつて日本帝国の支配のもとで苦しんできた韓国の読者に対して、本書を制約するナショナル・ヒストリー的な語りをどのように克服して、本書を批判的に読み解いていったらよいのかを提示することはできなかったのである。その意味で本書は、尹海東、林志弦、金哲ら、韓国の植民地近代性をめぐる研究、あるいは酒井直樹や李成市らのナショナリズム批判と重ね合わせて読まれていく必要があろう。そこには、すでに韓日の国境を越え出た研究交流が確かなものとして存在している。本書もまたその流れに棹さすものであればと願っている。

（1）　西川長夫・尹海東「日韓併合一〇〇年と『新植民地主義』——新しい政治倫理への対話」（『東アジアの思想と文化』第三号、二〇一〇年、六頁）。

（2）日本語版『近代日本の宗教言説とその系譜』は、岩波書店から二〇〇三年に刊行された。そして、二〇一三年に同じ書名のもとに韓国語版が、本論を序論に付して刊行される予定である。ただし、韓国語版は、二〇一〇年に東京大学に提出された同題目の博士論文に基づいて、岩波書店版の内容と構成をかなり書き改めたものとなっている。岩波書店版と韓国語版との違いについては、韓国語版を筆者の最新の見解とされたい。そして、より拡充された内容のものが英語版 *Genealogy of Religious Discourse of Modern Japan*（Brill, forthcoming）として刊行予定である。

（3）以下、天皇制による記述は、本書よりも、以下の論文で具体的に展開されている。磯前順一「法外なるものの影で——近代日本における『宗教／世俗』」（『喪失とノスタルジア——近代日本の余白へ』みすず書房、二〇〇七年）。

（4）ミシェル・フーコー『コレージュ・ド・フランス講義1977―1978年　安全・領土・人口』一九七七―七八年（高桑和巳訳、筑摩書房、二〇〇七年）。

（5）さらに本書を支える言説論的な立場の限界については、磯前順一「歴史と宗教を語りなおすために——言説・ネイション・余白」（前掲『喪失とノスタルジア』）。

（6）酒井直樹『日本／映像／米国——共感の共同体と帝国的国民主義』（青土社、二〇〇七年、一三四―一三五頁）。

（7）その意味で、酒井の見解にならって筆者が「恥じ入る」感情とは、ルース・ベネディクトが『菊と刀』で日本人特有の心性として叙述したような、自分の共同体に属する同胞だけに作動する「恥」意識とはまったく異なるものである。なぜなら、筆者の言う「恥じ入る」感情は、共同体の内部と外部という境界線を越え出ることで、特定民族に限定されない広汎な倫理へとつながるものだからである。

（8）韓国のポストコロニアル研究については、磯前順一・金泰勲「帝国の記憶を生きる——ポストコロニアル批評と植民地朝鮮」（磯前『閾の思考——他者・外部性・故郷』近刊）。

（9）酒井前掲『日本／映像／米国』一五三―一五五頁。

（10）スチュアート・ホール「誰がアイデンティティを必要とするのか？」S・ホール／ポール・ドゥ・ゲイ編『カルチュラル・アイデンティティの諸問題』一九九六年（宇波彰監訳、大村書店、二〇〇一年）。

（11）尹海東『식민지의 회색지대』（역사비평사、二〇〇三年）、Homi Bhabha, *The Location of the Culture*, New York and London: Routledge, 1994.

(12) このような指摘は、すでに次の対談で述べられている。西川長夫・尹海東「日韓併合一〇〇年と『新植民地主義』——新しい政治倫理への対話」(『東アジアの思想と文化』第三号、洪宗郁訳、二〇一〇年)。

(13) 沈熙燦は、このような宗主国側の人間のもつ傲岸さが、植民地の人間に対する親愛の情とまじりあったかたちで発露されていく感情のポリティクスを、植民地朝鮮を例に分析している。沈熙燦「実証される植民地、蚕食される帝国——今西龍の朝鮮史研究とその軋み」(『季刊日本思想史』第七六号、二〇一〇年)。さらに、そのような植民地支配における感情をめぐる議論としては、アン・ローラ・ストーラー『肉体の知識と帝国の権力——人種と植民地支配における親密なるもの』二〇〇二年(永渕康之ほか訳、以文社、二〇一〇年)。

(14) 旧宗主国側の罪悪感や憂鬱の感情については、Paul Gilroy, *Postcolonial Melancholia*, New York: Columbia University Press, 2005. Brain Keith Axel, "Introduction: Historical Anthropology and its Vicissitudes," in Axel, ed., *From the Margin: Historical Anthropology and its Futures*, Durham and London: Duke University Press, 2002, pp. 17-21.

(15) トランスナショナル・ヒストリーについては、尹海東「トランスナショナルヒストリーの可能性——韓国近代史を中心に」(『季刊日本思想史』第七六号、二〇一〇年)。

(16) Cho Sungtaek, "The Formation of Modern Buddhist Scholarship: The Case of Bak Jong-hong and Kim Dong-hwa," in *Korea Journal*, Spring 2005. Vincent Goossaert, "The Concept of Religion in China and the West," in *Diogenes*, 52-1, 2005.

(17) 張錫萬『開港期 韓國社會의 〝宗教〟概念 形成에 관한 研究』(서울大學校人文大學博士學位請求論文、一九九二年)。

(18) Pori Park, "Korean Buddhist Reforms and Problems in the Adoption of Modernity during the Colonial Period," in *Korean Journal*, Spring 2005. Andrew Eungi Kim, "Protestantism in Korea and Japan from the 1880s to the 1940s: A Comparative Study of Differential Cultural Reception and Social Impact," in *Korean Journal*, Winter 2005. James Huntley Grayson, *Korea: A Religious History*, New York: Routledge Curzon, 1989/2002, Part IV.

(19) Don Baker, "The Great Transfromation: Religious Practice in Ch'ondogy," in Rober Buswell Jr., ed., *Religions of Korea in Practice*, Princeton and Oxford: Princeton University Press, 2007. 金泰勳『「淫祀邪教」から「世界宗教」へ——天理教の近代経験』(立命館大学課程博士論文、二〇一〇年)。

(20) Jang Sukman, "The Formation of Anti-ritualism in Modern Korea," *Korea-Journal*, vol. 41, no. 1, 2001.

(21) 全成坤『日帝下文化ナショナリズムの創出と崔南善』(J&C、二〇〇五年)、沈熙燦「闖入の歴史学、あるいは破綻する普遍——崔南善の朝鮮史研究をめぐって」(『日語日文学』第五一輯、二〇一一年)。

(22) 諸点淑『東アジア植民地における日本宗教の「近代」——植民地朝鮮における日本仏教の社会事業を中心として』(立命館大学課程博士論文、二〇〇八年)、金哲「同化あるいは超克——植民地朝鮮における近代超克論」(酒井直樹・磯前順一編『「近代の超克」と京都学派——近代性・帝国・普遍性』以文社、二〇一〇年)。

(23) 同様の視点は、オランダ国教会の成立をめぐる次の論文でも指摘されている。Peter van Rooden, "History, the Nation, and Religion: The Transformations of the Dutch Religious Past," in Peter van der Veer and Hartmut Lehmann, eds., *Nation and Religion: Perspectives on Europe and Asia*, Princeton: Princeton University Press, 1999.

(24) 山口公一「植民地朝鮮における神社政策——一九三〇年代を中心に」(『歴史評論』第六三五号、二〇〇三年)。

(25) このような近年の神道の動向とその問題点については、磯前順一「閾の思考——他者の眼差しのもとで」(前掲『閾の思考』近刊)。

(26) 宇野円空「東亜民族精神と農耕文化」(『教学叢書』一〇、文部省教学局、一九四一年、三頁)。

(27) 全京秀「『宗教人類学』と『宗教民族学』の成立過程——赤松智城の学史的意義についての比較検討」(『季刊日本思想史』第七二号、二〇〇八年)。

(28) 西谷啓治「『近代の超克』私論」河上徹太郎『近代の超克』一九四二年(冨山房、一九七九年、二二—二三頁)。

(29) 同右論文、二四—二六頁。

(30) 同右論文、二九—三二頁。

(31) 同右論文、二六頁。

(32) 米谷匡史『思考のフロンティア　アジア/日本』(岩波書店、二〇〇六年)、趙寛子『植民地朝鮮/帝国日本の文化連環——ナショナリズムと反復する植民地主義』(有志舎、二〇〇七年)、洪宗郁「중일전쟁기 (1937-1941) 조선 사회주의자들의 전향과 그 논리」(『한국사론』四四、서울대학교 국사학과、二〇〇〇年)。

(33) 西谷前掲論文、三四—三五頁。

(34) 磯前順一「『近代の超克』と京都学派——近代性・帝国・普遍主義」(酒井・磯前前掲編『「近代の超克」と京都学派』)、

(35) 酒井直樹「『日本人であること』——多民族国家における国民的主体の構築の問題と田辺元の『種の論理』」(『思想』第八八二号、一九九七年)。

(36) 酒井前掲『日本/映像/米国』。

(37) 深澤英隆『啓蒙と霊性——近代宗教言説の生成と変容』(岩波書店、二〇〇六年、三四四頁)。

(38) 同右書、一一三頁。

(39) 同右書、一三五頁。

(40) 同右書、四〇四頁。

(41) エマニュエル・レヴィナス『われわれのあいだで——《他者に向けて思考すること》をめぐる試論』一九九一年(合田正人・谷口博史訳、法政大学出版局、一九九三年、一六二頁)。

(42) 筆者の考える宗教研究のヴィジョンについては、磯前順一・山本達也「宗教概念論を超えて——ポストモダニズム・ポストコロニアル批評・ポスト世俗主義」(本書収録第2章)。

(43) ジャック・デリダ「暴力と形而上学——エマニュエル・レヴィナスの思考に関する試論」『エクリチュールと差異』一九六七年(川久保輝興訳、法政大学出版局、一九八三年、上巻、二五一頁、磯前一部改訳)。

(44) ジュディス・バトラー『生のあやうさ——哀悼と暴力の政治学』二〇〇四年(本橋哲也訳、以文社、二〇〇七年、八二—八三頁)。

(45) 酒井直樹『日本思想という問題』(岩波書店、一九九七年、二五—二七頁)。

(46) 林志弦『이념의 속살』(삼인、二〇〇一年)。

あとがきにかえて

本書は、二〇一〇年三月に東京大学に提出した博士論文『近代日本の宗教言説とその系譜』に収録された論文を母体として、その後、滞在先のドイツで書き下ろした論文を加えて、一冊の本として編み上げたものである。ちなみに博士論文の三分の二は、先に刊行された『近代日本の宗教言説とその系譜』（岩波書店）と『喪失とノスタルジア』（みすず書房）に収録されており、本書は単行本としてはそれらの続編にあたる。そして、この博士論文全体は二〇一一年に刊行された韓国語版と、二〇一二年に刊行される英語版ではそのまま一冊の本としてまとめられ、『近代日本の宗教言説とその系譜』と『喪失とノスタルジア』の段階で発表された内容にも修正が加えられている。

自分がこの博士論文へと収斂するような一連の宗教概念論および宗教学批判を書きはじめたのは、一九九八年に『現代思想』の求めに応じて執筆した論文「宗教学的位相——姉崎正治について」であった。そのときの『現代思想』の特集は「宗教の行方」と銘打たれたもので、オウム真理教による地下鉄サリン散布事件を受けて、宗教の主張する純粋性を政治的な位相において検討しようとするものであった。当時、オウム真理教を擁護していた宗教学者たちの発言がジャーナリズムで問題にされていたが、それに対する宗教学者側からの反応はけっして積極的なものとはいえなかった。多くの場合は、オウム真理教事件に関与した宗教学者は一部のものに過ぎないとして沈黙を決め込んでいた。

たしかに批判者たちの宗教の論じ方には一方的な決めつけも見られなくはなかったが、なぜ一部の宗教学者がオウム真理教を擁護するにいたったのか、その問いを宗教学という学問自体のもつ問題性として積極的に引き受けたうえで、反論するにせよ、議論しなければならないと感じていた。とくに実際にこの教団に命を奪われたり、財産を奪われた人々が出ている以上、そもそも宗教とは人間の生死を超越したものであり、人の命が失われることもあり得るといった発言が許容されてしまう雰囲気が信じられなかった。そこで、『現代思想』に寄稿した論文では、宗教学の学祖である姉崎正治の学問自体に、オウム真理教で躓いた宗教学者たちの発想が潜んでいなかったかどうか、その時点で自分自身を含めた宗教学者の問題がすでに準備されていたのではないかといった問いを設定したのである。

もちろん、姉崎とオウム真理教の擁護者たちの違いを見つけることも可能なことであった。多くの宗教学者と一部の擁護者たちの違いを見つけることも容易なことであった。しかし、答えというものは問いの立て方自体で決まってくるものであり、どのような問いを自分の問題として設定するのかという点に、一人ひとりの研究者の姿勢が問われているはずである。だとすれば、日本社会に流布している宗教および宗教学批判を一度は引き受ける必要があると考えたのである。

その後、事件が沈静化していくなかで、宗教学者によるオウム真理教事件の考察もなされるようになっていったが、たとえそれが批判的な論調のものであったとしても、それは宗教教団に対して批判的なものにとどまり、宗教学に対して自己検証をするものとはなりえなかった。むしろ、この事件を境に、若い世代のなかから、積極的に宗教およびそれを支える宗教学の可能性とその普遍性を称揚する声が響き渡っていく。それはポストモダンの装いをとりながらも、自己アイデンティティの純粋性をけっして手放さないという点で、自己脱臼を余儀なくさせられてしまうポストモダニズムの実存的姿勢とはまったく異なるものであった。ここにおいて、宗教学は日本の社会における知的生命を一度は断たれたと言ってよかろう。宗教学は死んだのだ。

結局、わたしは『現代思想』に寄稿した論文において、宗教学者の語る民衆宗教の素晴らしさというものが彼らの観念のなかで自己満足的に描き出されたものであり、現実の民衆が暮らしていかなければならない日常の矛盾をはらんだ世界といかに切り離されたものであるか、彼らの語る宗教の共同性がいかに内閉された他者意識を欠くものかということを、ある種の憤慨の気持ちとともに指摘しようとしていた。自分の底辺校での高校教員経験からすれば、民衆とは一方的に美化できるようなものではなく、彼らのもつ狡猾さやしたたかな側面をも引き受けることではじめて、研究者は彼らのことを語る権利をはじめて得るのである。もちろん、そのような論文が宗教学の内部で評価されることはなく、学会でわたしはある名誉教授に若書きは控えるようにと注意をうけた。傍にいた同僚が青い顔をして、「これは下手なことは言えないな」と呟いたのを今でも覚えている。

当時、一九九〇年代の半ばにはカルチュラル・スタディーズやポストコロニアル批評が日本に紹介され、大きな反響を呼んでいた。とくに、ガヤトリ・チャクラヴォルティ・スピヴァクの論文「サバルタンは語れるのか」は、自分の特権的立場を自覚できない研究者に対する批判として、そして、学閥の恩恵にあずかることのできない地方や在野の研究者たちの抑圧された立場、さらには自分が逃げ出してきた底辺校でいまも喘ぐ教師と学生たちの光明のない生活、そんな対照的な境遇を照らし出すものとなった。もちろん、いまや自分もまた特権的な立場を行使できる研究者の世界の住人になっていた。だからこそスピヴァクは、研究者たるものはその格差を自覚して、他者に対してみずからの表現能力をどのように奉仕させていくかを考えるべきだと語りかけているような気がしたのである。当時の自分にできることとすれば、観念的で抽象化された民衆を威勢よく語ることではなく、旧神道研究室をはじめとする大学に死蔵された資料を整理して社会に公開することであり、宗教学内部の常識を社会の批判にさらすことで、その発話のあり方を変えようと試みることだと考えた。

そのなかで、雑誌の『思想』が「カルチュラル・スタディーズ」の特集を組んだ翌月号に、自分の論文「近代神道学の成立」が掲載された。神道研究室の蔵書整理の成果にもとづく論文だったが、先の『現代思想』に掲載された宗教学論と同様に、学問が自明とする認識の客観性を問題化し、それがどのような政治的状況下に形成されてきたものなのか、その言説の特質を明らかにしようとするものであった。その論述手法は同じであったものの、この論文は宗教学者にはすこぶる好評であった。戦前の国家神道体制と緊張関係にあった宗教学からすれば、国家神道の歴史を肯定しようとする神道学は批判すべき論敵でもあった。それは研究室内における自分をとりまく環境をいくぶん和らいだものにさせるのに役だったが、同時に自分が幼いころ聞いた「白い大根と紅い人参」という童話を思い起こさせるものであった。

この話は、白い大根がある日、紅い人参の村に行くと全員の顔が紅いものだから、ひとり白い顔の大根はみんなに笑われる。しかし、翌日になって今度はひとり人参が得意げに大根の村に行くと、逆にその紅い顔を大根たちから笑われるという他愛のないものである。

しかし、今から考えると、この話はアカデミズムの言説構造、さらに差別というものがなぜ起こるかということの本質を衝いた話として理解することができる。大根と人参の村がそれぞれ神道学と宗教学の学界だとすれば、その内部はみんな見解をともにする人間として同質化されている。彼らは自分たちの考えが同じであることには何ら不自然さを覚えないが、そこに異質なよそ者がやって来ると、その人間を差別し排除するのだ。この原理からすれば、宗教学者にとって神道学の批判は、よその村の出来事であるから受け容れられる。だけれど、宗教学に対する批判は自分の村だから受け容れられないということになる。それは、神道学にとっての宗教学批判のもつ意味も同じことであり、自分の学問に対する批判に対して開かれていないという点では神道学と宗教学のどちらも大差はない。自分の村でつつがなく暮らしたければ、その村の掟には逆らわないほうが賢明である。そう思えば、天皇制を批判する神道学者、宗教概念を不要とする宗教学者が存在しないのも当然のことであった。

そんなとき、『現代思想』『思想』へと相次いで掲載された私の論文を読んで助教授として採用したいという大学が現われた。そこは、わたしの前任者の宗教学者がオウム真理教事件の関係で辞任せざるをえなくなった大学の歴史学科だった。しかし、教職の免許状を学生に発行する関係で、どうしても宗教学を担当する教員を雇わなくてはならず、それならば宗教学に対してもっとも批判的な距離を取る研究者であれば間違いはないだろうということで私が選ばれたのであった。同じ論文が自分の勤務する研究室では煙たがられるのに、新しい職場では歓迎される。内部の論理だけで物を書いていたら、このような幸運も起こらなかっただろう。しかし、それ以上に、所詮それもまた白い大根と紅い人参の話にほかならず、新しい職場でも村の暗黙の了解を犯すものならば、そこにもいられなくなることは容易に予想されていた。しかし、現実の世界で生きていくためには、誰しもどこかに身を置かなければならない。わたしは喜んで次の職場に移った。

そして、これまでの研究成果をまとめた単行本『近代日本の宗教言説とその系譜』を刊行した直後に、わたしは初めての一年間の海外研修へと、英国とアメリカ合衆国に旅立つことになる。そこで私のナショナリスティックなアイデンティティが身体的な次元から根本的な脱臼をおこしてしまう。ここにおいて、自分は初めてジャック・デリダの脱構築やホミ・バーバの戸惑いの感覚といったものが、いかに自分たちの存在の本源的形態——欠如態としての特異性とでもよぶべきであろうか——をなしているのかということに気づかされた。

貧しい留学生となんら変わらない状況におかれた私の海外研修では、周囲とのコミュニケーションは自分が相手にどのように語りかけ、いかに耳を傾けるかといった個人の翻訳能力によって決定されるものであった。それはシステムには決定づけられていない世界であった。アフリカからやってきた難民出身の学生の話を聞き、インド人から彼らの社会の複雑な差別の話を聞き、アフリカ系アメリカ人からいかに信仰が自分たちの生きる支えになっているかという話を聞く。それらの話を自分の状況と関係づけて受け止めることができるかどうかは自分の個人的な理解力にかかっていた。そして、彼らに対しても、日本での自分の経験をどのように意味をもつ話にしていくことができるのか。まさに翻訳というのは、その中核に決定不能性があるからこそ、それぞれの状況のもとへと多様なかたちで分節化可能になる行為なのだ。それは、自分の存在を相手にさらすことであり、その翻訳の文脈のなかで、自分自身の経験の意味づけ方も変わっていくということなのである。

それまでの人生でどこにも終の住処を見つけることができなかった自分だったが、守るべき立場がないからこそ、どんな相手の話にも耳を傾け、自分を変える勇気をもつことができる。自分の感じていた居場所のなさは恥ずべき社会不適応者の烙印ではなく、むしろ新たな出会いに開かれていく可能性へと読み替えられていった。守るものがなければ、周囲に対して媚びへつらう必要はない。同時に、誰かを自分に媚びさせる必要もない。ホミ・バーバの言う「戸惑いの感覚を絆とする共同性」、酒井直樹の言う「共約不能な共同性」とは、そのようなことを意味するものかと、はたと理解することができるようになっていた。

宗教学界で表現する機会が得られないのなら、その外に出ていけばよい。日本語の雑誌で仕事が与えられなくなったのならば、外国語の雑誌に可能性を求めればよい。そして、表現するに足りる能力がなくなったのならば、潔く学問の世界から足を洗ったらよいのだ。学問が、沈黙を強いられた他者の思いを引き受けた表現の営みである以上、そのような自然淘汰は当然のことなのである。そこに言い訳はいらない。こう思ったとき、わたし自身の学問に対するとらえ方も大きく転換していった。自分は言説論として宗教学や神道学、さらには歴史学の語り方を問題にしてきたのだけれど、依然としてその批判のやり方は既存の学問の、いわゆる客観的と呼ばれる記述形式にのっとったものだった。しかし、もし既存の学問の形式を本当に批判するのならば、批判のための批判でなく、新しいものを産み出そうとするならば、自分の文体そのものを変える必要があると感じた。

既存の学問の文体では、不安や喜びといった人間の内面的なものに触れることはできない。わたしは自分の学問が宗教のビリーフ中心主義を批判するものである以上、どうにかして自らの身体や感情の次元へと降下することのできる表現形式を模索しはじめた。それが、依然として学問という形式をとりえるか否かということは二次的な問題でしかなかった。その実験はいまだに出口の見えないものであるが、その試行錯誤のなかから『喪失とノスタルジア』という作品が生まれた。

そして一年後、日本に戻ったわたしは元の職場に復帰したが、欧米で他者に対して積極的にかかわることを覚えてしまった自分は、職場で以前のように発言を控えた部外者として振る舞うことができなくなった。丁度そのころ、ひとりの教職員をかなり強引に辞職に追い込む出来事が起こった。彼がいささか問題のある性格であったとしても、学問に関わる者が誰かを不当に窮地に追い込む言動をとってよいことにはならないし、それ以上に、周囲の多くの者がそれを見て見ないふりをしてはならないといった発言を幾度か私がおこなった。その発言が職場を支える暗黙の共同性を侵すものと判断されたらしく、自分もまたその職場を立ち去らなければならない結果を招いてしまうことになる。

しかし、学者として社会や国家の不公平さを批判的に論じる者が、自分の周囲にいる人間に対しては暴力的な排除をおこなうのを黙認することは、やはり良心にもとることのように思えた。それ以上に、このような暴力が行使されているのを目の当たりにしても、何事もなかったように沈黙を決め込む大学の同僚たちを、自分は研究者としても人間としても認めることはできなかった。どれほど彼らが協調的で温和な人間であるにせよ、むしろその妥協的な性質ゆえに、他者との葛藤を抱え込んでまでは、社会の不正や歪みに対する根源的な批判をおこなおうとはしない。だが、同じ共同体に属する仲間を思いやることができるのは、ごく当たり前のことである。問題はその共同体が排除しようとしている人間に対して、その共同体の外部に対して公平性を欠くことのない言動をとれるかどうか、超越論的な倫理が確立できているか否かということなのだ。自分たちに対しては優しい人間であっても、第三者に対して冷淡であれば、その人間は倫理的な人間とはいえまい。

そして、今日の日本の大学や学問の状況に目をやるとき、かつての私の同僚だけでなく、若い研究者もまた仲間内でばかり会話をしていて、自分たちと異なる考えや感性を持つ世代や社会の人たちとどのように関わりあっていったらよいかという、翻訳への意志があまりにも希薄なように思われる。その一方で、彼らはとても目先が利いて、自分の学閥に属する上の世代には従順で、既成の言説の枠組みを前提としたうえで、自分の私的な感性を守ろうとする。今日の宗教学の場合で言えば、「宗教学の可能性」あるいは「宗教に己れを賭ける」といった言葉を口にすれば、彼らはその社会で上手くたちまわれることを実によく知っている。それは、一見すれば格好のよい言葉だが、その共同体で生きることを許されるかどうかの踏み絵にすぎない。

かつて一九九〇年代後半に紹介されたカルチュラル・スタディーズやポストコロニアル批評は、自らの立場の政治性を顧みようとしない講壇アカデミズムに属する人間に対して、おのれの従事する学問がいかに暴力的なものにもなりえるものかということを深く考えさせる機会をもたらしてくれた。しかし、それから一〇年以上の年月がたって振り返ってみると、これらの学問批判はいくばくかの表面的な影響を与えたものの、既成の学問からは見事なほど遮断されてしまい、講壇アカデミズムは自分を守るためにさらに自己の言説の内部へと閉じこもってしまう結果が残った。

しかし、その一方で、既存の学閥からはみ出た人たちがどのようになっていったのかと言えば、かれらは現代思想系の雑誌や出版社の中枢に入り込み、そこでもう一つの共同体を秩序化していった。後続する若い人たちは、そこで自分の書いたものを発表するためには、今度は、それらの人たちの言説の枠組みに順応していくことが求められる。その結果、本当の意味で自分の主体的な特異性を保持して、いろいろな人と越境的に物事を発言していくことが、やはりそこでも困難な状況に陥ってしまった。今日、高額の奨学金を得ることや、恵まれた就職先として大学教授になることを最終目的にする若い世代の研究者が増えているのも、そのようなアカデミズムや出版界での発言の困難さと無関係なものとはいえないだろう。

アカデミズムの内部と外部のいずれの場合にしても、彼らは自分の居場所がなくなるのを恐れて、少なくとも自分の日常的な居心地の良ささえ否定されなければ、既成の知的共同体へと率先して自らを同化させていく。そして、既存の知的共同体のほうも、その言説の枠組みさえ遵守するものであれば、彼らの私的な感性や自己肯定の欲求を許容し、むしろそうすることで彼らの個性を共同体の中へと組みこんでいこうとする。

本書で問題としてきたのは、表現の自由や社会的批評性を唱える学問がそのような自由を装いながら、その自由を抑圧する暗黙裡のタブーの空間をその外部に作りだしている事態であり、私たちはそのタブーに触れない範囲で、そのかぎりにおいて発言を許されているに過ぎないということなのだ。フーコーがその権力論で述べているように、権力がうまく作動しているときは、そこに権力による検閲が作動しているように人々は意識しない。むしろその空間に自分の自由を感じる。むしろ、その規律の空間が意識化され、批判にさらされたときにこそ、権力は排除や抑圧といった粗野な暴力行為をあからさまにおこなう。だとすれば、自由や居心地のよさを感じる空間においてこそ、どのようにタブーが作り出されているのか、私たちを同質化するメカニズムが作動しているか、その装置に自覚的になっていなければならない。その点を自覚化できないかぎり、研究者は既存の言説に批判的に介入する「知識人」であることはできず、既存の言説に従属するだけの「技術者」へと頽落していってしまうのだ。

本書の題名である『宗教概念あるいは宗教学の死』は、そのような自分たちの表現行為を同化してしまう既存の権威的な言説としての、宗教概念あるいは宗教学の死を告げたものである。それは、白人中心の比較文学の破産を告げ、新たな惑星的思考のもとで他者への想像力を説いたガヤトリ・スピヴァクの『ある学問の死』という書名に着想を得ている。今日、私たちの用いる宗教の概念が西洋のプロテスタンティズム的な理解を普遍化した産物であり、それが日本をはじめとする非西洋世界、さらには西洋の民衆的世界を理解するさいに弊害を引き起こしたことは、タラル・アサド『宗教の系譜』、さらには拙著『近代日本の宗教概念とその系譜』をとおしてすでに明白になっている。宗教学もまたそのような西洋中心主義的な宗教概念を前提とした学問として成立・展開してきたものであり、プロテスタンティズム的な宗教概念と同様にこれまで果たしてきた役割にひとつの終焉を迎えようとしている。

本書は、このような西洋中心主義的な宗教概念あるいは宗教学がどのような限界を有するものであるかをその批判的な歴史を通して検討し、そこから新たな宗教をめぐる語りの可能性を引き出そうとするものである。しかし、そのためには研究者の主体を構築している既存の学問的な語りやその共同性を一度は否定し、徹底した死を迎えなければならない。少なくとも、自分が一度は社会的に死んだ存在であることを認めなくてはならないのだ。それは、その徹底した死の彼方にこそ、つまり旧弊的な自己アイデンティティの完全な否定の彼方にこそ、非西洋世界や民衆世界に住む人々の眼差しを意識した新たな語り方が切り開かれるはずだからである。旧弊的な自己のあり方をそのまま肯定しようとし、異なる世界に住む他者の眼差しに対する応答力を欠いたときにこそ、その学問とその学問が依拠する概念は真なる死を、二度と蘇ることのない暗闇としての死を迎える。私たちは今その危機にある。みずからが進んで死の事実を引き受けることで、新たなる学問の生へと死を突破していかなければならないだろう。

ただし、既存の宗教学がそうであったように、この新たな語りもまたけっして宗教そのものと無縁なものではありえない。むしろ、つねに宗教的なものへの欲望を自己の語りのうちに内在させていると見るべきである。宗教概念論を学んでしまった私たちは、宗教的なものが抱えるそのような宗教性を、学問的認識の客観性という名のもとに否定することはもうできない。むしろ、そこで問われるべき事柄は、宗教的なものがたえず帯びている両価性、すなわち他者を排除するか自分の言説のもとに改宗させようとする暴力的な側面と、自己否定を通して他者に奉仕していく開かれた側面。そのいずれの側面を、宗教をめぐる新たな語りへと継承していくことができるのかということにある。そのためには、自己の存在を純粋性や客観性の名のもとに肯定しようとする抑えがたい欲望をしっかりと凝視し、むしろ自己肯定の欲求を否定するような自己犠牲の精神へと、そのエネルギーを根本から変容させていくことが肝心なのだ。

この本のもとになった私の博士論文は、すでに韓国語に翻訳され、近く英語にも訳される。日本の学界での評価はともあれ、宗教概念あるいは宗教学の批判をめぐる本書の内容は、国境や研究分野をこえて共通の関心事になっている。そのような境界領域では、翻訳不可能性を本質として認めることで、かえって翻訳可能性として開かれていく言葉や概念をどのようなかたちで提示できるかということが問われている。このような行為遂行的な翻訳がおこなわれる場においては、もはや日本や宗教学といった特定の場のみで評価されることを目的とする同質化された語りが通用しないことは確かである。もちろんだからといって、英語圏や韓国で評価されるということが日本国内での評価よりも貴いということではない。出版界や歴史学界といった比較的広いマーケットでの評価が、宗教学という狭い場所での評価よりも立派だということもない。

かつて日本脱出を試みた思想家たちのように、日本だけを閉じた社会と考えることは、その「外部」に幻想を求めることであって、内部からの逃避でしかない。むしろ日本も合衆国も東アジアも、いたるところが何らかの言説の内部に属している。しかし、私たちはその内部に囚われているからこそ、その「外部性」を想起して異質的な介入を内部に対して試みるのである。ジル・ドゥルーズは思考に潜む外部性について次のように述べている。

> 実際、有限性の分析法が私たちにすすめているのは、人間科学を作りあげることではなく、新たな思考のイマージュを組みあげることなのである。この思考は、それ自身のなかに思考不可能なものを宿らせ、思考不可能なものと本質的な関係をもつ（欲望とは、「思考の中心にあって、つねに思考されぬものであり続けるもの」である）。これはそれ自身暗さと関係をもつ思考であり、それはまた権利上、一種の裂け目に貫かれ、その裂け目なしには行使されえないのだ。その裂け目は埋めることができない、なぜならそれは思考の最高の対象なのだから。人間

はその裂け目を埋めることも、取り繕うこともできない。反対に、その裂け目こそが、人間のなかにあって人間の終点であり、また思考の起源点でもある(1)(傍点は磯前)。

みずからの内部にこのような思考不能性の可能性を見出すこと。そこにプロテスタンティズム的な宗教概念が失効した後の、「新たな宗教の可能性」があるとここで述べることは、言葉が過ぎるだろうか。しかし、ここにおいてこそ宗教の肯定的な側面が、自己犠牲のもとに引き受ける生き方へと結びつき、宗教的な語りが宗教の止みがたい病根を突き破っていく可能性があるように私には思われるのだ。

私たちが学問に携わるのは学界で認められる名誉のためでも、自分の個人的な道楽のためでもない。世界の片隅で生きる名もなき人びととともに、ひと粒の「地の塩」として生きるためなのである。私たちは自分がおのれを思うままに統御する主人である必要はない。思考不可能なものにわたしたちは誘われて、偶発的な生へと導かれていく。それはいかなる成功も、たどり着く約束の地をもあらかじめ保証するものではない。私たちは、ただあてどもない流浪の生を、見えない大きな力に導かれて送るだけである。このような、矮小な自我を乗り越えていく過程を、新たに「宗教的な」生き方と名づけることも可能であろう。そのためにこそ、ふたたび孤立することを恐れてはいけない。この地上においてみずからを孤独な、名もない生へと送り出すことで、私たちは超越論的な志向性を手にすることができるのである。

*　　*

最後に、本書を作成する過程でお世話になった人たちの名前を記しておきたい。先にも少し触れたように、本書に収録された論考の三分の一は二〇一〇年に東京大学に提出した博士論文である。島薗進先生との出会いはもう二〇年以上前にさかのぼる。日本の学界では居心地の思わしくなかった私を、先生自身は文字通り学界の中心的な役割を果たされる立場にあったにもかかわらず、分け隔てすることなく、たえず温かい目で見守ってくださった。島薗先生は一度として説教めいた指導をされることはなかったが、社会的栄達とは別でよいのだからと、自分の願う表現行為として学問がきちんと実現できるようにといつもご配慮してくださった。師の思うようにならぬ教え子であったが、間近に迫った先生の退官を前に、本書の内容がすこしでもその学恩に報いるものになっていればと願っている。

島薗先生の紹介を通して、今回の仕事を共にさせていただいた東京大学出版会の宗司光治さんにも、本書の刊行を一貫して強く後押ししてもらった。本書はアカデミズム批判をひとつの基調とするが、そのような内容の本がアカデミズムの拠点である大学出版会から刊行されるまでには、編集担当の宗司さんの苦労はひとかたならぬものがあったと推察される。しかし、アカデミズムに関わる方がこのような自己批判を内部にふくむ懐の深さを有することは、その組織の健全さの存在を如実に物語るものであろう。そのような志ある編集者に出逢えたことは、私にとって本当に幸運なことであった。

博士論文の一部と他の諸論考を本書に収録し、表記の統一や書誌整理など、一冊の本を編み上げるにさいしては、永岡崇さんの全面的な協力を得た。また、本書の骨子をなす博士論文については、金泰勲さんと神田英昭さんの献身的な尽力をいただいた。もし読者が、本書にいささかなりとも新鮮な学問的刺激を感じることができたならば、それは彼らのような若く有望な研究者が刺激を与え続けてくれたためである。京都の研究所に移って五年の歳月がたつが、このような若い研究者たちと密接な交友関係をもつようになったことは望外の幸せであった。願わくば、彼らのような若い世代の研究者が、来たるべき学問を一般社会に開かれた力強いものに発展させていってくれればと思う。

概して、若い時期は守るべき既得権益をまだ確保していないから、批判精神を旺盛にして権力におもねることなく生きることはたやすい。しかし、一度、学会や学閥内で一定の立場を得てしまうと、一転して、その内部の論理に組み込まれて損得関係を計算して生きるようになってしまう。社会批判を謳い文句とする学問にしても、その例外ではない。そのような自らのうちに潜む誘惑に抗して、既存のアカデミズムの利害に呑み込まれることなく、内に覚える違和感を手がかりとして、一般社会に開かれた研究を自分なりにどうしたら作りあげていくことが出来るのか。先学たちから教わったその孤独な勇気とでもいえるものを、すこしでも若い世代に伝えていくことは、もう若いとは言えない年齢に達した私の役割でもあろう。

思えば、そのような他者に開かれた生きる姿勢を示してくれた最初のお手本は、わたしにとっては両親であったような気がする。地方にある飲食店を経営し、お客の喜ぶ笑顔を生きがいに、汗水を流して黙々と働く。それは決して、口の上手な学者のような要領のよい生き方ではない。しかし、どれほど愚直に見えても、否、地道であるからこそ、軽んじてはならない人間の日々の生き方なのだと思う。これからわたしは、大学の教員だけを対象とするような狭い学問活動でなく、広く一般の人々に開かれた良質のポピュラリティーを兼ね備えた表現活動に携わっていければと願っている。だからこそ、自分にとって一つの節目となった本書を、これまで蔭から私の学問活動を支えてくれた両親、そして島薗先生に、貧しい結果にすぎないにせよ、そのお礼として捧げたいと思う。

(1) ジル・ドゥルーズ「人間、ひとつの疑わしき存在」一九六六年(宇野邦一・安島真一訳『無人島 1953-1968』河出書房新社、二〇〇三年、一九一頁)。

【初出一覧】

はじめに——宗教的想像力への跳躍　二〇一一年執筆
書き下ろし

宗教を語りなおすために――宗教研究とポストコロニアル状況　二〇〇五年執筆

"Study of Religion under Postcolonial Conditions," lecture given at the Workshop 'Study of Religion under Postcolonial Conditions,' at Japan Women's University, 2005

"Study of Religion under Postcolonial Situations," in *the Council of the Societies for the Study of Religion Bulletin*, vol. 35, no. 4, 2006

「宗教研究とポストコロニアル状況」（磯前順一／タラル・アサド編『宗教を語りなおす――近代的カテゴリーの再考』みすず書房、二〇〇六年）

宗教概念論を超えて――ポストモダニズム・ポストコロニアル批評・ポスト世俗主義　二〇一〇年執筆

"Introductory Guide to Religious Studies: Re-narrate the Religious in Postmodern and Postsecular Age," seminar given at Ruhr-University Bochum, Spring Semester 2010

山本達也と共著「宗教研究の突破口――ポストモダニズム・ポストコロニアル批評・ポスト世俗主義」（磯前順一・山本達也編『宗教概念の彼方へ』法藏館、二〇一一年）

宗教概念あるいは宗教学の死――宗教概念論から「宗教の回帰」へ　二〇一〇年執筆

「宗教研究のフロンティア」（同志社大学神学部二〇〇九年秋学期講義）

〈日本の宗教学〉再考――学問史から学説史へ　二〇〇七年執筆

「〈日本の宗教学〉再考――学問史から学説史へ」（国際日本文化研究センター・木曜セミナー、二〇〇七年）

「〈日本の宗教学〉再考――『宗教』という経験」（同志社大学一神教学際研究センター、二〇〇七年）

「〈日本の宗教学〉再考――学問史から学説史へ」（『季刊日本思想史』第七二号、ぺりかん社、二〇〇八年）

「〈日本の宗教学〉再考――学問史から学説史へ」（成均館大学、ソウル（韓国）、二〇〇九年）

"Process of Development of Religious Studies in Japan—the Experience of 'Religion'," presentation given at workshop "The Formation of the Discipline of Religious Studies in Asia" at Ruhr-University Bochum, Germany, 2011

多重化する〈近代仏教〉——固有名のもとに　二〇〇九年執筆

「固有名のもとに——多重化する近代仏教」（国際日本文化研究センター・共同研究「仏教からみた近代と前近代」二〇〇九年）

“Doubling Buddhism: Buddhist Thought and Ritual Practice from the Early Modern Period to the Modern Period in Japan,” lecture given at Heidelberg University, Germany, 2010

“Doubling Buddhism: Dislocation of a Concept,” lecture given at KHK at Ruhr-University Bochum, Germany, 2010

“Doubling Buddhism: Beneath the Proper Name,” presentation give at International Association for History of Religion, Toronto, 2010

「近世『仏法』から近代『仏教』へ——多重化する近代仏教（1）」（『春秋』五二二号、春秋社、二〇一〇年）

〈日本宗教史〉の脱臼——研究史素描の試み　二〇〇五年執筆

“Deconstructing Japanese Religion,” lecture given at the Faculty of Comparative Culture at Sophia University, 2004

“Rethinking ‘Japanese Religion’: The Transcendental and the Indigenous,” presentation given at the 19th Conference of the International Association for History of Religion, Tokyo, 2005

“Deconstruction ‘Japanese Religion,’” in *Journal of Japanese Religions* 32/2, 2005

「〈日本宗教史〉を脱臼させる——研究史読解の一試論」（『宗教研究』第八二巻二号、日本宗教学会、二〇〇八年）

近代日本と宗教——宗教・神道・天皇制　二〇一〇年執筆

“Discursive Formation Surrounding “Religious Freedom” in Modern Japan: Religion, Shinto, Emperor System,” presentation given at the conference “The Making of Religions in Modern Societies: Dialects between Language and Institutionalization” at Ruhr-University Bochum, Germany, 2011

逆説的近代としての神道——近代的知の分割線　一九九八年執筆

「逆説的近代としての神道学」（『創文』第三九七号、創文社、一九九八年）

神道的エクリチュールの世界——版本から活字本へ　一九九六年執筆
「近代的エクリチュールの統一——版本から活字本へ」（『現代思想』第二四巻七号、青土社、一九九六年）
いま、天皇制を問うこと——主体化形成・例外状態・帝国の喪失　二〇一〇年執筆
書き下ろし
植民地朝鮮と宗教概念　二〇一〇年執筆
"Discursive Formation around the Concept of "Religion" in Colonial Korea," presentation given at Sogang University, Seoul, Korea, 2011
「植民地朝鮮と宗教概念」（立命館大学「植民地朝鮮と宗教」研究会、二〇一一年）
「植民地朝鮮における宗教概念をめぐる言説編成」（日本宗教学会、二〇一一年）
「序論　韓国の読者へ」（韓国語版『近代日本の宗教言説とその系譜』ソウル：論衡社、近刊）
あとがきにかえて　二〇一一年執筆
書き下ろし

著者紹介
磯前　順一（いそまえ　じゅんいち）
1961年生まれ．文学博士（東京大学）．国際日本文化研究センター准教授．
著書に，『近代日本の宗教言説とその系譜——宗教・国家・神道』（岩波書店，2003年），『喪失とノスタルジア——近代日本の余白へ』（みすず書房，2007年），*Japanese Mythology: Hermeneutics on Scripture*（London: Equinox Publishing, 2010），*Genealogy of Religious Discourse in Modern Japan: Religion, State and Shinto*（Leiden: Brill, forthcoming; ソウル：論衡社，近刊），共編訳書に『宗教概念の彼方へ』（法藏館，2011年），編著に『植民地朝鮮と宗教——帝国史・神道・固有信仰』（三元社，近刊）など．

宗教概念あるいは宗教学の死

2012年7月31日　初　版

［検印廃止］

著　者　磯前順一

発行所　財団法人　東京大学出版会

代 表 者　渡辺　浩

113-8654 東京都文京区本郷7-3-1 東大構内
http://www.utp.or.jp/
電話 03-3811-8814　Fax 03-3812-6958
振替 00160-6-59964
印刷所　株式会社三秀舎
製本所　牧製本印刷株式会社

ISBN 978-4-13-010409-8 Printed in Japan